업무에 활용하는
Node.js

업무에 활용하는 Node.js

웹 애플리케이션 개발로 배우는 Node.js 원리와 실무 가이드

초판 1쇄 발행 2024년 5월 30일

지은이 이토 고타 / **옮긴이** 김모세 / **펴낸이** 전태호
펴낸곳 한빛미디어(주) / **주소** 서울시 서대문구 연희로2길 62 한빛미디어(주) IT출판2부
전화 02-325-5544 / **팩스** 02-336-7124
등록 1999년 6월 24일 제25100-2017-000058호 / **ISBN** 979-11-6921-248-9 93000

총괄 송경석 / **책임편집** 홍성신 / **기획·편집** 이윤지 / **교정** 김선우
디자인 표지 윤혜원 내지 최연희 / **전산편집** 다인
영업 김형진, 장경환, 조유미 / **마케팅** 박상용, 한종진, 이행은, 김선아, 고광일, 성화정, 김한솔 / **제작** 박성우, 김정우

이 책에 대한 의견이나 오탈자 및 잘못된 내용은 출판사 홈페이지나 아래 이메일로 알려주십시오.
파본은 구매처에서 교환하실 수 있습니다. 책값은 뒤표지에 표시되어 있습니다.

한빛미디어 홈페이지 www.hanbit.co.kr / 이메일 ask@hanbit.co.kr

지금 하지 않으면 할 수 없는 일이 있습니다.
책으로 펴내고 싶은 아이디어나 원고를 메일(writer@hanbit.co.kr)로 보내주세요.
한빛미디어(주)는 여러분의 소중한 경험과 지식을 기다리고 있습니다.

————— 업무에 활용하는

Node.js

이토 고타 지음

김모세 옮김

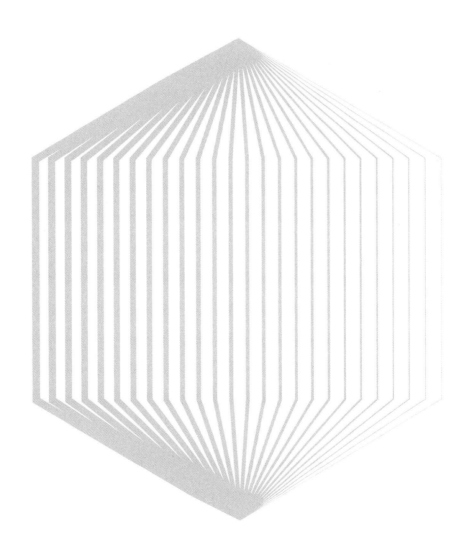

IB 한빛미디어
Hanbit Media, Inc.

지은이 · 옮긴이 소개

지은이 **이토 고타(伊藤 康太)**

2013년 야후 주식회사에 입사하여 정보시스템과 플랫폼 분야에서 기획·개발·운영 업무를 맡았다. 또한 야후 내부의 스페셜리스트 인증 제도인 블랙벨트(黒帯, 웹 프런트엔드 분야)를 취득했으며, 사내 조직에서 기술 및 개발 지원, OSS에 대한 피드백 등에 참여했다.

2022년부터 RPG테크 유한책임회사에 참여하여 스타트업 및 신규 사업 개발, 어드바이저 업무 등을 담당하고 있다.

지은 책으로『動かして学ぶ！Slackアプリ開発入門(움직이며 배운다! 슬랙 애플리케이션 개발 입문)』이 있으며 웹 미디어나 잡지에도 글을 쓴다.

옮긴이 **김모세** creatinov.kim@gmail.com

소프트웨어 엔지니어, 소프트웨어 품질 엔지니어, 애자일 코치 등 다양한 부문에서 소프트웨어 개발에 참여했다. 재미있는 일, 나와 조직이 성장하고 성과를 내도록 돕는 일에 보람을 느껴 2019년부터 번역을 시작했다. 지은 책으로『코드 품질 시각화의 정석』(지앤선, 2015)이 있고 다수의 영어/일본어 IT 서적들을 번역했다.

Node.js에 대한 지식이 전무한 채 스타트업에서 커리어를 시작했던 입장에서 당시에나 지금이나 꼭 필요한 책이라는 생각이 듭니다. '업무에 활용하는' 수식어에 걸맞게 Node.js를 사용하기 전에 반드시 알고 있어야 하는 부분에 대한 설명이 일목요연하게 적혀 있습니다. 책에 등장하는 개념이 당장은 이해가 되지 않더라도, 꼼꼼히 읽고 체득하여 추후에 실제 업무 환경에서 맞닥뜨렸을 때 막연한 낯섦보단 무언의 반가움을 느껴보길 바랍니다.

김경섭_서버 개발자

Node.js를 제대로 공부한 적은 없지만 가끔 해볼 기회가 있었는데, 그때마다 고난의 연속이었습니다. 도대체 왜 이런 걸까? 이건 또 무엇일까? 이 책을 베타리딩하면서 얻은 깨달음으로 과거의 무지했던 자신을 반성하게 되었습니다. Node.js 프로젝트를 진행 중이라면 꼭 한번 읽어보길 권합니다.

김영익_프리랜서 개발자

저는 Node.js 개발자가 아니었지만 갑자기 Node.js로 프로젝트를 진행해야 하는 상황에 놓여 있었습니다. 급박한 상황 속에서 업무를 시작하기 위해 밑바닥부터 Node.js를 배우면서 동시에 개발을 진행해야 했습니다. 그리고 그 과정이 책에서 설명하는 목차와 비슷하게 나아가는 걸 보고 이 책은 정말 업무에 바로 활용할 수 있는 책이구나 생각했습니다. 책에서는 Node.js 기초부터 실무에 쓸 수 있는 고급 기술까지 체계적으로 다루고 있을 뿐만 아니라, 왜 그런 결정을 내리는지에 대한 배경까지 자세히 설명합니다. 덕분에 무작정 일을 시작했던 저는 무엇을 배우고, 왜 배우는지에 대한 히스토리를 이해하며 학습할 수 있었습니다. 특히 실제 개발 과정에서 발생하는 문제들을 실습을 통해 해결해나가는 방식은 매우 효과적이었습니다. 책에서 제시하는 예제 코드들을 따라 해보면서 직접 경험하며 배우는 과정은 정말 몰입감 넘쳤습니다. 혼자 고민하며 시간을 낭비하는 대신, 실제 개발 과제를 해결하면서 Node.js를 능숙하게 다룰 수 있었습니다. 이 책은 개발 경력이 있지만 Node.js 개발에 익숙하지 않는 독자에게 좋은 사수가 될 것입니다.

김효진_서버 개발자

Node.js의 기본을 다질 수 있는 책이라 생각합니다. Node.js의 특징부터 강점까지 다루고 최근 애플리케이션에서 이 언어를 왜 많이 채택하게 되었는지 등 알 수 있는 내용이 많습니다.

이인영_백엔드 개발자

Node.js를 공부하면서 Node.js에 내재된 작동 원리를 이렇게 깊게 설명한 책은 쉽게 보지 못한 것 같습니다. 비동기 부분에서 특히 여러 가지 구현 방법에 따라 어떻게 동작을 하는지 세세하게 비교 분석한 책도 드물 것 같습니다. 그리고 개념과 원리를 이렇게 깊게 학습할 수 있다는 것도 좋았지만 실무에서는 어떻게 쓰는지도 조언을 해주는 점이 크게 인상적이었습니다. 다른 Node.js 책으로 공부를 했다 하더라도 분명히 추가적으로 도움이 될 것입니다.

임혁_백엔드 개발자

개발로 프로그래밍의 세계에 처음 발을 들이면 종종 Node.js와 같은 서버 측 기술에 대한 이해가 부족할 수 있습니다. 하지만 프런트엔드 개발에서도 로컬에서 웹 애플리케이션을 실행하고 프로젝트가 어떤 구성을 기반으로 빌드되는지 깊이 이해하기 위해서는 Node.js를 필히 알아야 합니다. 특히 Node.js는 현대적인 프런트엔드 빌드 도구가 실행되는 환경을 제공합니다. 이러한 도구들은 프로젝트의 자동화와 최적화에 필수적인 역할을 합니다. 이 과정을 이해함으로써 적절한 빌드 도구를 선택하고 효과적으로 활용하는 데 큰 도움이 될 것입니다. 이 책은 이러한 기술적 배경지식을 명확하게 설명하며 기본 개념부터 심화 내용까지 깊이 있게 다룹니다. 프로젝트 설정이나 빌드 과정에서 겪는 어려움을 해결하는 데 이 책이 큰 도움이 될 것입니다. 초보자부터 중급 개발자까지, Node.js의 모든 것을 배울 수 있는 이 책을 강력히 추천합니다.

장세영_프런트엔드 개발자

과거 히스토리까지 함께 곁들여서 설명해주는 방식이 아주 좋았습니다. 왜 이런 방식으로 Node.js가 발전했는지 알 수 있었고 현재 그리고 앞으로는 어떻게 해야 더 잘 쓸 수 있는지를 알려주는 좋은 입문서입니다.

전현준_백엔드 개발자

Node.js를 어느 정도 해봤다면 꼭 읽어보길 추천합니다. 실제 업무 경험을 바탕으로 한 설명이 담겨 있습니다. 덕분에 현업에서 실수를 줄이고, 경험에 비해 수월하게 대응할 수 있을 것 입니다. 그저 Node.js에 대해서 가르치는 것이 아니라 작가의 내공과 노하우가 담겨 있습니다. 책의 내용을 잘 흡수한다면 앞으로 현업에서 많은 도움이 될 것이라 생각되는 매우 좋은 책입니다. Node.js 개발자는 과거에 어떤 생각을 했고, 문제를 어떻게 해결하는지 궁금하다면 꼭 읽어보길 바랍니다.

추상원_대구대학교 정보보호전공

옮긴이의 말

Node.js는 서버, 웹 애플리케이션, 명령줄 도구 및 스크립트를 만들 수 있는 무료 오픈소스 크로스 플랫폼 자바스크립트 런타임 환경입니다. HTTP를 주고받는 서버로 사용자와 요청을 주고받는 네트워크 처리에 특화되어 있습니다.

Node.js는 2009년 등장한 이후 서버에서 널리 사용됐으며 자바스크립트와 같은 문법을 지원하기 때문에 프런트엔드 구현에도 널리 사용되게 됐습니다. 하지만 Node.js는 자바스크립트와 형태는 같으나 서버와 클라이언트에서 전혀 다르게 동작합니다. 그렇기 때문에 백엔드와 프런트엔드에서의 구현 방식에도 주의를 기울여야 합니다.

자바스크립트에 대한 지식이 있는 프런트엔드 개발자라면 Node.js를 활용함으로써 백엔드의 동작과 특성, 프런트엔드와의 차이를 더욱 정확하게 이해하는 동시에 더 넓은 개발 영역으로 발돋움할 수 있게 될 것입니다. 물론 백엔드 개발자라 하더라도 Node.js를 사용한 백엔드-프런트엔드 구현 과정을 통해 백엔드 개발 및 운용 도구로서의 Node.js의 특징을 되새기는 동시에 프런트엔드 개발의 특징도 알 수 있을 것입니다.

마지막으로, 번역을 통해 좋은 지식을 공유할 수 있도록 해주신 하나님께 감사드립니다. 또한 유익한 책을 번역할 수 있는 기회를 주신 한빛미디어와 책을 편집하는 과정에서 많이 고생하신 편집자님, 다양한 경험을 바탕으로 책의 완성도를 높일 수 있도록 많은 의견을 주신 베타리더 분들도 감사드립니다. 그리고 책을 번역하는 동안 한결 같은 믿음으로 저를 지지하고 응원해준 아내와 세 딸에게도 깊은 감사를 전합니다. 정말 고맙습니다.

김모세

들어가며

Node.js란 무엇일까요? 공식 홈페이지[1]에서 다음과 같은 설명을 볼 수 있습니다.[2]

```
Node.js® is a JavaScript runtime built on Chrome's V8 JavaScript engine.
```

위 설명처럼 Node.js는 크롬^{Chrome}에 내장돼 있는 V8[3] 자바스크립트^{JavaScript} 엔진 위에 구축된 자바스크립트 런타임(실행 환경)입니다.

Node.js는 HTTP를 주고받는 서버로서 사용자와 요청을 주고받는 네트워크 처리에 특화돼 있습니다. 또한 2009년에 등장한 이후로 서버에서의 실행뿐만 아니라 프런트엔드[4] 도구로도 널리 이용하고 있습니다.

현재 Node.js는 프런트엔드 주변의 개발이나 실제 운용에 필수라 해도 과언이 아닐 정도로 성장했고, OSS$^{Open Source Software}$로서 많은 사람이 사용하고 있습니다.

제가 자바스크립트와 Node.js를 처음 접한 것은 2013년 무렵입니다. Node.js는 초기 단계를 벗어나 점점 널리 사용되기 시작했습니다. 당시에 저는 사용자에게 보여지는 부분을 만드는 것이 재미있어 프런트엔드에 빠져 있었습니다. 자바스크립트 관련 지식이 늘어나다 보니 백엔드에도 같은 언어를 사용할 수 있으면 좋겠다는 생각이 들었고, 가벼운 마음으로 Node.js에 입문했습니다. 자바스크립트라는 새로운 망치를 손에 넣자 모든 것이 못처럼 보였던 것입니다. 지금 돌이켜보면 정말 단순한 계기였습니다.

그러나 Node.js를 깊이 다룰수록 자바스크립트라는 형태는 같지만 브라우저/서버에서 각각 동작하는 것은 완전히 다르다는 것을 알게 됐습니다. 프런트엔드인지 백엔드인지에 따라 주의해야 할 동

---

[1] https://nodejs.org/en/

[2] 옮긴이_ 2024년 4월 현재 공식 홈페이지에서는 'Node.js® is a free, open-source, cross-platform JavaScript runtime environment that lets developers create servers, web apps, command line tools and scripts(Node.js®는 개발자가 서버, 웹 앱, 명령줄 도구 및 스크립트를 만들 수 있는 무료 오픈소스 크로스 플랫폼 자바스크립트 런타임 환경입니다).'라고 표기하고 있습니다.

[3] https://v8.dev/

[4] 이 책에서는 브라우저에서 동작하는 것을 주로 프런트엔드, 서버에서 동작하는 것을 백엔드라 부릅니다.

작이나 구현 방식이 크게 달라집니다.

그럼에도 자바스크립트라는 공통된 맥락을 가지고 있었던 덕분에 지금까지는 단편적으로 이해할 수밖에 없었던 OS의 동작이나 프로토콜 등 웹의 구조를 코드로 조금씩 익힐 수 있게 됐습니다. 백엔드 하나로 묶기에는 너무 크지만, 이러한 영역들이 오랜 세월에 걸쳐 쌓아올린 것을 알게 되니 굉장히 즐거웠던 기억이 납니다.

그런 경험에서 프런트엔드 지식을 가진 개발자에게 Node.js는 보다 넓은 영역으로 나아갈 수 있는 매우 좋은 도구라고 생각합니다.

저는 Node.js 덕분에 개발자로서의 영역을 넓힐 수 있었습니다. 그 감동이 이 책을 쓰게 된 첫 번째 계기입니다. 이 책으로 그때의 열정은 물론, 당시 Node.js의 정세와 함께 얻은 경험을 조금이라도 전하고자 합니다.

이 책은 과거의 저와 같은 분들에게 전달하고자 썼습니다.

- 웹 개발을 처음 시작한 신입 개발자
- 백엔드를 깊이 이해하고자 하는 프런트엔드 개발자
- 과거에 다뤄본 경험은 있으나 최근 자바스크립트의 변경점에 관해 알고 싶은 분
- Node.js 자체의 특징과 적절한 사용 방법에 흥미가 있는 분

자바스크립트와 Node.js의 특징과 역사 등은 되도록 간단하게 설명하고, Node.js를 사용한 애플리케이션 개발을 백엔드에서 프런트엔드까지 전체적으로 체험하고 이해하는 것을 목표로 합니다. 각 장에서 다루는 내용은 다음과 같습니다.

1장: Node.js의 특징과 용도를 설명합니다.

- Node.js의 큰 특징인 비동기나 이벤트 주도를 알아봅니다.
- Node.js의 심장인 이벤트 루프의 동작과 그 특징을 설명합니다.

2장: Node.js의 실행 환경을 구축하고 간단한 자바스크립트 문법을 다룹니다.

- 자바스크립트를 처음 다룰 때 필요한 기초 문법을 이해하기 위한 장입니다.
- 자바스크립트에 익숙한 분은 이 장의 내용을 건너뛰어도 좋습니다.

3장: Node.js의 모듈(파일 분할)을 설명합니다.

- 애플리케이션 작성에 필수인 파일 분할을 다룹니다.

4장: Node.js에서 비동기 처리를 다루는 방법을 다룹니다.

- 비동기 코드의 4가지 패턴을 이해합니다.
- 각 패턴의 에러 핸들링을 설명합니다.

5장: CLI 도구로 간단한 애플리케이션을 만드는 방법을 설명합니다.

- 웹 애플리케이션을 학습하기 전에 먼저 CLI 작성을 통해 애플리케이션을 만드는 방법을 구체적으로 이해합니다.
- Node.js에서의 파일 조작이나 node 명령어에 전달하는 옵션 사용 방법 등을 살펴봅니다.
- 테스트 작성 방법도 설명합니다.

6장: Node.js를 이용한 웹 애플리케이션의 기초를 설명합니다.

- HTML을 반환하고 API를 구현하는 서버를 만드는 방법을 다룹니다.
- Node.js의 강점인 네트워크 처리에 대해 깊이 이해합니다.

7장: 6장의 애플리케이션을 발전시켜 프런트엔드 개발 기초를 설명합니다.

- 프레임워크를 이용한 SPA 작성 방법을 다룹니다.
- 프런트엔드와 백엔드의 차이를 확인합니다.

8장: 실제 Node.js 애플리케이션을 운용할 때 필요한 지식을 경험을 바탕으로 설명합니다.

- 실무에 가까운 애플리케이션 운용에 대해 다룹니다.
- 간단한 주의점부터 운용을 전제로 한 애플리케이션 설계, 조사 방법 등을 다룹니다.

예제 소스

이 책에서 사용하는 예제 소스는 다음 URL에서 확인할 수 있습니다.

- https://github.com/moseskim/nodejs

일러두기

- 이 책에 기재돼 있는 제품명 등은 각 회사의 상표 또는 등록 상표입니다. ™, ® 등은 표시하지 않습니다.
- 이 책에 기재된 내용은 정보 제공만을 목적으로 합니다. 따라서 이 책의 내용을 기반으로 한 운용 결과에 관해 출판사 및 지은이, 옮긴이는 일체의 책임을 지지 않습니다.
- 이 책의 정보는 Node.js v18.12.1 기준으로 작성됐습니다. 대부분의 코드는 2024년 3월 최신 LTS 버전 (v20.x.x)에서도 정상 동작하나 일부 코드는 수정이 필요할 수 있습니다.[5]
- 웹사이트 화면은 시간이 지남에 따라 책과 달라질 수 있으며 링크 또한 삭제되거나 변경될 수 있습니다.

---

5 옮긴이_ Node.js v20.x 릴리스에 관한 정보는 다음을 참고하세요. https://nodejs.org/en/blog/announcements/v20-release-announce

CONTENTS

지은이 · 옮긴이 소개 ⋯⋯⋯⋯⋯⋯⋯⋯⋯⋯⋯⋯⋯⋯⋯⋯⋯⋯⋯⋯⋯ 4

추천사 ⋯⋯⋯⋯⋯⋯⋯⋯⋯⋯⋯⋯⋯⋯⋯⋯⋯⋯⋯⋯⋯⋯⋯⋯⋯⋯⋯⋯ 5

옮긴이의 말 ⋯⋯⋯⋯⋯⋯⋯⋯⋯⋯⋯⋯⋯⋯⋯⋯⋯⋯⋯⋯⋯⋯⋯⋯⋯ 8

들어가며 ⋯⋯⋯⋯⋯⋯⋯⋯⋯⋯⋯⋯⋯⋯⋯⋯⋯⋯⋯⋯⋯⋯⋯⋯⋯⋯⋯ 9

1 처음 만나는 Node.js

1.1 언어로서의 Node.js 특징 ⋯⋯⋯⋯⋯⋯⋯⋯⋯⋯⋯⋯⋯⋯⋯⋯⋯ 24

    1.1.1 Node.js와 이벤트 주도 ⋯⋯⋯⋯⋯⋯⋯⋯⋯⋯⋯⋯⋯⋯⋯⋯ 24

    1.1.2 Node.js와 싱글 스레드 ⋯⋯⋯⋯⋯⋯⋯⋯⋯⋯⋯⋯⋯⋯⋯⋯ 28

    1.1.3 이벤트 루프와 논블로킹 I/O ⋯⋯⋯⋯⋯⋯⋯⋯⋯⋯⋯⋯⋯ 28

    1.1.4 C10K 문제와 Node.js ⋯⋯⋯⋯⋯⋯⋯⋯⋯⋯⋯⋯⋯⋯⋯⋯ 34

    1.1.5 백엔드로서의 Node.js ⋯⋯⋯⋯⋯⋯⋯⋯⋯⋯⋯⋯⋯⋯⋯⋯ 35

1.2 프런트엔드/백엔드 모두에 필요하게 된 Node.js ⋯⋯⋯⋯⋯⋯ 36

    1.2.1 개발 도구로서의 Node.js ⋯⋯⋯⋯⋯⋯⋯⋯⋯⋯⋯⋯⋯⋯ 36

    1.2.2 프런트엔드를 위한 백엔드로서의 Node.js ⋯⋯⋯⋯⋯⋯ 40

    ◆COLUMN◆ 타입스크립트 ⋯⋯⋯⋯⋯⋯⋯⋯⋯⋯⋯⋯⋯⋯⋯⋯ 42

    ◆COLUMN◆ Node.js와 브라우저에서 동작하는 자바스크립트의 차이 ⋯⋯ 44

2 자바스크립트/Node.js의 문법

2.1 개발 환경 도입 ⋯⋯⋯⋯⋯⋯⋯⋯⋯⋯⋯⋯⋯⋯⋯⋯⋯⋯⋯⋯⋯ 46

    2.1.1 Node.js의 버전 ⋯⋯⋯⋯⋯⋯⋯⋯⋯⋯⋯⋯⋯⋯⋯⋯⋯⋯ 48

    ◆COLUMN◆ Node.js 도입 방법 ⋯⋯⋯⋯⋯⋯⋯⋯⋯⋯⋯⋯⋯ 48

2.2 자바스크립트 기초 ⋯⋯⋯⋯⋯⋯⋯⋯⋯⋯⋯⋯⋯⋯⋯⋯⋯⋯⋯ 49

    2.2.1 변수 ⋯⋯⋯⋯⋯⋯⋯⋯⋯⋯⋯⋯⋯⋯⋯⋯⋯⋯⋯⋯⋯⋯ 49

    2.2.2 연산자 ⋯⋯⋯⋯⋯⋯⋯⋯⋯⋯⋯⋯⋯⋯⋯⋯⋯⋯⋯⋯⋯ 52

CONTENTS

2.2.3 데이터 타입 53

2.2.4 Object 57

COLUMN Object와 JSON 60

2.2.5 배열 61

2.2.6 함수 62

2.3 자바스크립트와 상속 64

2.3.1 자바스크립트와 class 65

COLUMN 클래스를 어떻게 다루어야 하는가? 67

2.4 자바스크립트와 this 67

2.5 ES6 이후의 중요한 문법 71

2.5.1 전개 구문 71

2.5.2 분할 대입 75

2.5.3 루프 76

COLUMN 엄격 모드 78

3 Node.js와 모듈

3.1 CommonJS 모듈 80

3.1.1 exports와 require 81

3.1.2 모듈 읽기와 싱글턴 83

COLUMN require와 분할 대입 85

3.2 ECMAScipt 모듈 85

3.2.1 모듈 분할 방식의 차이와 주의점 86

3.2.2 export와 import 86

3.2.3 동적으로 모듈 불러오기 88

3.3 모듈 사용 구분 90

3.3.1 애플리케이션 개발 90

3.3.2 라이브러리 개발 91

3.4 표준 모듈 ··· 93

COLUMN 모듈 안의 특수한 함수 ··· 95

3.5 npm과 외부 모듈 불러오기 ··· 95

3.5.1 package.json/package-lock.json ··· 95

3.5.2 npm scripts ··· 97

3.5.3 시맨틱 버저닝 ·· 99

3.5.4 모듈 이용 ·· 99

COLUMN yarn, pnpm 그리고 Node.js ·· 101

4 Node.js에서의 비동기 처리

4.1 동기 처리와 비동기 처리 ··· 104

4.2 콜백 ··· 105

4.2.1 Node.js와 Callback ··· 111

4.3 프로미스 ··· 113

4.3.1 콜백의 프로미스화 ··· 116

4.4 async/await ··· 119

COLUMN 프로미스와 병렬 실행 ·· 122

4.5 스트림 처리 ·· 123

4.5.1 스트림 처리의 에러 핸들링 ··· 131

4.6 AsyncIterator ··· 131

4.6.1 AsyncIterator가 도움이 되는 이유 ·· 132

4.7 에러 핸들링 정리 ·· 138

4.7.1 비동기 에러 핸들링 ··· 139

4.8 Top-Level Await ·· 139

4.8.1 Top-Level Await와 AsyncIterator의 주의점 ························· 141

COLUMN Node.js와 io.js ·· 143

COLUMN async.js를 이용한 흐름 제어 ··· 143

CONTENTS

5 CLI 도구 개발

5.1 Node.js의 개발 흐름 ································· **146**

   5.1.1 템플릿 만들기 ································· **147**

5.2 인수 처리 ································· **148**

5.3 라이브러리 도입 및 CLI에서의 적용 ································· **149**

   5.3.1 읽을 파일 이름을 지정하기 ································· **150**

   5.3.2 마크다운 파일 읽기 ································· **153**

   5.3.3 파일 분할 ································· **155**

      COLUMN process.cwd() ································· **157**

   5.3.4 HTML 파일을 생성하기 ································· **158**

      COLUMN 셔뱅 ································· **160**

5.4 Node.js의 린트 ································· **162**

   5.4.1 개발에만 사용하는 패키지 ································· **162**

   5.4.2 ESLint 이용 ································· **163**

5.5 Node.js의 테스트 ································· **167**

   5.5.1 표준 모듈을 이용한 테스트 ································· **167**

   5.5.2 테스트 러너 ································· **170**

   5.5.3 CLI의 테스트 ································· **172**

      COLUMN 포매터 – Prettier ································· **175**

      COLUMN 날짜 – Day.js ································· **175**

6 익스프레스를 이용한 REST API 서버/웹 서버

6.1 익스프레스 기초와 도입 ································· **179**

   6.1.1 라우팅 첫걸음 ································· **180**

6.2 익스프레스의 필수 기능 ································· **182**

   6.2.1 미들웨어 ································· **183**

6.2.2 라우트 단위의 미들웨어 ·· 184

6.2.3 미들웨어를 이용한 공통화 ·· 187

6.2.4 미들웨어를 이용한 공통화 포인트 ·· 188

6.3 포괄적인 에러 핸들링 ··· 189

6.3.1 에러 핸들러의 처리 대상 ··· 190

6.3.2 포괄적인 에러 핸들링과 비동기 에러 ···································· 191

6.3.3 포괄적인 에러 핸들링이 필요한 이유 ···································· 191

6.4 데이터베이스 연동 ··· 192

6.4.1 레디스에 연결하기 ·· 193

6.4.2 데이터 쓰기 ·· 196

COLUMN EventEmitter 안의 에러 핸들링 ···································· 198

6.4.3 데이터 읽기 ·· 199

6.5 뷰 템플릿 ··· 202

6.5.1 뷰 템플릿 구현 ··· 203

6.5.2 사용자 정보를 기반으로 페이지를 생성하기 ························ 205

6.6 정적 파일 송신 ·· 207

COLUMN script async/defer ·· 211

6.7 라우팅과 파일 분할에 대한 사고방식 ·· 212

6.7.1 익스프레스의 제너레이터에서 생각하기 ······························· 212

6.8 스타일 분할 실전 ··· 217

6.8.1 구성 파일 분할 ··· 217

6.8.2 핸들러 분할 ·· 219

6.9 핸들러 테스트 ··· 225

6.9.1 목으로 만들기 ··· 228

6.9.2 목을 이용한 테스트 ··· 229

6.10 AsyncIterator 테스트 ·· 232

6.10.1 제너레이터 ·· 233

6.10.2 심벌 ··· 234

CONTENTS

6.10.3 AsyncIterator의 목을 사용한 테스트 ·· 236

6.10.4 테스트와 루프 처리 ·· 239

6.11 실패 시의 테스트 ·· 240

6.11.1 테스트 실행 횟수 세기 ·· 241

6.12 핸들러 단위의 분할과 테스트 용이성 ··· 246

6.12.1 핸들러 단위의 분할과 wrap 함수 ·· 252

6.12.2 핸들러 단위의 분할과 에러 핸들링 ·· 254

6.13 Node.js 애플리케이션 배포 ··· 258

6.13.1 systemd ·· 259

6.13.2 시그널과 Node.js ·· 261

6.13.3 파일 디스크립터와 Node.js ··· 262

6.14 Node.js와 도커 ·· 263

6.15 클러스터를 이용한 성능 향상 ·· 265

COLUMN Node.js와 데이터베이스 ··· 267

7 프런트엔드/백엔드 개발

7.1 프런트엔드와 백엔드를 모아서 개발하기 ·· 272

7.2 단일 저장소 ··· 273

7.3 애플리케이션 구성 ·· 274

7.3.1 단일 저장소 표준 ·· 276

7.4 프런트엔드 개발의 사고방식 ·· 278

7.4.1 제이쿼리 시대의 프런트엔드 개발 ·· 278

7.4.2 리액트를 이용한 프런트엔드 개발 ·· 281

7.4.3 자바스크립트의 빌드 ··· 284

7.5 리액트의 기본 기능 ·· 287

7.5.1 톱 페이지 변경하기 ·· 287

7.5.2 변수 다루기 ·· 289

7.6 브라우저 이벤트 처리 ·· **292**

    7.6.1 리액트와 렌더링 ·· **293**

    7.6.2 이벤트 핸들링 ·· **295**

    COLUMN 리액트에서의 이벤트와 핸들러의 연결 ·························· **298**

    7.6.3 변수 저장하기 ·· **299**

7.7 컴포넌트 분할 ·· **306**

    COLUMN 컴포넌트와 프레임워크 ·· **310**

7.8 API로 가져온 값을 표시하기 ·· **311**

    COLUMN 핫 리로드 ·· **311**

    7.8.1 포트 수정 ·· **312**

    7.8.2 API로 변경 ·· **313**

    7.8.3 프런트엔드에서 API 호출하기 ·································· **314**

    COLUMN XMLHttpRequest에서 fetch로 ·························· **316**

    7.8.4 교차 출처 리소스 공유 ·· **318**

    7.8.5 프록시를 도입해 도메인을 동일하게 하기 ············ **319**

    COLUMN 프록시 서버에 API 모으기 ······························· **324**

7.9 API를 호출해 값을 업데이트하기 ···································· **324**

7.10 클라이언트 사이드 라우팅 ·· **327**

    7.10.1 클라이언트 사이드 라우팅을 구현하기 ············ **328**

    7.10.2 Link 컴포넌트를 이용한 링크 ······························· **332**

7.11 프런트엔드 애플리케이션 배포 ·································· **334**

    7.11.1 송신용 Node.js 서버 작성하기 ··························· **335**

    7.11.2 프로덕션과 동일한 환경을 실행하기 ················ **337**

    COLUMN nginx로 프록시 서버를 구축하는 방법 ············ **339**

    COLUMN 리액트의 SSR ··· **339**

    COLUMN Next.js ··· **340**

7.12 프런트엔드 테스트 ·· **341**

    7.12.1 테스트 실행 ·· **343**

CONTENTS

7.12.2 API 호출 테스트 ·· 345

7.12.3 테스트 분할 ·· 347

COLUMN 테스트와 목 ·· 356

7.12.4 스냅숏 테스트 ·· 357

COLUMN E2E 테스트 ··· 363

COLUMN 프레임워크 이용 ·································· 364

COLUMN Access-Control-Allow-Origin 헤더 부여하기(CORS) ·········· 364

COLUMN Node.js와 모듈 선택 방법 ··················· 371

COLUMN 프런트엔드와 백엔드의 자바스크립트 차이 ····· 372

COLUMN 브라우저 조작 자동화 – 퍼피티어 ·········· 373

8 애플리케이션 운용과 개선

8.1 패키지 버전 업데이트 ·· 376

8.1.1 npm audit ··· 377

8.2 단일 저장소에서 공통 라이브러리를 관리하기 ········· 378

8.2.1 공통 처리 설계 ·· 382

8.3 애플리케이션 실제 운용 시의 주의점 ··················· 383

8.3.1 Node.js는 가급적이면 최신 LTS 버전을 이용하기 ········· 383

8.3.2 요청이 뒤섞이지 않도록 설계하기 ················· 383

8.3.3 거대한 JSON 피하기(JSON.parse/JSON.stringify) ········· 386

8.3.4 동기 함수를 피하기 ····································· 388

8.3.5 긴 루프를 피하기 ·· 389

8.4 성능 측정과 튜닝 ·· 390

8.4.1 프로덕션과 동등하게 동작하는 환경 준비 ········· 391

8.4.2 성능 측정 도구 도입 ···································· 391

8.4.3 성능 튜닝 ·· 392

8.4.4 메모리 누수 조사 ·· 397

8.4.5 메모리 힙 덤프 ·· 399

COLUMN SIGUSR2를 사용하는 이유 ·· 402

마치며 ··· 403

감사의 글 ··· 405

참고 자료 ··· 406

찾아보기 ··· 407

1

처음 만나는 Node.js

Node.js는 크롬에 내장돼 있는 V8 자바스크립트 엔진 위에 구축된 자바스크립트 런타임(실행 환경)입니다. Node.js는 HTTP를 주고받는 서버로서 사용자와 요청을 주고받는 네트워크 처리에 특화돼 있습니다. 이번 장에서는 Node.js의 주요 특징인 비동기와 이벤트 주도에 관해 알아봅니다. 그리고 Node.js의 심장이라고 할 수 있는 이벤트 루프와 특징을 설명합니다.

1.1 언어로서의 Node.js 특징

Node.js를 특징짓는 큰 포인트는 '비동기 이벤트 주도 런타임'과 '논블로킹 I/O와 싱글 스레드'입니다. 갑자기 '비동기', '이벤트 주도', '논블로킹 I/O'라는 단어가 등장해 다소 이해하기 어려울 수도 있을 텐데요, 이어서 하나씩 설명하겠습니다.

1.1.1 Node.js와 이벤트 주도

일반적으로 프로그램은 기술한 순서대로 실행됩니다. 그리고 함수 등을 실행하는 동안에는 그 처리가 완료될 때까지 다른 처리를 수행하지 않습니다. 이것이 동기 처리입니다. 즉 동기 처리에서는 동시에 1개의 작업task만 실행합니다.

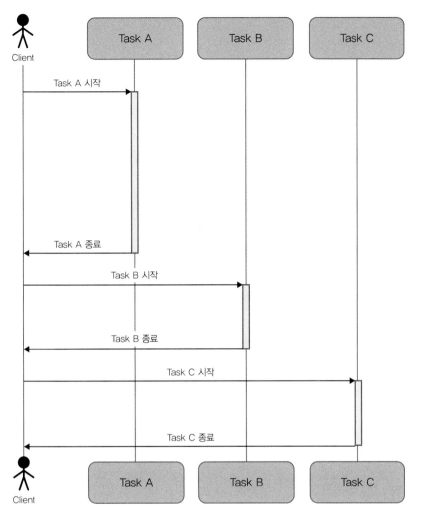

그림 1-1 동기 처리

반대로 비동기 처리는 기술한 순서대로 실행된다고 단정할 수 없습니다. 그리고 실행한 작업이 완료되기 전에 다른 작업이 동작할 수도 있습니다.

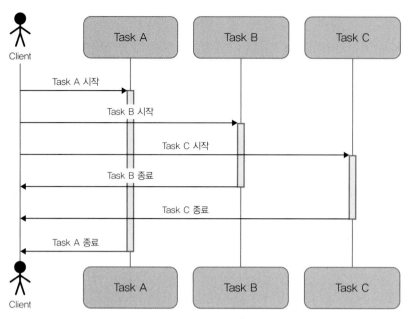

그림 1-2 비동기 처리

이 그림을 보면 비동기 처리는 동시에 여러 작업을 처리하므로 효율적으로 보입니다. 실제로 비동기 처리의 장점은 성능입니다. 하지만 동기 처리는 프로그램이 위부터 순서대로 실행되므로 일반적으로 코드를 작성하기 쉽습니다. 동기와 비동기는 상충 관계에 있습니다.

단 Node.js는 비동기의 장점을 최대한 활용하고 단점을 최소화할 수 있는 언어입니다.

자바스크립트와 비동기의 관계성

자바스크립트는 원래 웹 페이지에서 가벼운 동작을 다루기 위해 이용되던 프로그래밍 언어였습니다. 예를 들어 브라우저에서는 다음과 같이 다양한 '이벤트'로 인해 작업이 발생합니다.

- 사용자가 특정한 HTML 요소를 클릭하는 이벤트가 발생한다.
- 키보드로 문자가 입력된다.

자바스크립트는 브라우저에서 발생하는 다양한 이벤트를 처리하는 것을 잘합니다. 앞서 예를 든 이벤트를 다음과 같이 처리할 수 있습니다.

- 특정한 HTML 요소를 클릭한 이벤트를 받으면 경고를 표시한다.
- 키보드 입력 이벤트를 받을 때마다 웹 페이지를 업데이트한다.

자바스크립트는 '임의의 시점에 임의의 이벤트가 발생하면 이에 대한 처리를 실행한다'와 같이 비동기로 발생하는 이벤트 처리가 언어에 깊이 연결돼 있습니다.

그럼 브라우저가 아닌 서버에서 동작하는 Node.js에서는 어떨까요?

웹 페이지에서는 브라우저가 자바스크립트를 동작시킵니다. 서버에서는 자바스크립트를 동작시키기 위해 OS와 런타임이 같은 역할을 담당합니다.[1]

OS에도 브라우저처럼 다양한 이벤트(파일 읽기/쓰기, 네트워크 데이터 송수신, 키보드나 마우스의 입력 등)가 비동기로 발생하고, OS는 이를 처리합니다. 그런 관점에서 보면 브라우저와 OS는 비슷한 특성을 가지고 있다고도 할 수 있습니다.

자바스크립트가 브라우저에서 발생하는 다양한 이벤트를 처리하는 것과 마찬가지로 Node.js는 OS에서 발생하는 다양한 이벤트를 처리하는 런타임이라 할 수 있습니다.

자바스크립트는 원래 비동기를 중심으로 처리하는 특성을 갖습니다. 이에 따라 자바스크립트와 Node.js는 성능이 뛰어난 비동기 처리를 쉽게 작성할 수 있습니다.

Node.js가 탄생한 배경에는 기존 자바스크립트의 문법을 사용하면 OS 등에서 발생하는 비동기 이벤트를 어렵지 않게 표현할 수 있다는 기반이 있었습니다. 브라우저와 서버는 전혀 다른 플랫폼임에도 비동기라는 공통점 덕분에 Node.js는 자바스크립트의 표현력을 활용할 수 있었습니다.

Node.js에는 다양한 이벤트를 발행하고 받는 `EventEmitter`라는 범용적인 구조가 존재합니다(4.5절 참고).[2] Node.js는 이 구조를 통해 '파일 읽기를 시작했다'와 같은 OS의 이벤트를 자바스크립트의 세계로 가져와 Node.js에서 받을 수 있도록 합니다.

이렇게 발행된 이벤트를 기반으로 다양한 처리를 수행하는 특징을 '이벤트 주도'라고 표현합니다. 그리고 그 실행 환경인 Node.js를 '비동기 이벤트 주도 자바스크립트 런타임'이라 부릅니다.

---

1 물론 브라우저를 동작시키기 위해서도 OS가 필요하지만, 여기에서는 서로 이벤트를 발생/처리하는 것이라는 관점에서 설명했습니다.

2 EventEmitter가 존재하는 이유는 브라우저와 다릅니다. 최근 브라우저(DOM)의 이벤트 생태계도 CustomEvent나 EventTarget 등으로 진화하고 있지만, 이벤트를 다루는 범용적인 구조를 처음부터 갖고 있는 것은 Node.js의 특징입니다.

1.1.2 Node.js와 싱글 스레드

Node.js에는 싱글 프로세스/싱글 스레드로 동작한다는 또 하나의 큰 특징이 있습니다.

프로세스란 실행되고 있는 프로그램을 관리하는 단위입니다. 예를 들어 어떤 소프트웨어(프로그램) 하나를 실행하면 하나의 프로세스가 생성되는 것을 말합니다. 프로세스는 어떤 프로그램을 실행하고 있는지에 관한 정보를 갖거나, 프로그램을 실행하기 위한 메모리를 확보하는 등의 작업을 수행합니다.

그리고 프로세스는 프로그램을 실행하는 스레드를 하나 이상 가집니다. 예를 들어 실행한 프로세스 안에서 화면을 표시하는 스레드나 키보드 입력을 받는 스레드 등 여러 스레드를 만들어 각각의 동작을 독립적으로 실행합니다. 이처럼 스레드가 분할되면 같은 프로세스 안에서 동시에 여러 작업을 각각 실행할 수 있습니다.

여러 작업을 각각 실행하는 것뿐이라면 프로세스를 여러 개 실행해 각각 통신하게 하는 방법도 가능합니다. 하지만 일반적으로 프로세스보다 스레드가 가볍고, 같은 프로세스에 소속된 스레드는 같은 메모리 공간을 참조하므로 여러 스레드에서 같은 데이터를 참조할 수 있습니다.

스레드를 하나만 사용하는 동작을 싱글 스레드, 여러 개 이용하는 동작을 멀티 스레드라 부릅니다. Node.js는 기본적으로 하나의 프로세스에 대해 하나의 스레드를 생성해 싱글 스레드로 동작하는 애플리케이션입니다.[3]

1.1.3 이벤트 루프와 논블로킹 I/O

여기서 '싱글 스레드로 동작시키면 높은 성능을 얻을 수 없는 것은 아닌가?'라는 의문을 가질 수도 있습니다. 확실히 싱글 스레드보다 멀티 스레드에 일반적으로 높은 성능을 기대할 수 있습니다.

하지만 Node.js는 싱글 스레드라도 논블로킹[non-blocking] I/O라는 특징을 가지고 있어, 성능을 최대로 발휘할 수 있으며 작업을 효율적으로 처리할 수 있습니다.

다음과 같은 기능을 가진 애플리케이션의 예를 생각해봅시다.

---

3 내부적으로 멀티 스레드 동작이 있기도 합니다. 또는 명시적으로 멀티 스레드와 같은 동작을 기술할 수 있습니다.

1 요청 데이터 접수

2 캐시 취득

3 데이터베이스에서 데이터 가져오기

4 데이터베이스 업데이트

5 캐시 업데이트

6 요청 데이터 반환

서버 X에 대한 요청 A에서는 '1 요청 데이터 접수 → 2 캐시 취득 → 3 데이터베이스에서 데이터 가져오기 → 4 데이터베이스 업데이트 → 5 캐시 업데이트 → 6 요청 데이터 반환'을 수행합니다.

서버 X에 대한 요청 B에서는 캐시 조작과 데이터베이스 업데이트를 수행하지 않고, '1 요청 데이터 접수 → 3 데이터베이스에서 데이터 가져오기 → 6 요청 데이터 반환'을 수행한다고 가정해보겠습니다.

싱글 스레드에서는 하나의 작업이 순차 처리된다는 것을 떠올려보면, 요청 A 직후에 요청 B를 접수해도 요청 A의 처리가 완료될 때까지 요청 B는 응답을 반환하지 않는다고 생각할 수 있습니다.

다음 [그림1-3]과 같은 동작을 상상해보겠습니다. '요청 A가 서버 X의 처리를 점유하고 종료할 때까지 요청 B는 결과를 반환하지 않는다', 이것은 I/O를 블로킹하는 런타임에서는 올바른 동작입니다.

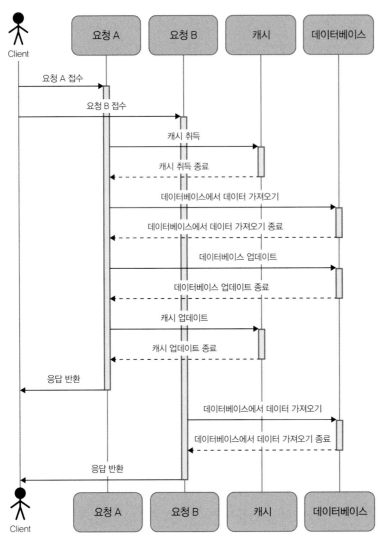

그림 1-3 I/O를 블로킹하는 경우

I/O란 Input/Output의 약어, 즉 입출력입니다. 컴퓨터는 데이터를 입력하면 결과를 출력하는 기능의 집합체입니다. 예를 들어 앞의 기능 중 '캐시 취득' 부분에 주목하면 '캐시를 원한다'라는 입력에 대해 '캐시된 결과를 반환한다'라는 출력을 수행합니다.

I/O를 블로킹하는 런타임에서는 이러한 입출력 중에는 다른 처리를 하지 않습니다. 요청 처리가 종료될 때까지 I/O를 대기시킵니다. 만약 Node.js가 블로킹 I/O라면 요청 A의 처리가 끝날 때까지 요청 B는 응답을 반환하지 않습니다(그림 1-3).

그러나 Node.js는 I/O를 블로킹하지 않는 논블로킹 I/O를 채택합니다. Node.js에서는 '요청 접수'에서 '응답 반환'까지 발생하는 다양한 I/O를 일정한 덩어리(이벤트)로 분할합니다. 각 이벤트를 잘게 쪼개어 실행함으로써 이벤트 중에 다른 이벤트를 블로킹하지 않고 처리할 수 있습니다. 즉, 요청 A의 '캐시 취득'을 하는 동안에도 요청 B의 '데이터베이스에서 데이터 가져오기'를 진행해 먼저 응답을 반환할 수 있습니다.[4]

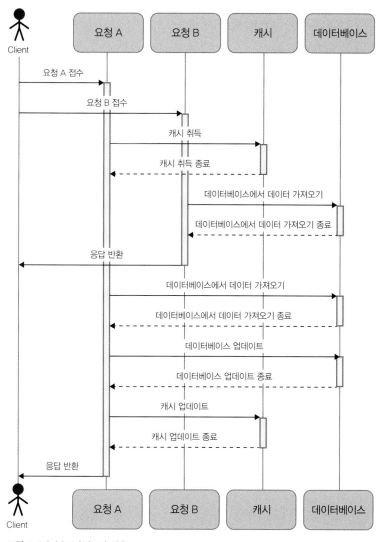

그림 1-4 논블로킹 I/O의 경우

---

4 실제로 캐시 취득이라는 처리는 '캐시 서버에 질의 시작', '캐시 취득 시작', '캐시 데이터 취득' 등으로 보다 잘게 분할됩니다.

이렇게 하나의 처리를 일정한 덩어리(이벤트)로 잘게 분할함으로써 Node.js는 싱글 스레드여도 동시에 여러 요청을 처리할 수 있습니다. 이 동작을 구현하기 위해 Node.js에서는 논블로킹 I/O와 함께 이벤트 루프[5]라는 구조를 채택합니다.

논블로킹 I/O를 코드로 확인하기

조금 더 구체적으로 논블로킹 I/O에 관해 살펴봅시다. Node.js에서는 I/O가 발생하면 그 완료를 기다리지 않고 즉시 다음 처리를 수행합니다.

다음 코드는 자신을 읽어 그 결과를 표준 출력으로 출력하는 예제입니다.

예제 1-1 file.js

```
const { readFile } = require('fs');

console.log('A');

// __filname에는 자신의 파일 경로가 들어 있다.
readFile(__filename, (err, data) => {
  // 파일 읽기를 마쳤을 때 호출된다.
  console.log('B');
});

console.log('C');
```

실행 결과는 다음과 같습니다.

```
$ node file.js
A
C
B
```

'A → C → B' 순서로 출력됩니다. 자바스크립트에 익숙하지 않은 분이라면 위화감을 느낄 수도 있을 것입니다.

`readFile` 함수는 파일을 읽기 위해 I/O를 발생시킵니다. 블로킹 I/O 런타임에서는 I/O가 완

---

[5] https://nodejs.org/en/docs/guides/event-loop-timers-and-nexttick/#what-is-the-event-loop

료될 때까지 다음 처리를 수행하지 않기 때문에 'A → B(I/O 완료 대기) → C'의 순서로 처리될 것입니다. 그러나 Node.js의 I/O는 블로킹되지 않습니다. 즉 readFile에서 파일 읽기가 끝나는 것을 기다리지 않고 다음 처리를 시작합니다.

[예제 1-1]의 다음 부분에 주목해보겠습니다.

예제 1-2 file.js의 readFile 부분

```
readFile(__filename, (err, data) => {
  console.log('B');
});
```

이 부분은 'readFile에서 파일 읽기가 언젠가 완료되면 B라고 출력하라'는 것입니다. 그럼 여기에서 '언젠가'라는 시점은 과연 언제일까요? Node.js에서는 I/O 등의 이벤트가 발생하면 일단 내부에 있는 대기 큐와 같은 것에 작업을 집어넣습니다.[6]

Node.js 내부에서는 큐에 집어넣은 작업을 꺼내기 위해 이벤트 루프라 불리는 무한 루프를 항상 동작시킵니다. 앞선 예제의 readFile은 I/O 처리이므로 readFile을 호출하면 일단 처리되지 않고 이벤트 루프를 통해 실행될 때까지 대기합니다. 이벤트 루프에 의해 처리가 완료된 후 B가 출력되기 때문에 'A → C → B'의 순서로 실행되었습니다.

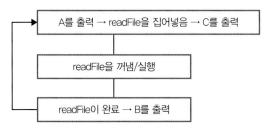

그림 1-5 이벤트 루프 관련 처리 이미지

이벤트 루프는 대기 중인 처리가 없으면 특별히 아무것도 처리하지 않는 아이들[idle] 상태가 됩니다. 즉 Node.js는 I/O 처리를 대기하고 있을 뿐 아무것도 하지 않는 프로세스가 발생하기 어려운 특징이 있습니다.

이벤트 루프는 Node.js의 생명선이라고 할 수 있습니다. 이벤트 루프가 멈추면 애플리케이션

---

6 I/O 이외에도 Timer 처리 등이 이벤트로 처리됩니다.

은 다음 처리를 할 수 없습니다. 따라서 Node.js에서는 이벤트 루프를 얼마나 정지시키지 않는지가 매우 중요한 고려사항이 됩니다.

이벤트 루프의 상세한 동작은 공식 문서[7]를 참고하기 바랍니다.

1.1.4 C10K 문제와 Node.js

이번에는 Node.js가 어떤 처리에 강점을 가지고 있는지 살펴보겠습니다.

Node.js는 네트워크 처리에 강점을 가지고 있습니다. 네트워크 처리를 적절하게 수행하는 데 초점을 둔 언어로 등장했기 때문에 웹 서버 구축에 이용하기 쉽고 뛰어난 것이 특징입니다.

C10K 문제라는 용어를 들어본 적이 있나요? C10K 문제는 오래전부터 이용되고 있는 웹 서버의 접근 방식에서 발생하며, 동시에 접속하는 클라이언트 수가 10K(1만) 개가 됐을 때 소프트웨어 성능이 제대로 발휘되지 않는 문제입니다.[8] [9]

여기에서는 C10K 문제가 화제가 된 당시의 상황과 연결해서 설명하기 위해 오래된 유형의 설정인 prefork 타입의 아파치 HTTP 서버를 예로 들겠습니다.[10] prefork 타입의 아파치 HTTP 서버에서는 미리 몇 개의 프로세스를 fork합니다. 그리고 fork한 각 프로세스를 이용해 요청을 처리합니다.

요청마다 싱글 프로세스/스레드를 할당하는 접근 방식에서는 1만 개의 클라이언트 접근에 대해 1만 번의 fork를 수행해야 합니다. 예를 들어 제가 당시 이용하던 환경에서는 prefork 수의 기본값이 64였습니다. 즉 1대의 서버에서 동시에 접속할 수 있는 것은 요청 리소스 부하에 상관없이 64개의 요청까지 가능했습니다. 동시 접속 수가 이를 초과하면 더 이상의 프로세스를 할당할 수 없기 때문에 CPU 등의 리소스에 여유가 있더라도 서비스 응답이 악화되는 현상이 발생합니다.

---

7 https://nodejs.org/en/learn/asynchronous-work/event-loop-timers-and-nexttick

8 반드시 1만 개의 클라이언트라는 것은 아니며 C10K라는 용어가 등장했을 때 지표로 이용되던 값입니다.

9 현재는 아파치 HTTP 서버를 필두로 많은 웹 서버에서 C10K 문제에 대응합니다. 그렇기 때문에 이것에 특별히 신경을 쓸 필요는 없습니다.

10 현재는 아파치 HTTP 서버도 이벤트 주도에 가까운 요청 핸들링 방법 등으로 변경할 수 있습니다. 그리고 최근에는 이벤트 주도를 기본으로 하는 환경도 있습니다. https://httpd.apache.org/docs/2.4/en/mpm.html

C10K 문제에 대한 접근 방법

이 문제에 대해 Node.js는 논블로킹 I/O와 싱글 프로세스/싱글 스레드라는 모델로 대응합니다. 여러 요청을 받아도 동시에 처리하는 능력이 뛰어나, 리소스를 효율적으로 활용할 수 있는 것이 특징입니다. 이처럼 이벤트 주도 방식으로 여러 요청에 잘 대응할 수 있다는 점은 Node.js를 네트워크 처리를 잘하는 언어라고 말하는 이유이기도 합니다.

Node.js를 막 이용하기 시작할 때 저를 포함한 주변 사람들은 이벤트 주도 구조에 아직 친숙하지 않았습니다. Node.js는 이벤트 주도를 중심으로 삼았다는 부분에서도 당시 주류의 프로그래밍 언어와는 사고방식이 조금 다르기도 했습니다. 그렇기 때문에 프로그램을 짜는 방식이 지금까지와는 다른 Node.js는 어렵다고 여겨지기도 했습니다.

하지만 Node.js는 받아들여졌고 지금 알려진 바와 같이 널리 퍼지게 되었습니다. 저는 이렇게 된 요인 중 하나로 C10K 문제에서 주목받은 서버 리소스를 효율적으로 활용하기 쉽다는 부분이 있었다고 생각합니다.

그러나 Node.js도 만능은 아닙니다. 예를 들어 동영상 인코딩과 같은 CPU 중심 처리는 아무리 Node.js라 하더라도 여러 요청을 받는 용도로는 적합하지 않습니다. 또한 단순히 사용한다고 해서 높은 성능을 발휘할 수 있는 것도 아닙니다. 코드를 작성할 때 동기 처리를 회피하는 등 성능상 주의해야 할 점도 있습니다(4.1절 및 8.3.4절 참고).

1.1.5 백엔드로서의 Node.js

Node.js는 네트워크에 강점을 갖는 언어적 특성, 자바스크립트를 읽고 쓸 수 있는 사람이 많다는 점, 커뮤니티의 규모나 라이브러리가 충실하다는 점에서 현재 백엔드 개발 언어로 많은 지지를 얻고 있습니다.

특히 전형적인 웹 애플리케이션 프레임워크인 익스프레스Express는 Node.js의 사실상 표준이라고 말할 수 있을 만큼 널리 이용되고 있습니다.

이 책에서는 주로 6장에서 Node.js의 백엔드 개발을 설명합니다.

1.2 프런트엔드/백엔드 모두에 필요하게 된 Node.js

Node.js는 출시 당시에는 서버 사이드 실행 환경이었지만, 현재는 단순히 백엔드 영역에서 필요한 언어를 넘어서 프런트엔드 영역에서도 꼭 필요한 언어가 됐습니다.

이번 절에서는 다음 2가지 관점에서 설명하겠습니다.

- 개발 도구(1.2.1절)
- 프런트엔드를 위한 백엔드(1.2.2절)

1.2.1 개발 도구로서의 Node.js

웹 애플리케이션을 만들 때는 일반적으로 자바스크립트를 중심으로 프런트엔드를 개발합니다. 간소한 UI 시스템 개발이라면 백엔드에서 HTML을 반환하는 것만으로도 충분합니다. 하지만 조금 더 풍부한 표현을 하고 싶다면 프런트엔드에서 자바스크립트를 사용해야 합니다.[11]

과거에는 HTML 안에 `script` 태그를 직접 사용해서 라이브러리 없이 간단하게 자바스크립트를 이용했습니다. 하지만 이 방법으로는 브라우저 간 동작 차이 문제에 시달리는 경우가 많았습니다. 그래서 당시 브라우저의 차이 등을 잘 흡수해서 사용하기 쉬운 API를 제공하던 prototype.js나 제이쿼리[jQuery]가 유행했습니다. 특히 제이쿼리는 사실상 표준이라고 말할 수 있을 수준으로 보급됐습니다.

제이쿼리는 매우 잘 만들어진 라이브러리로 `document.querySelector`와 같은 기능은 현재 표준 사양으로 자리 잡았을 정도입니다.

제이쿼리가 특히 잘 사용된 이유 중 하나로 기능을 확장하는 플러그인 구조를 빼 놓을 수 없습니다. 사실상 표준이었던 만큼 제이쿼리에는 수많은 플러그인이 존재했습니다. 그리고 플러그인을 이용하기 위해 방대한 인터넷에서 코드를 찾아 자바스크립트 플러그인 파일을 다운로드해 자신의 서비스에서 배포했습니다.[12]

라이브러리 버전은 계속 업데이트되어야 합니다. 웹 서비스를 운용하는 이상 버그 수정이나 취

---

11 예를 들어 X(구 Twitter)의 타임라인과 같은 무한 스크롤 읽기, 스마트폰 애플리케이션과 같이 브라우저 새로고침이 필요 없는 부드러운 화면 이동 등을 수행하고 싶을 경우 등.

12 물론 CDN(Contents Delivery Network) 등은 있었지만 간단하게 설명하기 위해 이렇게 표현했습니다.

약점을 방치해서는 안 되기 때문입니다. 플러그인도 업데이트해야 합니다. 그러려면 각 플러그인에 대한 버전 업데이트가 있는지 확인하고, 다운로드한 후에는 다시 동작시키는 일이 필요합니다. 이에 드는 비용은 저렴하지 않습니다. 그래서 당시 프런트엔드에는 각종 라이브러리를 얼마나 효율적으로 관리할 수 있을 것인가 하는 과제가 존재했습니다.

npm 활용

이런 상황에서 Node.js에 번들된 npm이 주목받았습니다.

npm은 Node Package Manager,[13] 즉 Node.js의 코드를 재이용할 수 있도록 한 패키지 관리자입니다. 코드를 호스팅하는 저장소와 이를 조작하는 CLI로 구성되며, npm을 사용해 패키지(라이브러리)를 설치하면 버전 관리와 재구축을 손쉽게 할 수 있습니다.

npm은 Node.js의 코드를 공유하고 관리하기 위해 만들어졌지만, 자바스크립트 코드를 호스팅할 수 있기 때문에 프런트엔드 코드도 당연히 호스팅할 수 있습니다. 다시 말해 프런트엔드 패키지를 관리해야 하는 과제도 Node.js(npm)가 등장하면서 점점 해결할 수 있게 되었습니다.

빌드의 필요성과 태스크 러너

npm으로 많은 패키지를 관리할 수 있게 되면서 이 패키지들을 기반으로 한 새로운 패키지들이 만들어집니다. 하나의 패키지를 구성하는 파일 수가 늘어나고 각 패키지가 다른 패키지에 의존하게 되면서 복잡성도 증가합니다.

한번 만든 바퀴를 다시 발명하지 않아도 되는 것처럼 패키지가 충실해짐으로써 프로그래밍이 아주 편리해졌습니다. 그러나 프런트엔드에 한해서 보면 좋은 일만 있었던 것은 아닙니다. 패키지 관리자 덕분에 패키지(모듈)를 수작업으로 관리할 필요는 없어졌지만, 패키지가 늘어나면서 각각의 패키지 관리가 복잡해지는 새로운 문제가 나타났기 때문입니다.

프런트엔드 코드는 브라우저에서 동작하는 특성상 실행하기 위해서는 사용자가 자바스크립트 파일을 다운로드하도록 해야 합니다. 예를 들어 하나의 웹 애플리케이션이 100개의 파일에 의존한다면 100개의 파일을 다운로드할 때까지 애플리케이션은 동작하지 않습니다. 브라우저가

---

13 프런트엔드 패키지 관리를 중점으로 Node.js로 만들어진 bower라는 패키지 관리자도 있었습니다. 그러나 현재는 npm에 대부분의 패키지가 호스팅되고 있어 bower 자체도 마이그레이션이 권장됩니다. https://bower.io/

동시에 다운로드할 수 있는 파일 수[14]는 한정돼 있으므로 회선에 여유가 있거나 파일 크기가 작더라도 파일 수 자체가 많으면 속도는 빨라질 수 없습니다. 통신(다운로드)이 상당한 시간을 차지하게 되는 것입니다.

이러한 이유로 일정한 단위로 파일을 결합(번들)하는 방법을 사용하게 되었습니다. 파일들을 결합해서 파일 수를 줄이면 다운로드가 빨라집니다. 그리고 보다 적은 시간 안에 다운로드를 완료하기 위해 minify(최소화)[15]를 하기도 합니다.

이러한 애플리케이션을 만드는 데 필요한 작업을 자동화하기 위해서 그런트Grunt나 걸프gulp와 같은 Node.js로 만든 태스크 러너task runner가 개발됐습니다.[16] 또한 이 시점에 자바스크립트로 동적인 웹 애플리케이션을 구축하는 **단일 페이지 애플리케이션**Single Page Application(SPA)이라는 기술도 일반적으로 사용하게 됐습니다.

특히 점점 더 복잡성이 증가하고 있는 프런트엔드에서 앵귤러JSAngularJS나 녹아웃Knockout 등의 프레임워크도 이용하게 되면서 자동화는 반드시 필요한 요소가 되고 있습니다.

트랜스파일러를 이용한 사양의 선점

2010년 전후의 프런트엔드 자바스크립트는 점점 복잡해지는 요구사항에 사양이 버티지 못하게 됐습니다. 예를 들어 자바스크립트에는 표준 모듈 시스템이 없어 모듈이 늘어나는 개발 스타일과 호환성이 좋지 않았습니다. 이외에도 변수의 범위 문제 등으로 복잡해진 개발에 대응하기 위해 많은 문제점을 해결해야 했습니다.

물론 이를 그대로 방치할 수는 없었기에 자바스크립트 표준인 ECMAScript는 단번에 진화하게 됩니다. 2011년 무렵에 이용되던 자바스크립트는 ES5(ECMAScript v5) 버전을 표준으로 사용했습니다. 그 후속으로 ES6(ECMAScript 2015 또는 ES2015) 버전이 등장했고, 현재 자바스크립트에서 당연하게 사용되는 사양들이 계속해서 정의됐습니다.

---

14 HTTP/1.1의 동시 접속 수. HTTP/2와 HTTP/3에서는 상황이 조금 달라졌지만, 당시의 상황을 설명한 것입니다.

15 정확한 표현은 아니지만 간단히 '압축'이라고도 합니다.

16 이들이 등장하기 전에도 자바 등에서 작성된 도구가 있었습니다. 그러나 자바스크립트에 대한 도구는 자바스크립트로 작성하는 것이 콘텍스트 스위치도 적기 때문에 논리에 맞습니다.

- 표준 모듈들
- const/let과 같은 범위 단위의 변수 정의
- 화살표 함수(arrow function)
- 기타 등등

하지만 사양은 정의된 것만으로는 바로 사용할 수 없습니다. 각 브라우저가 기능을 구현할 수 있을 때까지는 모처럼 좋은 기능이어도 그저 사양에 불과하기 때문입니다.

이러한 문제를 해결하기 위해 2014년에 바벨Babel이라는 트랜스파일러transpiler가 등장했습니다. 트랜스파일러는 ES6으로 작성된 자바스크립트 코드를 ES5 자바스크립트 코드로 출력합니다.[17][18] 트랜스파일러로 코드를 변환함으로써 아직 ES6 기반 사양을 구현하지 못하는 ES5 기반의 브라우저에서[19] 새로운 사양을 따르는 코드를 동작시킬 수 있게 한 것입니다.

모듈 시스템

앞에서 설명한 것처럼 ES5 시절에는 브라우저의 자바스크립트에 표준 모듈 분할이 없었습니다. 자바스크립트 파일을 분할할 수는 있었지만,[20] 모든 파일이 전역과 같은 범위를 갖는 등 사용 방법이 제각각이었습니다. 이러한 문제는 복잡해지는 프런트엔드 개발에서 비용이 높아짐을 의미하므로 보다 사용하기 쉬운 모듈 시스템 도입이 요구됐습니다.

반면 서버 사이드에는 브라우저와 달리 script 태그가 없기 때문에 Node.js 본체에 구현된 표준 모듈 불러오기나 파일 간 의존 관계를 만들기 위해 모듈 구조가 필요했습니다. 그래서 Node.js는 require('module_name')과 같은 형태로 모듈을 분할하는 CommonJS(3.1절 참고) 스타일을 채택했습니다.

ES6에서도 import/export라는 사양이 정의돼(3.2절 참고) 있었지만, 실제 브라우저로 구현하기 위해서는 문제점이 많아 이를 해결할 시간이 필요했습니다.

그래서 Node.js에서 이미 입증된 CommonJS 스타일을 이용해 프런트엔드의 코드도 모듈로

----

17 바벨은 초기에는 6to5라 불렸으며 글자 그대로 ES6을 ES5로 변환하는 것을 목적으로 하는 도구였습니다.

18 자바스크립트를 출력하는 언어(AltJS)로서 바벨 이전에는 2009년에 등장한 커피스크립트(CoffeeScript) 등을 이미 이용했습니다. 바벨도 동작 측면에서는 이에 가깝습니다.

19 일반적인 브라우저의 대부분을 커버한다고 말해도 좋을 것입니다.

20 몇 가지 방법, 예를 들어 여러 script 태그를 이용한 관리나 제이쿼리의 $.getScript() 등의 방법이 있었습니다. 하지만 현대의 모듈 시스템에 비하면 모듈을 취급하기 어렵습니다.

분할하고자 하는 움직임이 일었습니다. 여기서 웹팩webpack이나 브라우저리파이Browserify와 같은 모듈 번들러가 등장했고 이를 통해 모듈을 결합할 수 있게 되었습니다.

현재 바벨은 'ECMAScript의 최신 사양을 현재 동작하는 사양으로 트랜스파일하는 것'을 담당합니다.[21] 반면에 웹팩과 같은 번들러는 '파일의 의존 관계를 해결해 번들(결합)하는 것'을 담당한다고 생각하면 이해하기 쉬울 것입니다.[22] [23]

그리고 이러한 코드는 자바스크립트에도 관련돼 있어 Node.js를 이용해 구현됐습니다. 웹 개발과는 다른 도구 개발이라는 측면은 있었지만, 자바스크립트 개발을 위해 개발자의 콘텍스트 스위치가 적은 Node.js가 채택된 것은 자연스러운 흐름이라고 할 수 있습니다.

이러한 배경이 있어서 Node.js는 프런트엔드 개발 도구라는 입장에서도 없어서는 안 될 존재가 되었습니다.

1.2.2 프런트엔드를 위한 백엔드로서의 Node.js

Node.js는 앞서 설명한 것처럼 네트워크 처리가 강점인 런타임입니다. 자바스크립트의 인터페이스를 통해 높은 성능의 애플리케이션을 쉽게 구축할 수 있고, 익스프레스[24](6장 참고)가 등장하면서 서버 사이드에서의 도입 사례도 점점 증가했습니다.

개발 도구 측면만 봤을 때도 Node.js는 프런트엔드에서 충분히 빼놓을 수 없는 존재이지만, SPA의 등장으로 복잡해진 프런트엔드 세계에서 API 서버뿐만 아니라 백엔드로서의 중요성도 높아지고 있습니다.

SSR과 Node.js

Node.js가 담당하는 역할 중에는 SSRServer Side Rendering이 있습니다.

최근 복잡해지는 프런트엔드 개발에서는 리액트React, 뷰Vue, 앵귤러Angular 등의 프레임워크의 도움이 필수라고 해도 과언이 아닙니다.

----

21 바벨에도 ES 모듈 문법을 해석하는 기능이 있어 다소 번거롭기는 합니다.
22 번들(bundle)이란 파일끼리 결합해 파일 수를 작게 줄이는 것을 말합니다.
23 최근에는 서로 커버하는 영역이 겹치기 때문에 차이를 엄밀하게 구분하기는 어렵습니다.
24 https://expressjs.com/ko/

SPA는 자바스크립트로 HTML을 구성함으로써 스마트폰 애플리케이션과 같은 화면 이동 구현이나, 차이가 나는 부분만 렌더링하는 방식 등으로 빠른 속도의 사용자 경험을 연출할 수 있게 됐습니다. 하지만 자바스크립트로 동작시키는 이상, 브라우저가 자바스크립트를 읽어서 실행하는 단계가 필요합니다. 그래서 서버에서 전송된 HTML을 처음부터 로딩하는 고전적인 방법에 비해 초기 로딩이 느려집니다. 초기 로딩 속도를 포함해 튜닝을 하고 싶다면 서버 사이드에서 HTML을 구축해야 합니다.

이것을 구현하는 기술이 SSR입니다. 프런트엔드에서 자바스크립트를 이용해 생성할 페이지를 서버 사이드에서 미리 렌더링해 HTML로 준비해두는 기술입니다. 앞에서 설명한 것처럼 SSR은 초기 로딩 속도면에서 SPA보다 유리합니다. 특히 PC에 비해 리소스가 한정된 스마트폰 환경 등에서는 SSR의 장점이 극대화됩니다.

또한 SEO 대책 등으로 SSR이 필요하기도 합니다. 현재 구글의 크롤러는 자바스크립트를 실행한 결과를 해석할 수 있다고는 하나, 구체적인 동작 원리는 확실하게 알려져 있지 않습니다. 그래서 HTML로 크롤러에 반환하려는 요구가 발생하고 있습니다.

SSR은 사실상 Node.js로만 구현할 수 있습니다. 물론 이론상으로는 어떤 언어로도 SSR은 가능합니다. 하지만 프런트엔드가 자바스크립트로 개발됐다면, SSR을 구현하는 데 자바스크립트로 서버 사이드를 기술하는 편이 개발자 입장에서 콘텍스트 스위치 발생이 적기 때문에 합리적입니다.

그리고 유니버설 JS^{Universal JS}와 동형 JS^{Isomorphic JS}라 불리는 백엔드와 프런트엔드 코드의 공통화라는 측면에서 Node.js가 선택되기도 합니다. 물론 문제점도 있지만[25] 이 또한 개발할 때의 콘텍스트 스위치를 가능한 한 줄여 개발 효율을 높이려는 시도 중 하나입니다.

Node.js는 이미 프런트엔드에서 개발 도구로서도 필수가 되었습니다. 그렇기 때문에 Node.js를 서버 사이드에 채택하는 것은 합리적이라고 할 수 있습니다.

프런트엔드를 위한 백엔드

최근 시스템에서 많이 도입되고 있는 마이크로서비스 아키텍처는 API를 제공하는 서버와, 프

---

25 상호 코드에서 공통화할 수 있는 부분이 있다고 하더라도 각각 신경 써야 할 점이 다르다는 것에는 주의해야 합니다. 같은 자바스크립트라도 각각의 역할이 다르므로 기대만큼 공통화할 수 없는 것도 많습니다. 어느 정도 공통화할 수 있는가, 어떻게 코드를 작성하는가에 관해서는 7장도 참고하기 바랍니다.

런트엔드용 서버[26]를 서로 다른 팀이 담당하는 경우가 많습니다. 그리고 API 설계와 프런트엔드(화면) 설계가 반드시 일치한다고 단정할 수 없습니다. 복잡한 애플리케이션일수록 하나의 화면을 구성하기 위해 여러 API를 호출해야 합니다.

그럴 때 프런트엔드를 위해 여러 API 등을 묶는 역할을 하는 백엔드, 즉 프런트엔드를 위한 백엔드Backend For Frontend(BFF)라 불리는 역할(개념)이 등장했습니다. 이것도 SSR과 마찬가지로 프런트엔드를 위해 필요합니다. 프런트엔드 개발자가 유지보수하기 쉬운 환경임을 생각하면 Node.js를 채택하는 것이 합리적입니다.

이렇게 해서 Node.js는 현재의 프런트엔드와 뗄 수 없는 존재가 됐습니다.

저는 Node.js를 학습하는 본질적인 장점을 문법적인 콘텍스트 스위치를 줄이고 프런트엔드와 서버 사이드를 기술할 수 있게 되는 것이라고 생각합니다. 하지만 앞에서도 설명했듯 프런트엔드와 백엔드에서는 주의해야 할 점이 다릅니다. 이 책에서는 예제를 통해 가능한 한 그 점을 이해할 수 있도록 설명하겠습니다.

COLUMN

타입스크립트

타입스크립트TypeScript[28]는 자바스크립트에 타입을 부여(정적 타입 도입)해 보다 안전하게 개발할 수 있고, 편집기의 강력한 도움을 받으며 개발할 수 있는 프로그래밍 언어입니다.

타입스크립트는 자바스크립트로 트랜스파일할 수 있으므로 당연히 Node.js에서도 이용할 수 있습니다.

- **Node.js와 타입스크립트** https://nodejs.org/en/learn/getting-started/nodejs-with-typescript

자바스크립트는 스크립트 언어이며 빌드 단계를 거치지 않아도 코드를 실행할 수 있습니다. 이 점은 간편하지만 실행 또는 테스트를 할 때까지 문제가 드러나지 않는다는 단점이 있습니다. 실제로 애플리케이션을 운용하다 보면 실행에 이용해야 할 속성이 존재하지 않거나, 숫자라고 생각했던 변수가 문자열인 경우도 있습니다.

---

26 프런트엔드에서 이용하기 위한 JSON 등을 전달하는 서버.

27 https://www.typescriptlang.org

이런 문제가 있으면 빌드할 때부터 해결하고 싶어집니다. 타입스크립트는 자바스크립트에 타입을 부여함으로써, 실행이나 테스트 단계에서야 처음 마주치는 이런 문제들을 개발 단계에서도 발견할 수 있게 해줍니다.

기본적으로 타입스크립트는 자바스크립트에 타입을 부여한 것이므로 자바스크립트의 문법을 사용하는 개발 프로젝트라면 처음부터 타입스크립트를 도입하는 것을 권장합니다.

자바스크립트를 사용한 개발에 익숙하면 '타입을 도입하는 것이 번거롭다'고 느낄 수도 있습니다. 그러나 여러 사람이 함께 개발하는 경우에는 커뮤니케이션에 드는 비용을 확실하게 낮춰줍니다.

저 같은 경우에는 혼자 개발할 때도 타입스크립트를 도입할 때가 많습니다. 자신이 작성한 코드라도 시간이 지나면 잊어버리기 십상입니다. 타입을 이용해 정보를 보다 명확하게 표시해두면, 팀 개발과 마찬가지로 코드를 이해하는 데 도움을 얻을 수 있습니다. 객체나 함수의 인수, 반환값에 타입이 붙어 있으면 편집기에서 자동 완성을 쉽게 사용할 수 있으며, 이에 따라 개발 효율이 높아지고 유지보수 비용도 낮아집니다. 그렇기 때문에 쓰고 버리는 코드 이외에는 대부분은 타입스크립트로 작성을 시작합니다. 예외적으로 본인만 사용하는 CLI 도구 등은 자바스크립트로 작성하지만, 전체적으로 보면 자바스크립트를 사용하는 경우는 매우 적습니다.

최근의 라이브러리에는 타입 정보가 포함돼 있는 경우가 많고, 처음 사용하는 라이브러리라 하더라도 문서 대신 타입을 참고할 수 있어 매우 편리합니다. 타입 정보가 포함돼 있지 않은 경우에는 DefinitelyTyped[29]를 참고합니다. 의도에 따라 매우 많은 모듈의 타입 정보를 도입할 수 있습니다. 대부분의 유스케이스use case에서는 이것만으로도 충분히 도움이 될 것입니다.

처음에는 애플리케이션 안에서 복잡한 타입을 잘 사용하려고 하지 말고, 라이브러리의 문서를 대신하는 정도로 사용해도 좋습니다. 차례로 표준 제공된 string이나 number라는 타입을 이용해 애플리케이션 안에서 타입을 늘려갑시다. 익숙해진 시점에 더욱 견고한 애플리케이션을 만들 수 있도록 타입스크립트 기능 사용 방법을 익혀두길 바랍니다.

이 책에서는 Node.js 자체의 특징을 중심으로 설명하기 때문에 자바스크립트로 설명합니다. 이는 타입스크립트의 기능과 자바스크립트의 기능을 혼동하지 않도록 하기 위해서입니다.

---

28 https://github.com/DefinitelyTyped/DefinitelyTyped

Node.js와 브라우저에서 동작하는 자바스크립트의 차이

지금까지 살펴본 것처럼 Node.js는 자바스크립트라는 문법을 적용한 실행 환경입니다. 그렇기 때문에 브라우저에서 동작하는 자바스크립트와는 다른 API를 갖습니다.

예를 들어 서버 사이드에서 동작하는 Node.js에서는 document나 window 등의 전역 객체나 DOM 등을 조작하는 API가 없습니다. 반대로 Node.js에는 파일 조작같이 OS 기능을 직접 조작하는 다양한 API (3.4절 참고)가 있습니다.

그리고 setTimeout이나 fetch 등 브라우저와 공통된 인터페이스를 가진 API라도 내부 동작은 다르기도 합니다.[30]

최근에는 브라우저에서 동작하는 API를 Node.js에 도입하는 경우도 많지만, 브라우저와 Node.js에서 동작하는 자바스크립트는 전혀 다른 것입니다.

- **Node.js와 브라우저의 차이** https://nodejs.org/en/learn/getting-started/differences-between-nodejs-and-the-browser

---

29 이 차이로 인해 발생하는 문제는 많지 않지만, 차이점이 있다는 점은 알아두는 것이 좋습니다.

2

자바스크립트/
Node.js의 문법

이번 장에서는 먼저 Node.js 실행 환경을 구축하고, 이 책의 예제를 전제로 간단한 자바스크립트 문법에 관해 살펴봅니다.

2.1 개발 환경 도입

Node.js를 설치하는 방법에는 몇 가지가 있습니다. 여기에서는 공식 사이트에서 다운로드하는 방법을 소개합니다.[1]

공식 사이트[2]에서 설치 파일을 다운로드합니다. 최신 LTS 버전(권장)을 이용하기 바랍니다.

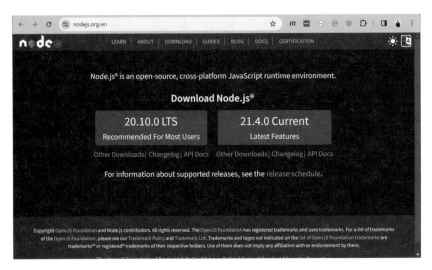

그림 2-1 nodejs.org의 메인 페이지

프로그램을 설치한 후 명령 프롬프트에서 명령을 실행해 다음과 같이 버전이 표시되면 설치 완료입니다.[3]

---

1 이 책에서는 맥OS에서 실행을 확인했습니다. Node.js 코드는 가급적이면 OS에 의존하지 않도록 작성했습니다. 윈도우와 같이 OS 고유의 문제가 발생한 경우에는 가상 환경상의 리눅스 등에서도 확인하기 바랍니다. 6~8장의 내용은 리눅스에서의 조작을 전제로 했습니다.

2 https://nodejs.org/

3 옮긴이_ 실행 예제는 원서 집필 시점의 Node.js v18.12.1 버전으로 작성되었습니다. 대부분의 코드는 2024년 3월 최신 LTS 버전(v20.x.x)에서도 정상 동작하나 일부 코드는 수정이 필요할 수 있습니다. v18.12.1 버전 설치 파일은 다음 URL 다운로드할 수 있습니다. https://nodejs.org/download/release/v18.12.1/

```
$ node -v
v18.12.1
$ npm -v
8.19.2
```

설치를 완료했다면 작업용 디렉터리를 만듭니다. 여기에서는 **nodescript**라는 디렉터리를 만들었습니다. 만든 디렉터리 안에 **index.js**라는 파일을 만들고 다음 내용을 입력합니다.

예제 2-1 index.js

```
console.log('hello Node.js');
```

파일을 작성했다면 **nodescript** 디렉터리에서 **node** 명령어를 실행합니다.

```
$ cd nodescript # 파일이 있는 디렉터리로 이동

$ node index.js
hello Node.js
```

console.log()는 인수를 표준 출력에 표시하는 함수입니다. 표준 출력에 **hello Node.js**라고 표시될 것입니다.

Node.js에서는 대화형으로 코드를 실행할 수 있는 REPL[Read-Eval-Print Loop]을 제공합니다. 입력한 계산식이나 함수 등의 결과가 다음 행에 출력되므로 간단한 동작이나 정규 표현을 확인하기에 편리합니다. 사용 방법을 익히면 좋을 것입니다. **node** 명령어만 실행하면 REPL이 실행됩니다. 식을 입력하고 Enter 키를 눌러 실행하면 반환값이 표시됩니다.

```
$ node
> 1+2
3
> console.log('xyz') //인수 표시 후, console.log() 자신의 반환값인 undefined가 표시
xyz
undefined
```

이용을 마쳤다면 Ctrl+C 키를 눌러 종료합니다.

2.1.1 Node.js의 버전

Node.js는 Current(개발 버전)와 v18처럼 짝수 번호의 버전을 LTS(안정 버전)로 릴리스하는 형식을 갖습니다. Current 버전은 최신 기능을 가장 빠르게 시도해볼 수 있지만, 파괴적인 변경을 포함할 수도 있습니다.[4] 프로덕션 환경에서 운용할 때는 안정적인 최신 LTS 버전을 사용할 것을 권장합니다. 또한 지원 기간이 종료된 버전은 버그 및 취약성을 대응하지 않으므로 기본적으로는 지원 기간이 가장 긴 최신 LTS 버전을 사용합니다.

자바스크립트는 여러 브라우저에서 동작하는 특성상 웹 세계를 망가뜨리지 않기 위해 하위 호환성이 높습니다. 기본 문법 범위에서 사용한다면 버전 업데이트로 인해 동작하지 않는 일은 적을 것입니다. 다만, 메이저 버전을 올릴 때는 표준 모듈(Core API)을 이용하는 위치나 외부 모듈의 의존 관계 등에 주의하는 것이 좋습니다.

각 LTS 버전의 지원 기간이나 릴리스 모델에 관해서는 공식 사이트[5]를 확인하기 바랍니다.

COLUMN

Node.js 도입 방법

실제 애플리케이션을 작성하고 운용할 때는 리눅스 서버에 Node.js를 설치할 때가 많을 것입니다. 바이너리를 다운로드해서 가지고 오는 방법, 소스 코드에서 직접 빌드해서 도입하는 등의 방법을 생각할 수 있습니다.

저는 공식 사이트에서 제공하는 빌드 완료된 바이너리를 이용하는 것을 권장합니다. 빌드 완료된 바이너리를 다운로드하고 PATH를 등록하면, node 본체와 패키지 관리자인 npm(npx 및 corepack)을 이용할 수 있습니다.

Node.js 공식 사이트의 다음 URL에서 모든 버전의 바이너리를 얻을 수 있습니다.

- **Node.js의 빌드 완료된 바이너리 목록** https://nodejs.org/dist/

버전에 따라 디렉터리가 구분돼 있습니다. 예를 들어 LTS 버전 v18의 최신 릴리스를 얻고 싶다면 latest-v18.x를 선택합니다. 여기에서 여러분의 환경에 맞는 바이너리(node-v{{version}}-linux-x64.tar.gz 또는 node-v{{version}}-linux-arm64.tar.gz 등)를 다운로드해 압축

---

4 여기에서는 이해하기 쉽도록 LTS를 안정 버전, Current를 개발 버전으로 표기합니다. Node.js 공식 사이트에서는 각각 권장 버전과 최신 버전으로 표기하고 있습니다.

5 https://nodejs.org/en/about/previous-releases

을 푼 뒤 /usr/local/bin 등 PATH가 등록된 위치에 배치합니다.

물론 오픈소스 소프트웨어이고 소스 코드 파일을 제공하므로 직접 빌드할 수도 있지만 약간의 수고가 필요합니다.

Node.js의 버전을 관리할 수 있는 nvm[6]이라는 소프트웨어도 있습니다. 저는 설치 과정에서 오류가 발생하는 경우 이러한 버전 관리 소프트웨어가 원인인 오류(경로가 등록되지 않는 등)를 추적하는 것보다 공식으로 제공되는 바이너리를 사용하는 편이 간단하고 문제를 특정하기 쉽다고 생각합니다. 그렇기 때문에 빌드 완료된 바이너리를 자주 이용합니다.

앞에서도 설명한 것처럼 Node.js는 하위 호환성이 높은 언어입니다. 기본적으로는 최신 LTS 버전으로 계속 업데이트하는 것이 성능 향상은 물론 최선이 될 때가 많습니다. 따라서 버전을 관리하고 싶다는 생각이 든다면 최신 버전에서 동작시킬 시점이라고 생각하는 것이 좋습니다.[7]

개발사에서 직접 제공하는 버전을 다운로드해서 이용하는 것이 가장 간단하고 문제가 발생하기 어렵다(발생한 문제를 제거하기 쉽다)고 생각합니다.

2.2 자바스크립트 기초

Node.js에 입문할 때 알아두면 좋은 자바스크립트의 기초를 설명합니다.

자바스크립트의 문법을 모두 설명하면 페이지가 부족하므로 여기에서는 이 책에서 이용하는 기초 문법만 설명합니다. 자바스크립트의 기술에 대한 상세한 내용은 MDN[8] 등의 문서를 참고하기 바랍니다.

2.2.1 변수

먼저 변수입니다. 자바스크립트에서는 3가지 방법으로 변수를 선언할 수 있습니다.

---

6 https://github.com/nvm-sh/nvm
7 여러 프로젝트에 걸쳐 관련돼 있는 경우 다양한 버전을 오가며 사용해야 하는 경우도 있습니다.
8 https://developer.mozilla.org/ko/

선언 시 사용	내용
var	변수를 선언, 초기화할 수 있다.
const	범위 안에서 유효하고 재할당 불가능한 변수를 선언할 수 있다.
let	범위 안에서 유효한 변수를 선언, 초기화할 수 있다.

범위^{scope}란 변수의 값이나 식이 참조할 수 있는 범위를 말합니다. 예를 들어 함수의 범위를 결정하는 함수 범위, if문/for문과 같은 블록 범위 등을 생각할 수 있습니다. 그리고 위치에 관계없이 참조할 수 있는 범위를 전역 범위라 부릅니다.

var는 let/const와 달리 선언한 범위를 넘어 참조할 수 있습니다. 예를 들어 다음 코드와 같은 경우 if문 안에서 선언된 foo는 if문 외부에서도 참조할 수 있습니다.

```
if (true) {
  var foo = 5;
}
console.log(foo); // 5
```

ES6부터 도입된 let/const는 선언한 범위 안에서만 유효합니다.

```
if (true) {
  const bar = 5;
}
console.log(bar); // ReferenceError: bar is not defined
```

변수의 영향 범위가 넓어질수록 코드를 추적하기 어려워지며, 유지보수성이 낮아지는 동시에 버그의 원인이 됩니다. 따라서 지금부터 자바스크립트로 개발한다면 let/const를 주로 사용한다고 기억하기 바랍니다.

let/const의 차이는 '재할당 가능 여부'입니다. 실제로 다음과 같은 코드에서는 재할당을 시도하면 에러가 발생합니다.

```
const foo = 5;
console.log(foo);
```

```
foo = 'test';
console.log(foo);
foo = 'test';
     ^

TypeError: Assignment to constant variable.
```

let을 사용하면 재할당할 수 있으므로 에러가 발생하지 않습니다.

```
let foo = 5;
console.log(foo);
foo = 'test';
console.log(foo);
```

```
5
test
```

이는 비단 자바스크립트에만 국한되지는 않습니다. 변수 재할당이 많을수록 버그가 발생하기 쉽습니다. 극단적인 예이지만 함수 안에서 일시적으로 사용되는 변수를 let tmp로 선언하고, 로직이 이 변수를 계속 사용하고 있다고 가정해봅시다. 이 경우 tmp에 무엇이 들어 있는지 완전히 이해하면서 로직을 짜야 합니다. 그렇지 않으면 나중에 코드를 읽었을 때 이 변수를 완벽하게 파악하는 데 상당한 공력이 들 것입니다. 따라서 변수가 유효한 범위는 가능한 한 좁히는 것이 바람직합니다.

이용 우선순위는 'const 〉 let 〉 var'로 기억하면 좋습니다.[9]

함수 이름(식별자)은 문자, 언더스코어(_), 달러 기호($)로만 시작할 수 있습니다. 그 뒤에는 숫자도 쓸 수 있습니다.

```
const abc = 'abc'; // OK
const _abc = '_abc'; // OK
const abc123 = 'abc123'; // OK
const 123 = '123'; // NG, 숫자는 맨 앞에 올 수 없습니다.
```

---

9 현재는 기존 코드 베이스를 따라야 하는 이유를 제외하고는 신규 코드에 var를 거의 사용하지 않습니다.

2.2.2 연산자

다른 언어와 마찬가지로 할당, 비교, 산술, 문자열 등의 연산자를 사용할 수 있습니다.

```
const a = 2; // 2
const b = a * 2 + 1; // 5

const less = a < b; // true
const equal = a === b; // false
```

연산자에서 특별히 주의해야 할 점은 동등 비교입니다. 동등 비교에는 =(등호)를 2개 쓰는 ==와 3개 쓰는 ===가 있습니다. ===는 ==보다 엄격한 비교를 수행합니다. 그래서 ==를 동등 연산자, ===는 일치 연산자라 부릅니다.

다음 예와 같은 경우 어느 쪽이어도 동작은 동일합니다.

```
const a = 1;
const b = 1;
const equal = a == b; // true
const equal2 = a === b; // true
```

주의할 것은 문자열 등의 모호한 비교에서 결과가 달라지는 경우입니다. 다음은 숫자 타입의 1과 문자열 타입의 1을 비교하는 예입니다.

```
const a = 1;
const b = '1';

const equal = a == b; // true
const equal2 = a === b; // false
```

모호한 비교(==)에서는 같다고 판단하지만, 엄격한 비교(===)에서는 타입을 비교하기 때문에 같지 않다고 판단합니다.

판정 범위가 넓은 모호한 비교 쪽이 사용하기 편하다고 느낄 수도 있을 것입니다. 하지만 모호한 비교에서는 자신이 생각하지 못했던 시점에 '같다'고 판단돼 제품의 버그가 될 가능성이 있습니다. 실제로 이용할 때는 기본적으로 엄격한 비교를 사용하고, 반드시 필요할 때만 모호한 비교를 이용하는 것이 좋습니다.

부등 연산자에도 모호한 부등 연산자(!=)와 엄격한 부등 연산자(!==)가 있습니다.

2.2.3 데이터 타입

자바스크립트에서 다루는 데이터 타입에 관해 살펴보겠습니다.

자바스크립트는 동적 타입 언어이므로 명시적으로 타입을 선언하지 않습니다. 하지만 각각의 값을 연산하거나 비교하는 경우에는 종종 변수 내부에 들어 있는 타입을 의식해야 할 때가 있습니다.

이 책에서는 이처럼 세세한 동작의 차이를 가급적이면 의식하지 않도록 설명하지만, 그래도 각 타입의 차이점은 기억해둡시다.

이 책을 집필하는 시점의 최신 자바스크립트(ECMAScript)에서는 7가지의 원시primitive 타입과, 이들을 복합적으로 다루는 object 타입을 사용할 수 있습니다.[10] [11]

데이터 타입	설명
String	문자열을 나타내는 타입
Number	정수나 부동 소수점과 같은 숫자를 다루는 타입
BigInt	큰 자리를 다루는 정숫값
Boolean	true 또는 false를 가지는 불리언값
Symbol	유일한 값이 되는 심벌 타입(6.10.2절 참고)
undefined	정의되지 않았음을 나타내는 타입
null	데이터가 없는 것을 나타내는 타입
Object	객체, 배열, 정규 표현, 함수 등 원시 이외의 타입

데이터 타입을 확인할 때는 typeof 연산자를 사용할 수 있습니다. typeof가 반환하는 데이터 타입의 일부는 위 표와 다릅니다.[12]

---

10 **primitive** https://developer.mozilla.org/en-US/docs/Glossary/Primitive

11 null은 원시 데이터 타입 중에서도 매우 독특합니다. MDN 문서를 참고하세요. https://developer.mozilla.org/ko/docs/Glossary/Null

12 https://developer.mozilla.org/ko/docs/Web/JavaScript/Reference/Operators/typeof

```
typeof 데이터 // 문자열로 데이터 타입을 반환한다.

typeof 'string'     // 문자열은 'string'
typeof []           // 배열은 'object'
typeof console.log  // 함수는 'function'
typeof null         // null은 'object'
```

이제 자주 사용하는 기본 데이터 타입을 하나씩 살펴보겠습니다.

String

String은 문자열을 다루는 타입입니다. 큰따옴표(") 또는 작은따옴표(') 또는 백틱(`)으로
감싸 나타냅니다.

```
$ node
> "안녕하세요"
'안녕하세요'
> '안녕하세요'
'안녕하세요'
> `안녕하세요`
'안녕하세요'
```

"와 '는 모두 같은 결과를 반환합니다. 어느 쪽이든 선호하는 기호를 사용하면 됩니다. 다만 실
제 코드 안에서는 둘 중 하나로 통일하는 것이 좋습니다. 그리고 \n(줄 바꿈)과 같은 문자도
지원합니다.

```
$ node
> console.log('첫 번째 행\n두 번째 행')
첫 번째 행
두 번째 행
undefined
```

세 번째의 `(백틱)은 ES6에서 추가된 템플릿 리터럴template literal이라는 표기법입니다. 단순히
정의하는 것뿐이라면 앞에서 설명한 두 개의 기호처럼 사용할 수 있지만, 다음 코드처럼 변수
전개나 여러 행에 걸친 문자열을 정의하는 데에도 사용할 수 있습니다.

```
// 여러 행
`첫 번째 행
두 번째 행
세 번째 행`

// 변수 전개, ${변수}를 템플릿 리터럴 안에 기재한다.
const one = '첫 번째';
const two = '두 번째';
const line = `'${one}' '${two}'`; // '첫 번째' '두 번째'
```

Number

Number는 숫자를 다루는 타입입니다. 정수 또는 소수 표기를 사용합니다.

```
const int = -5;
const double = 3.4;
```

그 밖에 16진수나 e+정수와 같은 표기를 사용할 수도 있지만 이 책에서는 다루지 않습니다.

원래 Number[13]는 큰 범위의 숫자를 다룰 수 없었기 때문에 BigInt[14] 타입이 도입됐습니다. 웹 애플리케이션 범위에서는 BigInt를 사용할 경우가 드물지만, 큰 숫자를 다룰 때는 타입을 고려해야 합니다.

Boolean

Boolean은 부울 값인 true와 false라는 2개의 값을 다룹니다. 다른 프로그래밍 언어들과 특별히 다른 점은 없습니다.

```
const okFlag = true;
const ngFlag = false;

// ok라고 출력된다.
if (okFlag) {
  console.log('ok');
} else {
```

---

13 https://developer.mozilla.org/ko/docs/Web/JavaScript/Data_structures#number_타입
14 https://developer.mozilla.org/ko/docs/Web/JavaScript/Data_structures#bigint_타입

```
  console.log('ng');
}
```

undefined와 null

undefined는 변수가 정의되지 않았음을 나타냅니다.

```
$ node
> x
undefined
```

null은 '존재하지 않음'을 나타내는 데이터 타입입니다. 코드 안에서는 그대로 null이라고 씁니다.

```
const data = null
```

undefined와 null은 자칫하면 에러를 일으키기 쉬운 값입니다.

예를 들어 객체를 null로 덮어쓴 뒤 해당 객체의 속성에 접근하는 경우에는 런타임 에러가 발생합니다.

```
let obj = { foo: 'hello' };
console.log(obj.foo); // hello

obj = null;
console.log(obj.foo); // Uncaught TypeError: Cannot read properties of null (reading
'foo')
```

타입스크립트를 도입하면 null이나 undefined를 컴파일 시점에 체크할 수 있기 때문에 런타임 에러를 미리 감지하기 쉽습니다.[15]

....
15 **strictNullChecks** https://www.typescriptlang.org/docs/handbook/2/basic-types.html#strictnullchecks

2.2.4 Object

자바스크립트의 Object는 간단히 말하자면 원시 타입(`String`, `Number`, `Boolean` 등) 이외의 타입입니다. 예를 들어 배열, 날짜를 다루는 `Date`, 정규 표현, 함수 등 다양한 타입이 Object 를 상속해 구현됩니다.[16]

자바스크립트 코드 안에서 Object는 다양한 값을 하나의 그룹으로 취급하는 용도로 이용됩니다. Object 초기화는 { }(중괄호)로 감싼 뒤 **속성_이름: 값**으로 표현합니다. 그리고 콤마 (,) 구분자를 이용해 여러 요소를 넣을 수 있습니다.

```
{
  속성_이름: 값,
  속성_이름2: 값
}
```

속성 이름에는 문자열 타입이나 숫자 타입, **Symbol** 타입(6.10.2절 참고) 등을 지정할 수 있습니다.

```
const obj = {
  key: 'value',
  key2: 'value2'
};
```

속성값에는 원시 타입이나 Object의 중첩, **Date** 객체나 정규 표현, 함수 등 다양한 것을 넣을 수 있습니다.

```
const obj = {
  foo: {
    bar: 'baz'
  },
  now: new Date(),
  func: function() {
    console.log('function');
  }
}
```

---

16 MDN 문서를 참조하면 Object를 상속하고 있음을 확인할 수 있습니다. https://developer.mozilla.org/ko/docs/Web/JavaScript/Reference/Global_Objects/Function

이 책에서 Object라고 표현하는 것은 이 **{속성_이름: 값, ...}**으로 선언한 것을 가리킵니다. 배열이나 함수도 넓게 보면 Object이지만 이 책에서는 이를 구분합니다.

ES6부터는 더 유연하게 작성할 수 있는 새로운 표기법이 등장했습니다. 예를 들어 최근에는 속성 이름을 생략하고 작성하는 표기법을 자주 이용합니다.

```
const key = 'value';
const key2 = 'value2';

const obj = {
  key, // key의 값(value)이 들어간다.
  key2 // key2의 값(value2)이 들어간다.
};
```

또한 속성 이름을 객체 바깥에서 정의한 값을 이용해 초기화할 수도 있습니다.

```
const key = 'keyName';
const obj = { [key]: 'value' }; // keyName과 같은 속성에 값(value)이 들어간다.
console.log(obj); // { keyName: 'value' }
```

Object로 선언한 속성에는 마침표(.) 또는 [ ](대괄호)로 접근할 수 있습니다.

```
const obj = {
  foo: 'hello',
  bar: {
    baz: 'world'
  }
};

console.log(obj.foo); // hello
console.log(obj['foo']); // hello
console.log(obj.bar.baz); // world
console.log(obj['bar']['baz']); // world
```

모두 동작은 같지만 마침표(.)는 속성 이름이 변수의 식별자와 같은 패턴에서만 사용할 수 있습니다. 속성 이름은 되도록이면 변수와 같은 방식으로 이름을 짓는 것이 좋습니다.

```
const obj = {
  123: '숫자'
  '': '빈 문자열'
};

console.log(obj.123); // SyntaxError
console.log(obj[123]); // 숫자
console.log(obj.''); // SyntaxError
console.log(obj['']); // 빈 문자열
```

Object의 속성은 선언 후에 바꿔쓸 수도 있습니다.

```
const obj = {
  foo: 'hello'
};

console.log(obj.foo); // hello

obj.foo = 'good bye';

console.log(obj.foo); // good bye
```

여기에서 다소 위화감을 느낄 수도 있습니다. Object는 const로 선언한 값이라도 속성을 바꿔쓸 수 있습니다. const는 어디까지나 재할당 금지를 의미하는 것이며 Object의 속성을 고정하는 것이 아니기 때문입니다.

다음 코드와 같이 obj에 대해 재할당을 시도하면 에러가 발생합니다.

```
const obj = {
  foo: 'hello'
};

obj = {
  foo: 'good bye'
};
// Uncaught TypeError: Assignment to constant variable.
```

이때는 Object.freeze()로 객체를 고정(동결)해 속성을 덮어쓰는 것을 막을 수 있습니다.

하지만 이 방법은 어디까지나 객체가 불변 상태가 되는 것이지 속성을 덮어쓸 때는 에러가 발생하지 않는다는 점에 주의합니다.

```
const obj = {
  foo: 'hello'
};

Object.freeze(obj);

console.log(obj.foo); // hello

obj.foo = 'good bye'; // 할당 자체에서는 에러가 발생하지 않는다.

console.log(obj.foo); // hello
```

이외의 상세한 문법에 관해서는 MDN 문서[17]를 참조하기 바랍니다.

COLUMN

Object와 JSON

자바스크립트의 Object는 JSON과 표기법이 비슷하지만 엄밀하게는 동작이 다릅니다.[18] 여기에서는 주의가 필요합니다.

특별히 주의해야 할 점은 값에 이용할 수 있는 타입 부분입니다. JSON에서는 MDN 문서에도 있는 것처럼 값으로 **문자열, 숫자, 배열, boolean, null, JSON Object**만 가질 수 있습니다. API의 응답 등 JSON으로서 전달해야만 하는 처리 안에서는 위의 값만으로 구성돼 있는지 확인하는 것이 좋습니다.

예를 들어 자바스크립트의 Object는 함수를 저장할 수 있습니다. 하지만 JSON은 자바스크립트의 함수를 저장할 수 없으므로 JSON으로 변환할 때 정보가 누락됩니다.

그래서 자바스크립트에서는 **JSON.stringify**라는 함수를 제공합니다. 이를 이용해 자바스크립트 Object를 JSON 문자열로 변환할 수 있습니다. 이 함수를 이용해 Object를 JSON으로 변환했을 때의 동작을 확인하면 다음과 같습니다.

17 **객체 초기자 〉 구문** https://developer.mozilla.org/ko/docs/Web/JavaScript/Reference/Operators/Object_initializer#구문
18 **객체 리터럴 표기법 vs. JSON** https://developer.mozilla.org/ko/docs/Web/JavaScript/Reference/Operators/Object_ initializer#객체_리터럴_표기법_vs_json

```
const obj = {
  foo: function() {

    console.log('foo')
  },
  bar: 'bar'
};

// foo 속성은 함수이므로 JSON으로 변환할 수 없기 때문에 사라진다.
const str = JSON.stringify(obj); // '{"bar":"bar"}'

// JSON 문자열로 변환한 시점에 foo 속성은 사라졌으므로 파싱한 Object에서도 foo
는 사라진다.
const obj2 = JSON.parse(str);
obj2.foo(); // Uncaught TypeError: obj2.foo is not a function
```

2.2.5 배열

자바스크립트의 배열에서는 [ ]로 감싼 것을 리스트로 취급합니다. 구분자는 콤마(,)이며 배열의 인덱스는 0부터 시작합니다.

[ ]로 선언된 배열은 Array 객체로 취급되며 몇 가지 속성과 함수를 이용할 수 있습니다. 예를 들어 배열의 길이를 나타내는 .length 속성에 접근할 수 있습니다.

```
const arr = ['foo', 'bar', 'baz'];

console.log(arr[0]); // foo
console.log(arr.length); // 3
```

배열이 가진 함수의 예로는 배열의 요소를 반복하면서 새로운 배열로 변환하는 Array.proto type.map과 조건에 일치하는 요소만 추출하는 Array.prototype.filter 등이 있습니다.

```
const students = [
  { name: 'Alice', age: 10 },
  { name: 'Bob', age: 20 },
```

```
  { name: 'Catherine' , age: 30 }
];

const nameArray = students.map(function(person) {
  return person.name;
});
console.log(nameArray); // ['Alice', 'Bob', 'Catherine']

const under20 = students.filter(function(person) {
  return person.age <= 20;
});

console.log(under20); // [{ name: 'Alice', age: 10 }, { name: 'Bob', age: 20 }]
```

2.2.6 함수

자바스크립트의 기본 함수는 function이라는 키워드로 정의합니다.

```
function add(a, b) {
  return a + b;
}

const value = add(1, 2);
console.log(value); // 3
```

위 코드에서 add가 함수명, ()(괄호)로 감싼 a와 b가 인수, {}로 둘러싼 부분이 함수의 처리 부분입니다. return문으로 함수의 반환값을 지정할 수 있습니다.[19]

그리고 자바스크립트에서 함수의 인수에 객체를 전달할 때는 참조로 전달합니다.

```
function setName(obj) {
  obj.name = 'Bob';
}

const person = { name: 'Alice' };
console.log(person.name); // Alice
```

---

19 아무것도 반환하지 않는 경우에는 return문을 생략할 수 있습니다.

```
setName(person);
console.log(person.name); // Bob
```

함수는 함수 표현식으로 별도의 변수에 할당할 수 있습니다. 이때 함수 이름을 생략할 수 있습니다. 이름이 없는 함수여서 익명 함수라고도 부릅니다. 익명 함수는 콜백이나 즉시 실행 함수에도 사용할 수 있습니다.

```
const add = function(a, b) {
  return a + b;
}

// 콜백에 익명 함수
setTimeout(function() {
  console.log('1s')
}, 1000);

// 즉시 실행 함수, 곧바로 실행된다.
(function() {
  console.log('executed')
})();
```

'모든 함수에는 반드시 함수 이름을 붙여야 한다'고 생각하지는 않지만, 함수 이름을 붙이면 에러의 원인이 되는 위치를 바로 특정할 수 있어 쉽게 디버깅할 수 있습니다.

ES6 이후의 함수

ES6 이후의 함수에는 기본 인수와 화살표 함수라는 새로운 표기법이 등장했습니다.

기본 인수는 이름 그대로 함수의 인수를 생략했을 때 기본값을 전달할 수 있습니다.

```
function add(a, b = 2) {
  return a + b;
}

const total = add(1);
console.log(total); // 3

const total2 = add(1, 3);
console.log(total2); // 4
```

화살표 함수의 표기법을 살펴보겠습니다. 다음 예의 함수들의 동작은 거의 같습니다.

```
// 함수
function add(a, b) {
  return a + b;
}

// 화살표 함수
const add = (a, b) => {
  return a + b;
};
```

그리고 화살표 함수는 인수가 하나뿐인 (), 혹은 함수 내부 처리가 1행인 경우 {}와 return을 생략할 수 있어 간단하게 작성할 수 있습니다.

```
const double = a => a * 2;
console.log(double(3)); // 6
```

저는 함수 전체가 상당히 짧은 경우가 아니라면 되도록 (), {}, return을 생략하지 않고 작성합니다. 나중에 그 함수의 처리를 손볼 필요가 있을 때 차이가 확실하게 구분돼 보이도록 하는 것을 선호하기 때문입니다. 이는 가능한 한 많은 사람이 코드를 쉽게 읽을 수 있도록 유지하고자 하는 저만의 방침과도 같습니다. 하지만 최근에는 개발 환경도 많이 발전했으므로 개인 생각을 우선하는 것보다 ESLint가 제공하는 Linter, prettier와 같은 포매터의 기본 설정에 맞추는 경우가 많습니다.

2.3 자바스크립트와 상속

2.2.5절에서 배열에는 Array.prototype.map이나 Array.prototype.filter와 같은 공통 함수가 있다고 설명했습니다. 이 함수들은 배열의 소스가 되는 Array 객체가 가진 함수입니다.

자바스크립트는 자바 등에서 볼 수 있는 class를 베이스로 한 언어는 아닙니다. 대신 prototype이라는 구조로 상속을 구현합니다. 자바스크립트에서는 Object를 상속해서 Array

와 같은 여러 파생 타입을 정의합니다. 예를 들어 MDN의 Array 페이지[20]를 보면 Array.prototype.map과 Array.prototype.filter 외에도 다양한 함수가 제공되는 것을 알 수 있습니다.

예를 들어 Array 객체에 길이를 출력하는 showLength 함수를 추가해보겠습니다.

예제 2-2 배열에 showLength 함수를 확장한다.

```
const a = [1, 2, 3];
console.log(a); // [ 1, 2, 3 ]

// 배열의 길이를 표준 출력에 표시한다.
Array.prototype.showLength = function() {
  // this는 생성된 배열 자신을 가리킨다.
  console.log(this.length)
}

a.showLength(); // 3
```

이렇게 Array.prototype에 함수를 추가하면 Array 객체에서 생성된 모든 값에서 함수를 호출할 수 있습니다.[21]

또한 지금까지 설명하지 않았던 this라는 키워드를 사용했습니다. 여기에 관해서는 이후 2.3.1절과 2.4절에서 자세히 살펴보겠습니다.

```
Array.prototype.showLength = function() {
  // this는 생성된 배열 자신을 가리킨다.
  console.log(this.length)
}
```

2.3.1 자바스크립트와 class

ES6 이후의 자바스크립트에는 class 구문이 도입됐습니다.

---

20 https://developer.mozilla.org/ko/docs/Web/JavaScript/Reference/Global_Objects/Array
21 [예제 2-2]와 같이 자바스크립트가 표준으로 제공하는 객체에 대해서도 prototype을 이용해 확장할 수 있습니다. 하지만 실제 애플리케이션에서는 혼란을 일으키기 쉬우므로 표준으로 제공되는 객체는 가능하면 확장하지 않는 것이 좋습니다.

다음 코드는 생성자의 인수에 전달한 name을 this.name에 저장하고 그 값을 printName 함수로 표시하는 class의 예입니다.

```javascript
class People {
  // 생성자
  constructor(name) {
    this.name = name;
  }
  printName() {
    console.log(this.name);
  }
}

const foo = new People('foo-name');
foo.printName(); // foo-name
```

여기에서의 this는 인스턴스 자신을 가리키므로 new People('foo-name')으로 생성된 foo가 됩니다. 따라서 foo.printName을 호출하면 foo의 this.name에 저장된 'foo-name'이 출력됩니다.

자바스크립트의 class는 prototype의 문법적 설탕syntactic sugar입니다. 2.3절에서 다루었던 것처럼 자바스크립트는 원래 prototype으로 class와 같은 역할을 구현하고 있습니다. 기존의 prototype을 이용한 표현은 다음과 같습니다.[22]

```javascript
// 생성자
function People(name) {
  this.name = name;
}

People.prototype.printName = function() {
  console.log(this.name);
}

const foo = new People('foo-name');
  foo.printName(); // foo-name
```

---

22 Object의 프로토타입에 관한 글. https://developer.mozilla.org/ko/docs/Learn/JavaScript/Objects/Object_prototypes

구체적인 동작에 관해서는 MDN 문서[23]를 참고하기 바랍니다. 처음부터 prototype 기반의 동작을 이해하기는 어렵습니다.[24] prototype를 이용해 확장을 수행하는 언어라는 내용만 먼저 기억해두면 좋습니다.

현재는 코드로 상속을 표현하고 싶은 경우에는 prototype보다 class로 표현하는 것을 권장합니다. 처음이거나 실제 운용하는 코드에서는 prototype을 사용하지 않는 편이 안전합니다.

다만 저는 class 자체도 많이 사용하지 않으려고 합니다. 그 이유는 다음 칼럼에서 설명합니다.

COLUMN

클래스를 어떻게 다루어야 하는가?

저는 많은 경우 **class와 같이 상태를 내포하는 설계는 피하는 편이 좋다**고 생각합니다. 물론 최근의 프레임워크에는 class를 기반으로 하는 것도 있고 class들의 상속이 필요한 경우도 있습니다. 하지만 '필요 이상으로 많은 class를 이용하는 것은 피한다'고 의식하면서 설계하면 Node.js에서 함정에 빠지는 경우가 줄어들 것입니다.

싱글 스레드/싱글 프로세스라는 Node.js 특성상 '객체의 상태에 따라 동작이 변한다 = 함수가 인수 이외의 사이드 이펙트를 갖는다'는 설계는 치명적인 장애를 일으킬 수 있습니다(자세한 내용은 8.3.2절 참고).

저는 이와 같은 문제가 발생할 가능성을 줄이고자 class보다 함수를 조합해서 기능을 구현하는 것을 선호합니다. 이 책에서 다루는 익스프레스나 리액트도 함수를 중심으로 개발하는 스타일로 설명합니다.

2.4 자바스크립트와 this

2.2.5절과 2.3.1절에서 조금 살펴봤지만 this라는 키워드를 이용하면 인스턴스 자체에 대한 참조에 접근할 수 있습니다.

---

23 https://developer.mozilla.org/ko/docs/Web/JavaScript/Inheritance_and_the_prototype_chain
24 prototype의 동작을 이용한 '프로토타입 오염 공격'이라 불리는 공격 방법도 있습니다.

자바스크립트에서 this의 동작은 다소 복잡합니다. 자바스크립트의 this는 실행된 위치(콘텍스트)에 따라 값이 달라지는 속성입니다.[25] 예를 들어 전역 콘텍스트에서 실행된 this는 Node.js에서는 global 객체를 가리킵니다.[26] 이것이 브라우저에서는 window 객체가 됩니다.

예제 2-3 REPL에서 this를 비교한다.

```
$ node
> this === global
true
```

함수 안의 this도 살펴봅시다.

예제 2-4 index.js

```
function isGlobal() {
  console.log(this === global);
}

isGlobal(); // true
```

위 코드를 node 명령어로 실행해보면 true가 출력됩니다. 이때의 this는 global 객체를 가리키는 것이 됩니다.

```
$ node index.js
true
```

이번에는 객체에 넣어서 실행하는 예를 살펴보겠습니다. 2.3.1절에서 나왔던 this.name을 출력하는 함수를 정의한 후에 이 함수를 객체에 넣습니다.

예제 2-5 index.js

```
function printName() {
  console.log(this.name);
```

---

25 **this** https://developer.mozilla.org/ko/docs/Web/JavaScript/Reference/Operators/this
26 **global** 객체는 자바스크립트의 문법이 아니라 Node.js 고유의 개념입니다. 모든 파일 및 모듈에서 같은 참조를 반환하는 객체입니다.

```
  }

  printName(); // undefined
```

여기에서 this는 global 객체를 나타냅니다. global에는 name이라는 속성이 없으므로 un
defined가 출력됩니다.

이 함수를 객체에 넣어보겠습니다.

예제 2-6 index.js

```
function printName() {
  console.log(this.name);
}

const obj = {
  name: 'obj-name',
  printName: printName
};

obj.printName(); // obj-name
```

printName 내부의 this는 obj 자신이 됩니다. 따라서 obj 자신이 가지고 있는 name 속성의
값이 출력됩니다.

그럼 printName 함수를 1초 후에 표시하도록 변경해보겠습니다.

예제 2-7 index.js

```
function printName() {
  setTimeout(function () {
    console.log(this.name)
  }, 1000);
}

const obj = {
  name: 'obj-name',
  printName: printName
};

obj.printName(); // undefined
```

여기에서 obj.printName()은 undefined를 출력합니다. console.log(this.name)이라는 콘텍스트가 타이머(setTimeout)에 옮겨져 this가 타이머를 가리키게 됐기 때문입니다.

이처럼 실행되는 콘텍스트에 따라 **this**의 값은 달라집니다. 이는 **this**가 사용되는 코드에서는 항상 실행되는 콘텍스트를 의식해야 함을 의미하며 코드를 복잡하게 만듭니다.

코드의 **this**를 원래의 대상으로 되돌리려면 bind를 사용해 **this**를 고정하거나[27] **this**를 별명으로 저장해두는 등의 기법을 사용할 수 있습니다.

예제 2-8 index.js

```
function printName() {
  setTimeout(function () {
    console.log(this.name)
    // 이 함수의 콘텍스트를 printName의 this에 고정한다.
  }.bind(this), 1000);
}

const obj = {
  name: 'obj-name',
  printName: printName
};

obj.printName(); // obj-name
```

또한 화살표 함수를 이용하면 bind와 같은 효과를 얻을 수 있습니다.

예제 2-9 index.js

```
function printName() {
  // 화살표 함수를 사용한다.
  setTimeout(() => {
    console.log(this.name)
  }, 1000);
}

const obj = {
  name: 'obj-name',
  printName: printName
```

[27] https://developer.mozilla.org/ko/docs/Web/JavaScript/Reference/Global_Objects/Function/bind

```
};

obj.printName();
```

화살표 함수는 실행 시의 콘텍스트를 고정하는(=this로의 생각지 못한 접근을 방지하는) 역할을 합니다. 화살표 함수 안의 this는 실행 시의 콘텍스트에 좌우되지 않으며 정의 시 this의 값이 결정됩니다. 따라서 this가 가리키는 대상이 달라지는 문제는 적어집니다.

이렇게 자바스크립트의 this는 익숙해질 때까지 생각지 못한 콘텍스트를 가리킬 가능성이 있습니다. this의 동작에 익숙해질 때까지 this가 나타나는 위치의 함수는 되도록 화살표 함수를 사용하는 편이 좋습니다.

this의 동작에 관해서는 자바스크립트 입문 콘텐츠인 JSPrimer의 '함수와 this'[28]에 이해하기 쉽게 설명돼 있으므로 이를 참고하기 바랍니다.

2.5 ES6 이후의 중요한 문법

ES6 이후의 자바스크립트에서 중요한 문법과 자주 사용하는 문법을 살펴봅니다. 이 책에서도 자주 이용하는 것들이므로 이후에도 참고하기 바랍니다.

2.5.1 전개 구문

전개spread 구문은 0개 이상의 인수와 배열, 객체 등을 전개하는 구문입니다. 여러 개의 배열이나 객체에서 새로운 참조를 가진 배열이나 객체를 생성할 때 편리합니다.

변수 앞에 ...를 붙여 객체를 전개할 수 있습니다. 다음 코드는 a, b 배열을 합친 c라는 배열을 생성하는 예입니다.

```
const a = [1 ,2, 3];
const b = [4, 5, 6];
const c = [...a, ...b]; // [1, 2, 3, 4, 5, 6]
```

28 https://jsprimer.net/basic/function-this/#function-this (일본어)

마찬가지로 Object도 전개 구문을 사용해 새로운 객체를 작성할 수 있습니다.

```
const obj1 = {
  a: 'aaa',
  b: 'bbb'
};

const obj2 = {
  c: 'ccc'
};

const obj3 = {
  ...obj1,
  ...obj2
};
// {
//   a: 'aaa',
//   b: 'bbb',
//   c: 'ccc'
// }
```

배열이나 객체를 합성하는 것뿐이라면 **Array.push**를 이용하거나 속성을 추가하는 등의 다른
방법을 사용할 수도 있습니다.

```
const a = [1 ,2, 3];
a.push(4, 5, 6);
const c = a; // [1, 2, 3, 4, 5, 6]

const obj1 = {
  a: 'aaa',
  b: 'bbb'
};

obj1.c = 'ccc';

const obj3 = obj1;
// {
//   a: 'aaa',
//   b: 'bbb',
//   c: 'ccc'
// }
```

전개 구문을 사용했을 때 장점은 '새로운 참조를 가진 배열이나 객체'를 생성할 수 있다는 점입니다. 단순히 속성이나 요소를 추가하는 처리에서는 객체 자체가 가리키는 위치는 변하지 않습니다.

```
$ node
> const a = { a: 'aaa' }
undefined
> b = a
{ a: 'aaa' }
# a와 b는 같은 주소를 가진 객체이므로 비교 결과 true를 반환한다.
> a === b
true
# a를 기반으로 한 새로운 객체를 생성한다.
> const c = { ...a }
undefined
# a와 c는 다른 주소를 가진 객체이므로 비교 결과 false를 반환한다.
> a === c
false
# a와 b는 같은 주소, a와 c는 다른 주소를 가진 객체이다.
# a에 foo 속성을 추가한다.
> a.foo = 'foo'
'foo'
> a
{ a: 'aaa', foo: 'foo' }
# b는 같은 주소를 가진 참조이므로 b에도 foo 속성이 추가된다.
> b
{ a: 'aaa', foo: 'foo' }
# c는 다른 객체이므로 c에는 foo가 추가되지 않는다.
> c
{ a: 'aaa' }
```

C 언어에 빗대어 표현했을 때 '객체는 변수의 포인터이다'라고 말하면 조금 이해하기 쉬울 수도 있습니다.

주의할 점은 전개 구문은 참조를 전개한다는 것입니다. 앞의 예와 같이 원시 값만 있거나 객체의 중첩이 한 단계인 경우에는 단순히 새로운 객체의 사본을 생성하는 것으로 볼 수 있지만, 객체가 포함돼 있을 때는 주의해야 합니다.

```
const a = [
  { foo: 'foo1' },
```

```
    'foo2',
    { foo: 'foo3' }
];
const b = [
    { foo: 'foo4' },
    'foo5',
    { foo: 'foo6' }
];

const c = [...a, ...b];
console.log(c[0].foo); // foo1

a[0].foo = 'bar1';
// c[0]에는 a[0] 객체 참조가 들어 있으므로 a[0] 객체의 값을 바꿔 쓰면 c[0]도 바꿔
써진다.
console.log(c[0].foo); // bar1

a[1] = 'bar2';
// a[1]은 원시 값이므로 a[1]을 바꿔 써도 c[1]은 바꿔 써지지 않는다.
console.log(c[1].foo); // foo2
```

```
const obj1 = {
    a: 'aaa',
    b: {
        foo: 'bbb'
    }
};

const obj2 = {
    c: {
        foo: 'ccc'
    }
};

const obj3 = {
    ...obj1,
    ...obj2
};

obj1.b.foo = 'bbb-update';
// obj3.b에는 obj1.b의 참조가 들어 있으므로 obj1.b의 값을 바꿔 쓰면 obj3.b의 값도 바
꿔 써진다.
```

```
console.log(obj3.b.foo) // bbb-update

// obj1.a는 원시 값이므로 obj1.a의 값을 바꿔 써도 obj3.a의 값은 바꿔 써지지 않는다.
obj1.a = 'aaa-update';
console.log(obj3.a) // aaa
```

전개 구문은 객체뿐만 아니라 함수의 인수에도 이용할 수 있습니다. 다음 예에서는 인수 x, y, z 각각에 배열의 1, 2, 3이 전개됩니다.

```
const args = [1, 2, 3];

function add(x, y, z) {
  return x + y + z;
}

const total = add(...args);
console.log(total); // 6
```

2.5.2 분할 대입

분할 대입은 배열, 객체 등에서 값을 모아서 꺼내는 구문입니다. 배열의 경우 인덱스에 원하는 변수 이름을 붙여서 꺼낼 수 있습니다.

```
const [first, second, ...foo] = [10, 20, 30, 40, 50];
console.log(first); // 10
console.log(second); // 20
console.log(foo); // [30, 40, 50]

const { a, b, ...bar } = {
  a: 10,
  b: 20,
  c: 30,
  d: 40
};

console.log(a); // 10
console.log(b); // 20
console.log(bar); // { c: 30, d: 40 }
```

이것은 함수의 반환값을 받을 때 편리합니다. 최근에는 리액트 훅React Hooks에서 자주 볼 수 있는 구문입니다([예제 7–13] 등 참고).

```javascript
function returnArray() {
  return [1, 2, 3];
}

// 필요없는 값에는 변수명을 붙이지 않으면 건너뛸 수 있다.
const [one, , three] = returnArray();
console.log(one); // 1
console.log(three); // 3
```

그리고 객체도 콜론(:)을 사용해 별칭을 붙여서 꺼낼 수 있습니다.

```javascript
const obj = {
  a: 10,
  b: 20,
  c: 30
};

const { a: foo, c: bar } = obj;
console.log(foo); // 10
console.log(bar); // 30
```

2.5.3 루프

루프(반복)를 소개합니다. 가장 기본 루프는 C 언어와 같은 문법의 for문입니다.

```javascript
const arr = ['foo', 'bar', 'baz'];

for (let i = 0; i < arr.length; i++) {
  console.log(arr[i]);
}

// foo
// bar
// baz
```

Array 객체에는 **forEach** 함수가 있으므로 이 함수를 이용해 루프 처리를 할 수 있습니다.

```javascript
const arr = ['foo', 'bar', 'baz'];

arr.forEach((element) => {
  console.log(element);
});

// foo
// bar
// baz
```

ES6 이후로는 **for ... of**를 이용하는 것이 좋습니다.

```javascript
const arr = ['foo', 'bar', 'baz'];

for (const element of arr) {
  console.log(element);
}

// foo
// bar
// baz
```

for ... of는 반복 처리할 수 있는 객체에 루프 처리를 할 수 있습니다. **forEach**와 비슷하지만 **for ... of**는 배열 이외의 객체에 루프를 할 수 있고, 도중에 비동기 처리(4장 참고)를 삽입할 수 있다는 강점이 있습니다.

Array 객체 이외에도 **Map**[29], **Set**[30]처럼 이터레이터iterator라고 불리는 반복 처리할 수 있는 속성을 가진 객체는 **for ... of**로 반복 처리할 수 있습니다. 객체의 키를 루프 처리하는 **for ... in**도 있습니다. 하지만 **for ... in**은 임의의 순서로 배열을 반복하므로 순서가 중요한 배열을 반복할 때는 사용해서는 안 됩니다. 또한 프로토타입 속성까지 반복하므로 명확한 의도가 없는 한 **for ... in**은 사용하지 않는 것이 좋습니다. 결론은 **for ... of** 혹은 기본 **for**문 중 하나를 선택해 사용하는 것이 좋습니다.

---

29 https://developer.mozilla.org/ko/docs/Web/JavaScript/Reference/Global_Objects/Map
30 https://developer.mozilla.org/ko/docs/Web/JavaScript/Reference/Global_Objects/Set

- 인덱스가 필요하지 않다 → for ... of

- 인덱스가 필요하다 → for

엄격 모드

자바스크립트 코드를 읽다 보면 `'use strict';` 구문을 볼 수 있습니다. 이 구문은 엄격 모드strict mode[31]를 활성화합니다.

엄격 모드는 과거 자바스크립트와의 일부 호환성을 해제하고, 더욱 엄격한 자바스크립트를 작성/동작하도록 하는 선언입니다.

오래된 자바스크립트에는 암묵적으로 동작하는 것이 있습니다. 예를 들어 `var` 선언을 잊어버린 변수 정의는 전역 변수로 자동 정의됩니다.

```
mistake = 5;
console.log(mistake); // 5가 출력된다.
```

이 코드에 엄격 모드를 활성화하면 에러가 검출됩니다.

```
'use strict';

mistake = 5;
console.log(mistake); // ReferenceError: mistake is not defined
```

과거의 웹 개발에서는 이런 엄격하지 않은 동작이 되려 좋은 경우도 있었지만, 최근에는 확실하게 에러가 검출되도록 하는 편이 바람직합니다. 보다 안전한 애플리케이션을 구축할 수 있기 때문입니다. 따라서 새롭게 작성하는 자바스크립트에서는 기본적으로 파일 맨 앞에 엄격 모드를 선언한다고 생각해도 좋습니다.

또한 ECMAScript 모듈이나 `class` 내부에서는 자동으로 엄격 모드가 됩니다.

이 책에서는 일부분을 보여주는 코드가 많아 표기를 생략하지만, 기본적으로 엄격 모드에서의 동작을 기준으로 설명합니다.

---

31 https://developer.mozilla.org/ko/docs/Web/JavaScript/Reference/Strict_mode

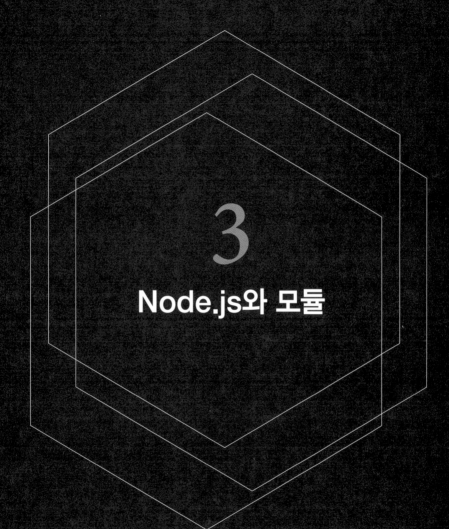

3

Node.js와 모듈

Node.js에는 역사적인 배경에 따라 2가지의 모듈 분할 방식이 있습니다. 표준이 없었던 당시에 Node.js가 채택한 CommonJS 모듈과 ECMAScript 표준의 ECMAScript 모듈입니다.

```
// CommonJS modules
const fs = require('fs');

// ECMAScript modules
import fs from 'fs';
```

Node.js의 모듈 시스템에서는 각 파일이 독립된 범위를 가지며, 명시적으로 외부에 공개하지 않는 한 다른 파일에서 참조할 수 없습니다.

이 책 집필 시점에서의 v18 LTS 버전에서는 양쪽 모듈 방식 모두 특별한 옵션 없이 사용할 수 있습니다. 하지만 CommonJS 모듈과 ECMAScript 모듈에는 약간의 기능 차이가 존재합니다. 또한 상호 호출에도 몇 가지 제약이 있습니다.

역사적으로 CommonJS 모듈이 먼저 보급됐기 때문에 npm에 이미 공개된 모듈은 CommonJS 모듈을 채택한 것이 많습니다. 이러한 이유로 공개 모듈 이용을 고려했을 때 2가지 형식을 뒤섞어 개발 환경을 구축하는 것은 다소 난이도가 높을 것입니다.

최근에는 ECMAScript 모듈에 대응한 모듈도 늘어났지만 완전히 보급되려면 아직 시간이 필요합니다. 따라서 이 책에서는 가능한 한 쉽게 실행하는 것을 목표로, 예제에서는 CommonJS 모듈을 중심으로 이용합니다.

3.1 CommonJS 모듈

단순한 계산을 하는 `calc.js` 모듈을 작성하고 CommonJS 모듈을 살펴보겠습니다.

3.1.1 exports와 require

CommonJS 모듈(줄여서 CommonJS 또는 CJS)에서는 exports라고 하는 파일 단위로 자동 생성되는 변수에 함수나 변수를 할당해서 외부에 공개할 수 있습니다.

예제 3-1 calc.js

```
exports.num = 1;

exports.add = (a, b) => {
  return a + b;
};

exports.sub = (a, b) => {
  return a - b;
};
```

모듈을 다른 파일에서 불러올 때는 require라는 키워드를 사용합니다.

여기에서는 다음과 같이 같은 디렉터리에 읽을 대상/소스 모듈을 배치했다고 가정합니다.

```
path/to/folder/
├── index.js
└── calc.js
```

calc라는 변수 이름으로 calc.js로 분할한 모듈을 불러오는 예제를 살펴보겠습니다.

예제 3-2 index.js

```
const calc = require('./calc');

console.log(calc.num); // 1

let res = calc.add(3, 1);
console.log(res); // 4

res = calc.sub(3, 1);
console.log(res); // 2
```

[예제 3-2]의 calc 변수에는 [예제3-1]에서 exports한 3개의 속성(함수나 값)이 저장돼 있고 각각에 접근할 수 있습니다.

require와 생략

[예제 3-2]와 같이 경로를 지정해서 불러오는 경우 .js를 생략할 수 있습니다. 모듈을 불러올 때는 상대 경로/절대 경로로 지정하거나, index.js를 생략할 수 있는 등 몇 가지 규칙이 있습니다. 모듈 불러오기에 관한 구체적인 규칙은 문서[1]의 의사 코드를 참고하기 바랍니다.

예를 들어 ./path/to/index.js는 ./path/to까지 생략할 수 있습니다. 하지만 저는 무작정 생략하지 않는 것이 좋다고 생각합니다.[2] 프로젝트 상황에 따라 다르지만 .js만 생략할 때가 많습니다.

require로 할당하는 것은 단지 변수입니다. calc 이외에도 원하는 이름으로 받을 수 있습니다. 하지만 코드의 가독성을 고려해 의미 없는 이름은 피하는 것이 좋습니다.

```
const hoge = require('calc') // 문법적으로는 문제없음
```

module.exports

exports.xxx 이외에도 module.exports라는 변수를 이용할 수 있습니다.

예제 3-3 calc.js

```
module.exports = {
  add: (a, b) => {
    return a + b;
  },
  sub: (a, b) => {
    return a - b;
  }
};
```

----

1   https://nodejs.org/api/modules.html#modules_all_together
2   3.2절에서 설명한 ECMAScript 모듈과 함께 사용되는 경우도 늘어나고 있으므로 CommonJS 모듈도 이후에는 생략하지 않도록 변경될 수 있습니다. Node.js에서 모듈 관리는 가장 많이 바뀌는 부분이므로 이후에도 상황을 계속해서 주목해야 합니다.

```
const calc = require('./calc');

let res = calc.add(3, 1);
console.log(res); // 4

res = calc.sub(3, 1);
console.log(res); // 2
```

다음과 같이 객체 이외에도 변수나 함수 등을 할당할 수 있습니다. 이때 다른 변수나 함수는 공개할 수 없습니다.

예제 3-5 calc.js

```
module.exports = 'foo';
```

예제 3-6 index.js

```
const calc = require('./calc');

console.log(calc); // foo
```

exports.xxx와 module.exports는 함께 사용할 수 없습니다. 양쪽을 모두 사용할 경우 module.exports를 우선합니다. 코드를 작성할 때는 둘 중 하나로 통일하도록 합니다. 가능하면 익숙해지기 전까지는 우선 exports를 이용하는 것을 권장합니다.

3.1.2 모듈 읽기와 싱글턴

모듈은 싱글턴으로 읽히는 것에 주의합니다. 예를 들어 a.js와 b.js에서 서로 calc.js를 불러오는 경우를 생각해봅시다.

```
path/to/folder/
├───── index.js
├───── a.js
├───── b.js
└───── calc.js
```

예제 3-7 a.js

```
const calc = require('./calc');

// 실행되면 즉시 calc.num을 바꿔 쓴다.
calc.num = 5;
```

예제 3-8 b.js

```
const calc = require('./calc');

// 1초 후 calc.num을 바꿔 쓴다.
setTimeout(() => {
  calc.num = 10;
}, 1000);
```

2개의 파일을 불러온 후 calc의 내용 변화를 따라가봅시다.

예제 3-9 index.js

```
const a = require('./a'); // a.js를 불러온다(실행).
const b = require('./b'); // b.js를 불러온다(실행).
const calc = require('./calc');

console.log(calc.num); // 5

// 1.5초 후에 calc.num을 표시한다.
setTimeout(() => {
  console.log(calc.num); // 10
}, 1500);
```

위 코드를 실행하면 1.5초 후에 10이라는 결과가 표시됩니다.

```
$ node index.js
5
10
```

[예제 3-9]의 동작을 설명하면 다음과 같습니다.

1 require('./a')를 실행한 시점에 a.js의 내용이 실행되고 calc.num에 5가 대입된다.

2 require('./b')를 실행한 시점에 b.js의 내용이 실행되고, 1초 후에 calc.num이 대입된다.

3 calc를 불러와 calc.num을 표시한다.

4 1.5초 후에 calc.num의 내용을 표시한다.

a.js와 b.js에서 변경한 calc.num의 값이 index.js에도 전파되는 것을 알 수 있습니다. 즉 모듈은 싱글턴 객체로 읽힌 것을 확인할 수 있습니다.

싱글턴으로 읽힌다는 점은 대단히 중요한 특성입니다. 예를 들어 요청 내용을 파일 안의 전역 영역에 저장한 경우를 생각할 수 있습니다. Node.js는 싱글 스레드로 동작하기 때문에 로직 도중에 요청이 뒤섞일 가능성이 있습니다.

이 특징은 이후 시스템 개발을 진행하는 과정에서도 버그로 이어지기 쉬운 포인트이므로 기억해두는 것이 좋습니다.

◀ COLUMN ▶

require와 분할 대입

require로 받은 대상은 단순한 변수이므로 2.5.2절에서 소개한 분할 대입을 이용해 필요한 것만 불러올 수 있습니다.

예제 3-10 index.js

```
const { add } = require('./calc');

const res = add(3, 1);
consoel.log(res); // 4
```

3.2 ECMAScipt 모듈

ECMAScript 모듈(줄여서 ESM)은 자바스크립트의 표준 모듈 방식입니다. Node.js에서 예전부터 표준으로 사용한 CommonJS 모듈과는 태생이 다릅니다.

브라우저에서 동작하는 자바스크립트는 초창기에는 매우 적은 코드로도 충분했기 때문에 모듈 개념 없이 전역을 이용했습니다. 예를 들어 라이브러리를 도입할 때 대부분의 경우 라이브러리의 실체를 전역 영역의 라이브러리 고유 이름을 붙인 전역 변수에 저장하고, 각 스크립트는 전역 변수에서 라이브러리를 꺼내는 형태였습니다. 제이쿼리로 말하면 $가 여기에 해당합니다. script 태그로 제이쿼리의 태그를 읽으면 $가 정의되어 이를 각 스크립트에서 이용할 수 있습니다.

```
<script src="https://ajax.googleapis.com/ajax/libs/jquery/3.6.0/jquery.min.js"></script>
<script>
  // $가 전역 변수로 정의된다.
  $('.foo').html('bar');
</script>
<body>
  <div class="foo">foo</div>
</body>
```

하지만 자바스크립트의 기능이 계속 확장되면서 전역 참조만으로는 애플리케이션을 만들기 어려워졌습니다. 그런 상황에서 자바스크립트 표준으로 ECMAScript 모듈이 채택됐습니다. 현재는 Node.js와 모던 브라우저에서 이용할 수 있습니다.[3]

3.2.1 모듈 분할 방식의 차이와 주의점

Node.js에 구현된 CommonJS 모듈과 ECMAScript 모듈의 모듈 분할 방식에는 비슷한 부분이 있어 서로 불러올 수도 있지만, 세세한 차이가 있습니다.

Node.js 세계에서는 예전부터 CommonJS 모듈을 표준으로 이용했으므로 파일 형식에 .js 파일이 많습니다. 따라서 형식 차이에 따른 마찰을 줄이기 위해 Node.js의 ECMAScript 모듈을 표준으로 따르는 파일은 .mjs라는 확장자를 이용합니다.

3.2.2 export와 import

ECMAScript 모듈의 기본 사용 방법은 CommonJS 모듈과 크게 다르지 않습니다. 모듈은 export 키워드로 변수나 함수를 외부에 내보낼 수 있습니다.

---

3 https://developer.mozilla.org/ko/docs/Web/JavaScript/Guide/Modules

예제 3-11 calc.mjs

```
export const num = 1;

export const add = (a, b) => {
  return a + b;
};

export const sub = (a, b) => {
  return a - b;
};
```

모듈을 불러올 때는 `import` 키워드를 사용합니다. `import`는 확장자까지 지정해야 합니다.

예제 3-12 index.mjs

```
import { num, add, sub } from './calc.mjs';

console.log(num);

let res = add(3, 1);
console.log(res); // 4

res = sub(3, 1);
console.log(res); // 2
```

여러 모듈을 불러올 때는 `as` 키워드로 모듈에 이름을 붙여 새로운 객체로 불러올 수 있습니다.

```
import * as calc from './calc.mjs';
```

default export

CommonJS 모듈의 `module.exports`와 비슷한 default export가 있습니다. 코드에는 `export default`로 작성합니다.

예제 3-13 calc.mjs

```
export const num = 1;

export const add = (a, b) => {
```

```
  return a + b;
};

export const sub = (a, b) => {
  return a - b;
};

export default function () {
  console.log('calc');
}
```

CommonJS 모듈과 달리 `export`와 `export default`는 함께 사용할 수 있습니다.

다음 코드는 default export된 함수에 `defaultCalc`라는 이름을 붙여서 불러오는 예입니다.

예제 3-14 index.mjs

```
import defaultCalc, { add, sub } from './calc.mjs';

defaultCalc(); // calc
```

이처럼 default export된 함수는 호출하는 측에서 이름을 자유롭게 붙일 수 있습니다.

저는 `export`와 default export를 의도치 않고 함께 사용하는 것보다 일반적인 `export`로 통일하는 편이 작성하거나 읽기에 쉽다고 생각합니다.[4] 만약 default export를 도입하고 싶다면 어떤 경우에 이용할지에 대한 인식을 공유하고 프로젝트 전체의 규칙으로 삼는 것이 좋습니다.

3.2.3 동적으로 모듈 불러오기

ECMAScript 모듈의 특징으로 동적으로 모듈 불러오기^{dynamic imports} 기능이 있습니다.[5] [6]

다음과 같이 `import()` 식에 모듈의 경로를 지정하면 `import()` 식을 호출한 시점에 처음으로 모듈을 불러올 수 있습니다.

---

4 CommonJS 모듈의 `module.exports`와 같습니다.

5 https://developer.mozilla.org/en-US/docs/Web/JavaScript/Reference/Operators/import

6 원래 ECMAScript 모듈에 도입돼 CommonJS 모듈에는 없는 개념이었습니다. 현재는 CommonJS 모듈에서도 이용할 수 있습니다. 상세한 내용은 문서를 참고하기 바랍니다. https://nodejs.org/docs/latest-v18.x/api/esm.html#import-expressions

```
import('./calc.mjs')
  .then((module) => {
    console.log(module.add(1, 2))
  })
```

동적으로 불러오기는 특히 프런트엔드(클라이언트 사이드) 코드에서 필요합니다. 예를 들어 사용자가 클릭했을 때만 사용하는 모듈이라면, 클릭한 시점에 처음 다운로드하도록 해서 초기 렌더링에 드는 네트워크 비용을 줄일 수 있습니다.

```
document.querySelector('.addButton').addEventListener('click', () => {
  import('./calc.mjs')
    .then((module) => {
      const result = module.add(1, 2);
      document.querySelector('.result').innerText = result;
    });
});
```

동적으로 불러오기는 프런트엔드 성능을 개선하기 위해 반드시 필요한 기능입니다.

하지만 Node.js에서 초기 구축(=서버가 기동할 때까지) 속도는 프런트엔드만큼 중요하지 않습니다. Node.js의 경우 첫 기동 시에 코드의 의존성 트리를 해결할 수 있고, 서버 시작 속도에 원인이 되는 문제는 설계로 쉽게 회피할 수 있기 때문입니다. 그렇기 때문에 Node.js 코드에서는 동적으로 불러오기를 사용하는 빈도가 그렇게 높지 않습니다.

또한 최근 프런트엔드 코드는 예전에 비해 파일 수가 매우 많아졌습니다. 예를 들어 동적으로 불러오기를 한 모듈이 다른 모듈을 불러오는 경우 연쇄적으로 네트워크 통신 비용이 발생합니다. 그렇기 때문에 동적으로 불러오기만 사용할 것이 아니라, 적절한 크기로 파일을 결합해 파일 수를 줄여 통신 횟수를 줄이는 것이 현시점에서는 효과적인 방법입니다. 그래서 현재 프런트엔드 코드에서는 동적으로 불러오기뿐만 아니라 웹팩과 같은 번들러로 파일을 결합할 필요가 있습니다.

3.3 모듈 사용 구분

현재 Node.js 모듈로 CommonJS 모듈과 ECMAScript 모듈 2가지를 선택할 수 있습니다. 기본적으로는 확장자가 `.js` 또는 `.cjs`인 파일은 CommonJS 모듈, `.mjs`인 파일은 ECMAScript 모듈입니다.

`package.json`의 `type` 속성[7]을 이용하면 `package.json`이 있는 디렉터리 아래의 `.js` 파일에 모듈 타입을 고정할 수도 있습니다. 구체적인 동작은 문서[8]를 참고하기 바랍니다.

예제 3-15 package.json

```
{
  "type": "module" // package.json이 있는 디렉터리 아래의 .js 파일을 ECMAScript 모듈
로 해석하게 한다.
}
```

CommonJS 모듈과 ECMAScript 모듈의 형식은 함께 사용할 수 있지만, 한 애플리케이션 내부에서는 하나의 형식만 이용하는 것이 좋습니다. 2가지 형식을 섞어서 사용하는 것은 되도록 피하는 것이 좋습니다.

ECMAScript 모듈만으로 코드를 작성하는 것은 간단한 애플리케이션을 제외하고는 아직 비용이 다소 높습니다. ECMAScript 모듈을 사용하는 프로젝트도 점차 늘어날 테지만 CommonJS 모듈을 사용한 프로젝트의 수를 넘어서려면 긴 시간이 걸릴 것입니다.

그렇다면 현시점에서 어떻게 구분해서 사용해야 할까요? 저는 하나의 기준으로서 애플리케이션을 개발하는지, 라이브러리를 개발하는지를 고려합니다.

3.3.1 애플리케이션 개발

현재로서는 애플리케이션을 개발할 때 CommonJS 모듈을 사용하는 편이 개발 중 막히는 일이 적어 아직은 조금 더 나을 것입니다. 단순한 스크립트나 의존 모듈이 적은 경우라면 ECMAScript 모듈을 사용해도 괜찮지만, 대응하지 않는 의존 모듈이 생겼을 때는 다소 번거롭습니

---

7 https://nodejs.org/api/packages.html#determining—module—system
8 https://nodejs.org/api/packages.html#type

다. 이러한 이유로 현재 상황에서는 Node.js 라이브러리 또는 모듈은 CommonJS 모듈에만 대응하기도 합니다.

타입스크립트도 Node.js의 ECMAScript 모듈을 대응하지만, 아직 주변 기술 생태계가 개발을 따라오지 못했습니다. Node.js에서 ECMAScript 모듈을 불편함 없이 이용할 수 있게 될 때까지는 시간이 걸릴 것입니다.

기존의 애플리케이션에서 이미 CommonJS 모듈을 사용하는 경우 무리해서 마이그레이션하려고 하면 비용이 매우 높아질 수 있습니다. 그러나 이후 버전 업데이트에 따라 ECMAScript에만 대응한 모듈도 늘어날 것이므로 언젠가는 대응이 필요할 것입니다.

앞으로 처음부터 애플리케이션을 구축할 때 모두 ECMAScript 모듈만을 사용하는 선택지가 있을 수 있습니다. 난이도는 높아지겠지만 다가올 미래를 예측해 도전 가치는 있을 것입니다.

3.3.2 라이브러리 개발

라이브러리를 제공하는 것이라면 CommonJS 모듈과 ECMAScript 모듈 2가지 형식 모두에 대응하는 방법을 제공하면 좋습니다.

npm에서 관리하는 패키지나 이어서 설명할 표준 모듈(3.4절)은 앞에서 설명한 상대 경로로 지정해 불러오는 방법과 달리, 패키지 이름만으로도 불러올 수 있습니다.

```
const foo = require('foo'); // CommonJS 모듈 파일에서 foo 패키지를 불러온다.
```

```
import foo from 'foo'; // ECMAScript 모듈 파일에서 foo 패키지를 불러온다.
```

이때 패키지의 내부가 CommonJS 모듈인지 ECMAScript 모듈인지를 사용자가 고민해서 모듈을 불러오는 방법을 바꾸는 것은 라이브러리로서는 다소 번거롭습니다.

현재는 ECMAScript 모듈을 사용하기 시작했으면서도 CommonJS 모듈을 사용하는 애플리케이션이 많은 과도기입니다. 그래서 CommonJS 모듈은 물론, ECMAScript 모듈로도 사용할 수 있는 라이브러리(모듈)를 설정하기 위한 듀얼 패키지[9]라는 방법이 있습니다.

package.json에 exports 속성을 지정하면 CommonJS 모듈과 ECMAScript 모듈이 호출하는 파일로 나눌 수 있습니다.

예제 3-16 package.json

```json
{
  "exports": {
    "import": "./index.mjs",
    "require": "./index.cjs"
  }
}
```

[예제 3-16]과 같이 지정한 경우에는 CommonJS 모듈에서 호출되면 index.cjs[10]를 불러오고, ECMAScript 모듈에서 호출되면 index.mjs를 불러옵니다.

이 기능을 이용해서 ECMAScript 모듈을 래퍼wrapper로 사용해 양쪽을 대응하는 접근 방식도 있습니다.[11]

예제 3-17 package.json

```json
{
  "exports": {
    "import": "./wrapper.mjs",
    "require": "./index.cjs"
  }
}
```

---

9 구체적인 구현 방법에 관한 설명은 생략합니다. 'Dual CommonJS/ES module packages(https://nodejs.org/docs/latest-v18. x/api/packages.html#dual-commonjes-module-packages)' 등을 참고하기 바랍니다.

10 ECMAScript 모듈과 CommonJS 모듈을 함께 이용할 때 명시적으로 구별하기 위해 CommonJS 모듈을 대응하는 파일에는 .cjs 확장자를 이용합니다.

11 https://nodejs.org/api/packages.html#approach-1-use-an-es-module-wrapper

듀얼 패키지에서의 과제

제공 대상이 정해져 있다면 어느 한 쪽을 결정할 수 있습니다. 하지만 ECMAScript 모듈에만 대응하면 그만큼 사용자의 폭은 좁아집니다.

듀얼 패키지는 이상적인 대응이라고 생각할 수 있지만 다른 파일이 호출되는 문제점도 발생합니다. 2개 파일로 나누게 되면 각각을 호출했을 때 동작이 다를 수도 있습니다. 이는 사용자가 알아채기 어려울 뿐더러 버그가 될 수 있습니다. 따라서 이러한 문제점에 관해 공식 문서에 완화 방법[12]이 기재되어 있으므로 참고하기 바랍니다. 만약 이용자의 실행 환경을 한정할 수 있는 모듈이라면 package.json의 type을 지정해 CommonJS 모듈을 또는 ECMAScript 모듈만으로 한정하는 방법을 검토하면 좋습니다. 또한 최근에는 Node.js v12 이하의 버전이 LTS에서 제외되어 ECMAScript 모듈로만 제공되는 모듈도 늘어나고 있는 점도 참고하기 바랍니다.[13]

3.4 표준 모듈

Node.js는 V8 엔진과 표준 자바스크립트에는 없는 여러 구현을 조합한 실행 환경입니다. 이 책에서는 이 '표준 자바스크립트에는 없는 여러 구현'을 표준 모듈Core API이라 부릅니다.

Node.js 버전에 따라 이용할 수 없는 API나 폐지된 API 등도 있습니다. 최신 정보는 API 문서[14]를 참고하세요. 다음 표는 자주 이용하는 표준 모듈입니다.

모듈 이름	이용 용도
fs	파일 작성/삭제 등의 조작
path	파일 및 디렉터리 경로 등의 유틸리티 기능
http/https	http/https 서버 및 클라이언트 기능
os	CPU 수나 호스트 이름 등 OS 관련 정보 취득
child_process	자녀 프로세스 관련 기능

---

12 https://nodejs.org/api/packages.html#dual-commonjses-module-packages
13 Node.js는 v12 도중까지 ECMAScript 모듈에 옵션 없이 대응했습니다.
14 https://nodejs.org/api/documentation.html

cluster,worker_threads	멀티 코어, 프로세스를 이용하기 위한 기능
crypto	OpenSSL의 해시나 암호, 서명 및 검증 등의 암호화 기능
assert	assertion(변수 및 함수 검증) 기능

이 모듈들은 상대 경로를 지정하지 않고 불러올 수 있습니다.

```
require('fs');
```

1장에서도 다루었지만 fs 모듈을 이용하는 예제는 다음과 같습니다.

예제 3-18 index.js

```
const fs = require('fs');

fs.readFile(__filename, (err, data) => {
  console.log(data);
});
```

또한 Node.js의 문서를 참고하면 require('node:fs')와 같이 node:라는 접두사[prefix]가 붙어 있음을 확인할 수 있습니다. node:는 Node.js의 표준 모듈인 것을 나타내는 접두사입니다. 이러한 접두사는 외부 모듈과 표준 모듈에서 이름 공간이 충돌하는 것을 방지하기 위해 도입됐습니다.[15]

fs 등 이전부터 존재하는 표준 모듈은 하위 호환성을 보장하기 위해 node: 접두사가 없더라도 동일하게 동작합니다(require('fs')). 다만 모든 표준 모듈이 접두사 없이 동작하지는 않습니다. Node.js에 도입된 표준 모듈의 테스트 러너는 node:test와 같은 접두사가 필요합니다.[16]

이 책에서는 Node.js 외 문서와의 차이를 줄여 쉽게 이해할 수 있도록 아직 널리 이용되는 node: 접두사가 없는 방법을 설명합니다. 하지만 이후에는 접두사가 필수인 표준 모듈이 증가할 것입니다.

---

15 https://github.com/nodejs/node/issues/36098
16 표준 모듈의 테스트 러너(test runner)는 아직 실험 단계(experimental)입니다. https://nodejs.org/api/test.html

node: 접두사를 사용하는 작성 방법도 늘어날 것이므로 접두사가 있는 형식으로 마이그레이션하는 것도 고려해보세요.

◀ COLUMN ▶

모듈 안의 특수한 함수

지금까지 자신의 파일 이름을 참조하는 `__filename`이라는 특수한 변수를 이용했습니다. 이것은 Node.js의 CommonJS 모듈을 사용하는 파일(모듈 안)에서 이용할 수 있는 특수한 변수입니다.

비슷한 변수로 자신의 폴더 이름을 참조하는 `__dirname`이 있습니다. 이것도 CommonJS 모듈 안에서만 이용할 수 있습니다.

3.5 npm과 외부 모듈 불러오기

애플리케이션이나 도구를 작성할 때 모든 기능을 직접 만드는 것은 낭비입니다. Node.js에 번들된 npm을 이용하면 `https://npmjs.com`[17]에 공개된 여러 모듈을 이용할 수 있습니다.

그럼 npm을 이용해 공개된 모듈을 실제로 이용해보겠습니다. 여기에서는 Node.js의 코어팀이 개발한 `undici`[18]라는 HTTP 요청을 수행하는 라이브러리를 이용하는 예를 설명합니다.

3.5.1 package.json/package-lock.json

npm에 공개된 모듈을 이용하고 관리하기 위해서는 `package.json`이라는 파일이 필요합니다.[19] 먼저 `private: true`로 설정된 JSON 파일을 디렉터리 루트에 작성하고 `undici`를 설치해보겠습니다.

```
$ mkdir test_npm
```

---

17 npm은 원래 npm, Inc.라는 기업에서 운영했습니다. 현재는 GitHub 사에서 운영을 계속하고 있습니다.

18 옮긴이_ https://github.com/nodejs/undici

19 엄밀히 말하자면 `package.json`이 없어도 이용할 수 있지만 없는 경우에는 그 동작을 이해하기 어려워지므로 이 단계에서는 필요한 것으로 이해하기 바랍니다. 그리고 npm init 명령어를 이용하면 대화식으로 `package.json`을 작성할 수도 있습니다.

```
$ cd test_npm
# package.json 작성
$ echo '{ "private": true }' >> package.json
$ cat package.json
{ "private": true }
```

```
# undici 설치
$ npm install undici --save
```

undici를 설치하면 `package.json`이 자동으로 업데이트되고, `dependencies`라는 매개변수에 `undici`의 의존성 버전[20]이 추가됩니다.

```
{
  "private": true,
  "dependencies": {
    "undici": "^5.14.0"
  }
}
```

이렇게 `package.json`으로 애플리케이션의 의존 관계를 관리할 수 있습니다. 이 밖에도 `package.json`은 스크립트의 바로가기를 등록하거나 애플리케이션을 npm에 공개할 때의 정보를 기입하는 등 다양한 기능을 제공합니다.[21]

맨 처음에 등장한 `private: true`는 '이것은 프라이빗한 애플리케이션이다'라는 것을 나타냅니다. 실수로 로컬의 애플리케이션을 npm 모듈로 공개하는 것을 방지하기 위해서 추가합니다.[22] 그리고 프라이빗을 명시함으로써 원래 필요한 속성을 생략할 수 있습니다. 관련된 자세한 내용은 공식 문서[23]를 참고하기 바랍니다.

----

20 옮긴이_ 의존성 버전의 허용 및 제한은 semver 표기를 따릅니다. 〉version, 〉=version, 〈version, 〈=version, ~version, ^version 등의 표기를 사용해 의존성 버전을 제어할 수 있습니다. ~version은 지정한 버전과 거의 동등한 버전, ^version은 지정한 버전과 호환되는 버전을 의미합니다. 자세한 내용은 다음 URL을 참고 바랍니다. https://docs.npmjs.com/cli/v10/configuring-npm/package-json

21 npm은 많은 기능을 제공합니다. 이 책에서는 그중 개발에 필요한 정보를 선별해서 설명합니다. 전체 기능은 공식 문서를 참고하기 바랍니다. https://docs.npmjs.com/

22 npm publish를 이용해 패키지를 공개할 수 있습니다. 자세한 내용은 공식 문서를 참고하기 바랍니다. https://docs.npmjs.com/cli/v8/commands/npm-publish

23 https://docs.npmjs.com/cli/v7/configuring-npm/package-json

설치한 npm 모듈의 실체는 `package.json`이 있는 디렉터리의 `node_modules` 디렉터리에 저장됩니다.

```
directory/
├── node_modules/
├── package.json
└── package-lock.json
```

디렉터리를 살펴보면 작성한 기억이 없는 `package-lock.json`이라는 파일을 확인할 수 있습니다. 이 파일은 `node_modules` 디렉터리를 복원하기 위해 필요한 파일입니다.

npm에 공개된 모듈은 단일 모듈이 아니라 다른 모듈을 이용해 구축된 경우가 많습니다. 애플리케이션에서 보면 하나의 모듈에 의존할 뿐이지만 실제로는 여러 모듈에 의존하게 되는 것입니다. 이러한 의존 트리의 버전을 고정해 `node_modules` 디렉터리를 재구축 할 수 있게 하는 파일이 `package-lock.json` 파일입니다.

의존 모듈의 실체는 설치 시점에 `node_modules` 디렉터리에 저장됩니다. 디렉터리는 설치한 환경에 따라 달라집니다. 예를 들어 윈도우에서 설치한 실체와 리눅스에서 설치한 실체는 달라질 수 있습니다. 그렇기 때문에 `node_modules` 디렉터리는 깃^{Git} 등에 커밋해서는 안 됩니다.

다시 애플리케이션을 구축하기 위해서는 앞에서 설명한 `package.json`과 `package-lock.json`을 이용하고 깃 등에 이 파일들을 커밋합니다. 디렉터리에 이 파일들이 있으면 npm `install`을 실행하는 것만으로 필요한 패키지를 `node_modules`에 설치할 수 있습니다.[24]

3.5.2 npm scripts

`package.json`은 의존 관계를 기록한 파일이라고 소개했습니다. `package.json`은 그 밖에도 여러 기능을 갖고 있습니다. 그중에서도 npm `scripts`[25]를 자주 이용합니다.

npm `scripts`는 프로젝트 안에서 공용되는 태스크 등을 모은, 간단한 태스크 러너와 같은 것입니다. `package.json`의 `script` 속성 안에 다음과 같이 태스크를 작성해보겠습니다.

---

24 node_modules은 버전 관리 대상에서 제외해야 합니다. .gitignore 파일 등에 적절하게 지정합니다.
25 https://docs.npmjs.com/cli/v8/using-npm/scripts

```json
{
  "private": true,
  "scripts": {
    "prebuild": "echo 'pre build'",
    "build": "echo 'build'",
    "postbuild": "echo 'post build'"
  }
}
```

npm scripts에 작성한 태스크는 npm run xxx와 같이 npm을 사용해 호출할 수 있습니다. 그리고 pre를 붙인 스크립트는 태스크 직전, post를 붙인 스크립트는 태스크 직후에 자동으로 실행됩니다.

```
$ npm run build

> prebuild
> echo 'pre build'

pre build

> build
> echo 'build'

build

> postbuild
> echo 'post build'

post build
```

이처럼 복잡한 명령어를 짧게 작성하거나, preinstall이나 postinstall로 모듈을 설치하기 전후에 초기화 처리를 수행하는 등 프로젝트 안에서 공통적인 처리를 해야 할 때 npm scripts에 작성하면 편리합니다.

3.5.3 시맨틱 버저닝

npm 패키지는 시맨틱 버저닝^{semantic versioning, semver} 사양에 따라 버전을 관리합니다.[26] 시맨틱 버저닝에서는 Major.Minor.Patch라는 규칙으로 1.0.0이나 0.13.1과 같이 3개의 숫자 값을 마침표(.)로 구분하는 표기법을 이용합니다.

Major.Minor.Patch의 업데이트 규칙은 다음과 같습니다.

이름	규칙
Major	버그/기능 추가에 상관없이 하위 호환성을 보장하지 않는 릴리스를 할 때 증가되며 Minor와 Patch를 0으로 설정한다.
Minor	하위 호환성이 있는 기능을 추가해 릴리스를 할 때 증가되며 Patch를 0으로 설정한다.
Patch	하위 호환성이 있는 버그를 수정해 릴리스를 할 때 증가된다.

모든 모듈이 이 규칙을 따르지는 않습니다. 하지만 이 규칙을 알고 있으면 하위 호환성이 없는 파괴적인 업데이트가 추가됐는지 알 수 있어 어느 정도 도움이 됩니다.

또한 npm 패키지 업데이트의 동작도 이 시맨틱 버전을 기준으로 동작합니다. 직접 npm 모듈을 공개할 때는 사용자를 위해서도 이 규칙에 따라 릴리스를 하는 것이 좋습니다.

3.5.4 모듈 이용

실제로 설치한 모듈을 이용해보겠습니다.

3.5.1절에서 package.json을 작성한 디렉터리에 index.js를 작성하고 다음 예제를 입력합니다. 표준 모듈과 마찬가지로 npm에서 설치한 모듈도 상대 경로를 지정하지 않고 불러올 수 있습니다.

```
require('undici');
```

---

[26] https://docs.npmjs.com/about-semantic-versioning

예제 3-19 index.js

```
const { request } = require('undici');

request('https://www.google.com')
  .then((res) => {
    return res.body.text()
  })
  .then((body) => {
    console.log(body);
  });
```

[예제 3-19]를 실행하면 `https://www.google.com` URL에 접근했을 때의 HTML을 얻을 수 있습니다.

앞에서 설명한 것처럼 npm을 이용해 설치한 모듈에는 Node.js의 표준 모듈과 마찬가지로 상대 경로를 지정하지 않고 접근할 수 있습니다.

`undici`의 실체는 `node_modules` 디렉터리에 존재하므로 다음 예제처럼 `node_modules` 디렉터리를 삭제하면 코드는 동작하지 않습니다.

```
$ rm -rf node_modules

$ node index.js
node:internal/modules/cjs/loader:936
  throw err;
  ^

Error: Cannot find module 'undici'
```

만약 깃허브^{GitHub} 등에서 클론한 상태의 코드라면 `node_modules` 디렉터리가 없으므로 위와 같은 에러가 발생할 수 있습니다. 이럴 때는 `package.json`이 있는 디렉터리에서 설치 명령어인 `npm install`을 실행합니다.

```
$ npm install
```

`npm install`을 실행하면 `package.json`(또는 `package-lock.json`)을 참조해 애플리케이션에 필요한 모듈을 한 번에 얻을 수 있습니다.

yarn, pnpm 그리고 Node.js

최근에는 npm 이외에 yarn, pnpm 등의 다른 패키지 관리자 이용도 늘어나고 있습니다. Node.js 본체에도 실험적이지만 이들을 지원하는 동작[27] 도 있습니다.

이 책에서는 npm 이용을 전제로 설명합니다. 그러나 프로젝트에 따라서는 yarn을 이용하는 경우도 많을 것입니다. 어떤 것을 이용해도 큰 차이는 없지만 한 프로젝트에서 함께 이용하지는 않도록 주의해야 합니다.

---

[27] https://nodejs.org/api/corepack.html

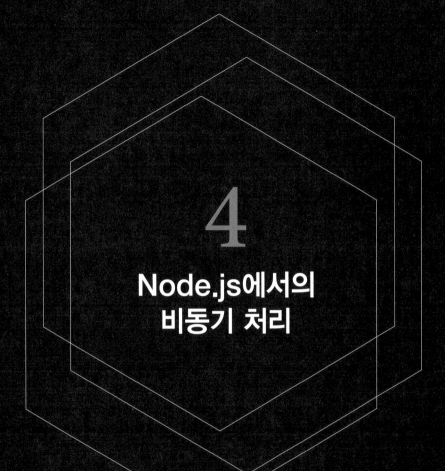

4

Node.js에서의
비동기 처리

자바스크립트를 이용할 때 비동기 처리는 빼놓을 수 없습니다.

Node.js 애플리케이션에서 이용되는 이벤트 핸들링 패턴은 크게 4가지입니다.

- 콜백(callback)
- 프로미스(promise)
- async/await
- EventEmitter/Stream

이 책을 집필하는 시점에서 제가 권장하는 설계 패턴은 다음과 같습니다.

- 되도록 async/await를 사용한다.
- 스트림 처리가 필요한 경우에만 EventEmitter/Stream을 사용한다.

여기에서는 자바스크립트 문법의 진화도 살펴보면서 이런 설계를 권장하는 이유를 설명합니다.

4.1 동기 처리와 비동기 처리

패턴을 설명하기에 앞서 동기 처리와 비동기 처리가 무엇인지 간단하게 알아보겠습니다.

Node.js에는 이벤트 루프가 있어 싱글 프로세스/싱글 스레드여도 여러 요청을 효율적으로 처리할 수 있습니다. 반대로 말하면 이벤트 루프를 장시간 정지시키는 코드는 여러 요청을 받을 때 성능을 발휘하기 어렵습니다. 따라서 Node.js 코드를 작성할 때는 **이벤트 루프가 장시간 정지되지 않도록** 유의해야 합니다.

그럼 어떤 처리가 Node.js의 이벤트 루프를 정지시킬까요? 간단하게 말하면 동기 처리(비동기 이외의 처리)가 이벤트 루프를 정지시킵니다.

Node.js의 비동기 처리(흐름 제어)는 libuv[1] 라이브러리에서 제공합니다. libuv는 교차 플랫폼용 비동기 처리를 제공하는 라이브러리입니다. 리눅스나 맥OS, 윈도우 등의 교차 플랫폼에서 비동기 동작을 보장합니다.

---

[1] https://github.com/libuv/libuv

즉, 이벤트 루프를 정지시키는 동기 처리는 'libuv에서 제공하지 않는 어떤 것'이 됩니다. Node.js는 V8 엔진과 표준 자바스크립트에는 없는 여러 구현, 표준 모듈(Core API)의 조합입니다(3.4절). 표준 모듈은 비동기 처리를 기본으로 고려하며, libuv에서 표준 모듈의 비동기 처리를 제공합니다. 반대로 V8이 해석하는 표준 자바스크립트인 루프 등의 문법이나 `JSON.parse`/`Array.forEach`는 기본적으로 동기 처리입니다.

기능	구현	동기/비동기
JSON operation	V8	동기
Array operation	V8	동기
File I/O	libuv	비동기(Sync 함수 제외)
Child process	libuv	비동기(Sync 함수 제외)
Timer	libuv	비동기
TCP	libuv	비동기

위 표의 Timer 부분에서 위화감을 느끼는 분도 있을 것입니다. `setTimeout`이나 `setInterval`은 브라우저에서도 동작하는 자바스크립트입니다. 그러나 사실 자바스크립트 사양(ECMAScript)에는 포함돼 있지 않습니다.[2]

이러한 이유로 Timer 기능은 V8이 아니라 libuv에서 제공합니다. 사양에서 제공되는 라이브러리를 이해하는 것은 너무 복잡하므로 Timer는 브라우저에서도 동작하는 코드이지만 예외적으로 비동기라고 기억해둡시다.

이러한 이야기가 흥미롭다면 어떤 기능이 어떤 사양에서 제공되는지 추적해보세요. Node.js에 대한 이해를 높일 수 있을 것입니다.

4.2 콜백

이제부터 비동기 흐름 제어를 살펴보겠습니다. 가장 먼저 자바스크립트의 비동기 제어에서 가장 오래 사용된 콜백[callback]에 관해 알아봅니다.

----

2 https://html.spec.whatwg.org/multipage/timers-and-user-prompts.html#timers

Node.js에서 파일을 다루는 표준 모듈인 **fs**를 예로 들겠습니다. 다음 코드는 1.1.3절에서도 살펴본 파일을 불러온 결과를 표준 출력으로 출력하는 예제입니다.

예제 4-1 index.js

```javascript
const { readFile } = require('fs');

console.log('A');

readFile(__filename, (err, data) => {
  console.log('B', data);
});

console.log('C');
```

1.1.3절에서도 설명한 것처럼 위 코드는 A → C → B(+파일 내용) 순으로 출력됩니다. 콜백은 '처리가 끝났을 때 호출되는 함수를 등록하는' 인터페이스입니다. **readFile**은 2번째 인수에 콜백(콜백 함수)을 제공합니다.

```
readFile(파일, 콜백)
```

그렇기 때문에 콜백으로 처리(흐름 제어)를 직렬화하기 위해서는 콜백 안에서 콜백을 호출해야 합니다.

다음과 같은 사양의 프로그램을 생각해보겠습니다.

- 파일 자신을 불러온다.
- 파일 이름을 포맷하고 다른 이름으로 쓴다.
- 백업한 파일을 ReadOnly로 한다.

위 사양을 콜백으로 구현해보겠습니다.

예제 4-2 index.js

```javascript
const { readFile, writeFile, chmod } = require('fs');

const backupFile = `${__filename}-${Date.now()}`;
```

```
readFile(__filename, (err, data) => {
  if (err) {
    return console.error(err);
  }
  writeFile(backupFile, data, (err) => {
    if (err) {
      return console.error(err);
    }
    chmod(backupFile, 0o400, (err) => {
      if (err) {
        return console.error(err);
      }
      console.log('done')
    });
  });
});
```

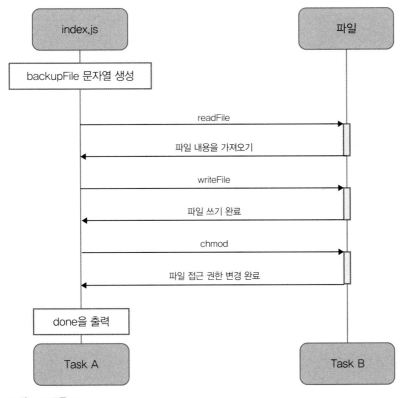

그림 4-1 흐름도

처리가 종료된 시점에 콜백이 실행되므로 처리를 직렬로 연결한 경우에는 앞의 코드와 같이 readFile → writeFile → chmod 순으로 중첩이 깊어집니다.

중첩이 계속 깊어지는 코드를 자바스크립트에서는 콜백 지옥callback hell이라 부르며 이는 꺼려지는 상황입니다. 콜백 지옥은 특히 요즘에는 깃으로 코드를 관리하기 때문에 중간에 처리를 추가하거나 삭제하게 되면 들여쓰기 위치가 바뀌어 코드 리뷰 비용이 증가하기 쉽습니다.[3]

게다가 여러 사람이 함께 개발할 때는 코드를 읽는 시간이 코드를 작성하는 시간보다 깁니다. 그래서 코드 읽기나 리뷰 비용을 낮추기 위해서라도 콜백을 피하거나, 콜백이 너무 깊어지지 않도록 코드를 설계하는 것이 좋습니다.

콜백으로 루프 처리를 하고 싶을 때도 있을 것입니다. 이때 다음과 같이 for문을 이용하면 생각한 것처럼 동작하지 않기도 합니다.

예제 4-3 index.js

```
const fs = require('fs');

for (let i = 0; i < 100; i++) {
  const text = `write: ${i}`;

  fs.writeFile('./data.txt', text, (err) => {
    if (err) {
      console.error(err);
      return;
    }
    console.log(text);
  });
}
```

위 코드는 100번의 루프를 돌고 data.txt에 수치를 덮어씁니다. 이 코드를 실제로 실행하면 다음과 같습니다.

```
$ node index.js
write: 1
write: 4
write: 5
```

----

3 함수를 적절히 분할함으로써 어느 정도 영향을 줄일 수는 있지만 임시 방편일 뿐입니다.

```
write: 6
write: 7
write: 8
write: 9
write: 10
write: 98
write: 96
write: 99
write: 48
write: 50

$ cat data.txt
write: 50
```

이 결과는 실행 환경에 따라 조금씩 다릅니다. 여기에서 주목할 것은 최종 결과가 99가 아니라는 점입니다.[4]

[예제 4-3]은 fs.writeFile을 100번 호출하는 데는 성공하지만 이전 결과를 유지하지는 못합니다. 즉, 0번째 처리를 완료하기 전에 1번째 처리가 시작되기 때문에 쓰기가 완료되는 순서가 보장되지 않습니다.[5]

다음 그림과 같이 쓰기가 순서대로 시작된다 하더라도, 각각의 쓰기 완료 시간이 어긋나기 때문에 순서가 보장되지 않습니다.

---

4 우연히 잘 진행되는 경우도 있습니다.
5 병렬 처리한다는 의미로 이런 작성 방법을 도입하기도 합니다.

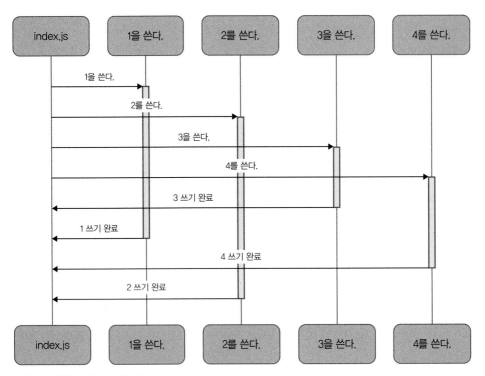

그림 4-2 콜백과 실행 순서의 예

이 경우에는 루프를 순차적으로 실행하기 위해 재귀를 이용하면 좋습니다. 처리를 완료하고 나서 다음 처리를 호출하도록 강제할 수 있습니다.

예제 4-4 index.js

```
const fs = require('fs');

const writeFile = (i) => {
  if (i >= 100) {
    return;
  }

  const text = `write: ${i}`;
  fs.writeFile('./data.txt', text, (err) => {
    if (err) {
      console.error(err);
      return;
    }
```

```
        console.log(text);
        writeFile(i+1);
    });
};

writeFile(0);
```

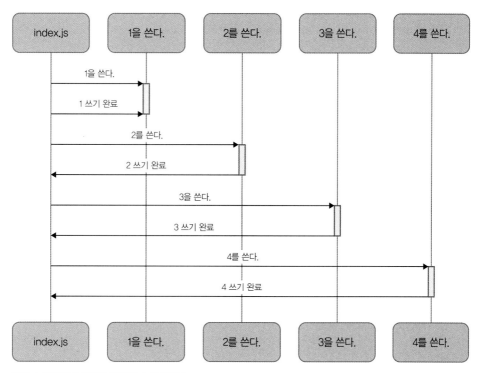

그림 4-3 재귀를 이용해 콜백에 순서 붙이기

4.2.1 Node.js와 Callback

Node.js의 표준 모듈에 구현된 콜백 API에는 독특한 관례가 있습니다.

관례
API의 가장 마지막 인수가 콜백
콜백의 1번째 인수가 에러 객체

콜백에 익숙해지기 전까지는 에러 핸들링에 특히 주의해야 합니다. 1번째 인수가 에러 객체가 되므로 에러 핸들링은 반드시 1번째 인수에 대해 null 체크를 해야 합니다.

예제 4-5 index.js

```
const { readFile } = require('fs');

readFile(__filename, (err, data) => {
  if (err) {
    console.error(err);
    return;
  }
  console.log(data);
});
```

이때 null 체크 안의 return도 중요합니다. 이 코드에서 return을 입력하지 않으면 에러가 발생해도 다음 console.log가 실행됩니다. 에러를 무시하려는 경우에는 입력하지 않기도 하지만, 실수로 잊어버리면 생각지 못한 처리가 될 수도 있습니다.

```
const { readFile } = require('fs');

readFile(__filename, (err, data) => {
  if (err) {
    console.error(err);
    // return; // 여기를 생략하거나 빼먹은 경우 다음 처리를 진행한다.
  }
  console.log(data);
});
```

또한 try-catch로 콜백 안의 에러를 잡을 수 없습니다.[6]

```
const { readFile } = require('fs');

try {
  readFile(__filename, (err, data) => {
    console.log(data);
```

----

6 콜백 에러는 잡을 수 없지만, 비동기 처리에 들어가기 전에 동기 처리 중의 에러는 try-catch로 처리할 수 있습니다. 이런 경우에는 try-catch가 필요합니다.

```
  });
} catch (err2) {
  // 콜백의 인수에 들어 있는 에러는 잡을 수 없다.
  console.error(err2);
}
```

따라서 콜백 처리를 중첩하는 경우에는 모든 콜백마다 에러에 대한 null 체크를 반드시 해야
합니다.

4.3 프로미스

콜백은 비동기 코드를 나타내는 데 뛰어난 인터페이스입니다. 하지만 중첩이 깊어지기 쉽고,
포괄적인 에러 핸들링을 수행할 수 없는 약점도 있습니다. 이러한 약점들을 해소한 비동기 처
리를 구현한 것이 프로미스promise입니다.

프로미스는 성공이나 실패를 반환하는 객체입니다. 프로미스 객체을 생성할 때는 상태가 정해
지지 않고, 비동기 처리가 완료된 시점에 둘 중 하나의 상태로 변합니다. 성공하면 then 메서
드에 설정된 성공 시의 핸들러가 호출되고, 실패한 경우에는 catch 메서드에 설정된 실패 시
의 핸들러가 호출됩니다.

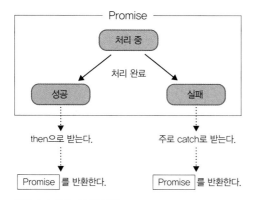

그림 4-4 프로미스의 동작

프로미스는 resolve(성공)와 reject(실패) 시에 호출하는 함수를 인수로 갖는 함수를 생성자로 생성합니다.

```
const promiseFunc = new Promise((resolve, reject) => {
  // ---
  // 비동기로 수행하는 처리를 작성한다.
  // ---
  if (error_발생_시) {
    // 에러가 발생했을 때는 reject를 호출한다.
    return reject(에러_내용);
  }
  // 성공했을 때는 resolve를 호출한다.
  resolve(성공_시의_내용);
});

promiseFunc.then(성공=resolve_시_실행할_함수);

promiseFunc.catch(실패=reject_시_실행할_함수);
```

예제 4-6 프로미스의 코드 예

```
const promiseA = new Promise((resolve, reject) => {
  resolve('return data');
});

promiseA.then((data) => console.log(data));

const promiseB = new Promise((resolve, reject) => {
  reject(new Error('return error'));
});

promiseB.catch((err) => console.error(err));

console.log('done');
```

[예제 4-6]을 실행한 결과는 다음과 같습니다.

```
$ node index.js
done
```

```
return data
Error: return error
    at /home/xxx/tmp/index.js:8:10
    at new Promise (<anonymous>)
```

promiseA는 resolve의 인수에 넣은 결과를 then의 인수로 받아 출력하고, promiseB는 reject의 인수에 넣은 결과를 catch의 인수로 받는 것을 확인할 수 있습니다.

그리고 then이나 catch는 연결(체인)할 수 있습니다. 이를 통해 콜백 시에 있던 중첩이 깊어지는 것을 방지하고 포괄적인 에러 핸들링을 할 수 있습니다.

```
const promiseX = (x) => {
  return new Promise((resolve, reject) => {
    if (typeof x === 'number') {
      resolve(x);
    } else {
      reject(new Error('return error'));
    }
  })
};

const logAndDouble = (num) => {
  console.log(num);
  return num * 2;
};

// then으로 성공했을 때를 연결할 수 있고, 실패했을 때는 catch로 건너뛴다.
promiseX(1)
  .then((data) => logAndDouble(data))
  .then((data) => logAndDouble(data))
  .catch(console.log(data))
```

프로미스가 등장하면서 자바스크립트의 비동기 처리는 약점을 보완하고, 코드 작성도 더욱 쉬워졌습니다. 프로미스는 콜백 지옥 또한 피할 수 있고 작성하기에도 쉽습니다. 단, 기존의 루프나 조건 분기와 조합하기 어렵다는 문제도 있습니다. 이 문제는 async/await(4.4절)에서 해소합니다.

4.3.1 콜백의 프로미스화

콜백을 이용한 비동기 처리는 콜백을 프로미스 객체로 감싸서 프로미스화 할 수 있습니다.

앞의 콜백 코드를 프로미스로 바꾸어봅니다. readFile, writeFile, chmod를 프로미스 객체로 감싸 각각 readFileAsync, writeFileAsync, chmodAsync로 바꿉니다.

예제 4-7 index.js

```
const { readFile, writeFile, chmod } = require('fs');

const readFileAsync = (path) => {
  return new Promise((resolve, reject) => {
    readFile(path, (err, data) => {
      if (err) {
        reject(err);
        return;
      }
      resolve(data);
    });
  });
};

const writeFileAsync = (path, data) => {
  return new Promise((resolve, reject) => {
    writeFile(path, data, (err) => {
      if (err) {
        reject(err);
        return;
      }
      resolve();
    });
  });
};

const chmodAsync = (path, mode) => {
  return new Promise((resolve, reject) => {
    chmod(backupFile, mode, (err) => {
      if (err) {
        reject(err);
        return;
      }
      resolve();
```

```
      });
    });
  };

  const backupFile = `${__filename}-${Date.now()}`;

  readFileAsync(__filename)
    .then((data) => {
      return writeFileAsync(backupFile, data);
    })
    .then(() => {
      return chmodAsync(backupFile, 0o400);
    })
    .catch((err) => {
      console.error(err);
    });
```

얼핏 보면 콜백에 비해 코드양이 단숨에 늘어난 것처럼 보이지만, 중요한 로직은 마지막 흐름
부분입니다.

```
  readFileAsync(__filename)
    .then((data) => {
      return writeFileAsync(backupFile, data);
    })
    .then(() => {
      return chmodAsync(backupFile);
    })
    .catch((err) => {
      console.error(err);
    })
  });
```

readFileAsync의 결과를 then으로 받아 writeFileAsync에 전달하고, 그 결과를 다시
then으로 받아 chmodAsync를 실행하는 흐름입니다.

프로미스 체인을 이용하면 콜백에 비해 중첩을 깊게 만들지 않고 처리를 연결할 수 있습니다.
또한 가장 마지막 catch로 readFileAsync, writeFileAsync, chmodAsync에서 발생한 에
러를 모두 잡을 수 있습니다.

promisify와 promise 인터페이스

콜백에 비해 코드양이 늘어난 것이 신경쓰일 수도 있습니다. 하지만 [예제 4-7]은 설명을 위해 의도적으로 장황하게 작성했습니다. Node.js에는 이런 경우 편리하게 사용할 수 있는 promisify라는 함수가 표준 모듈의 util에 구현돼 있습니다. util.promisify는 다음 관례를 따르는 콜백 함수를 프로미스로 바꿀 수 있습니다.

관례
API의 가장 마지막 인수가 콜백
콜백의 1번째 인수가 에러 객체
처리 완료 시에 1번만 호출되는 콜백 함수

Node.js의 많은 모듈은 이 관례를 따릅니다.[7] 앞의 프로미스 코드는 다음과 같이 간략하게 바꿀 수 있습니다.

예제 4-8 promisify의 예

```
const { promisify } = require('util');
const { readFile, writeFile, chmod } = require('fs');
const readFileAsync = promisify(readFile);
const writeFileAsync = promisify(writeFile);
const chmodAsync = promisify(chmod);
```

또한 Node.js의 최신 LTS 버전이라면 fs와 같은 표준 모듈에는 처음부터 프로미스 인터페이스가 구현돼 있습니다. 따라서 더욱 간단하게 작성할 수 있습니다.

예제 4-9 표준 모듈의 프로미스 인터페이스

```
const { readFile, writeFile, chmod } = require('fs/promises');

const backupFile = `${__filename}-${Date.now()}`;

readFile(__filename)
  .then((data) => {
    return writeFile(backupFile, data);
  })
```

---

7 처리 완료 시에 한 번만 호출되는 콜백 함수에 관해서, 엄밀하게는 모든 콜백이 한 번만 호출되는 것은 아닙니다. setInterval의 timer API 또는 Readline 등은 여러 번 호출됩니다. 하지만 많은 API가 이렇게 한 번만 호출되는 인터페이스로 돼 있습니다.

```
  .then(() => {
    return chmod(backupFile, 0o400);
  })
  .catch((err) => {
    console.error(err);
  });
```

애플리케이션을 작성할 때는 다음과 같은 순서로 프로미스를 이용하면 좋습니다.

1 프로미스 인터페이스를 확인한다.

2 util.promisify로 프로미스화 할 수 있는지 확인한다.

3 프로미스 객체를 이용해서 감싼다.

4.4 async/await

프로미스의 등장으로 자바스크립트의 비동기 처리 약점이 보완됐고 코드 작성도 한층 쉬워졌습니다. 하지만 루프나 조건 분기 등 프로미스로 작성하기 어려운 처리도 아직 많습니다.

그래서 이것들을 더욱 쉽게 작성할 수 있는 문법적 설탕으로서 async/await가 등장했습니다. async/await를 이용하면 프로미스를 이용한 비동기 처리를 동기적인 형태로 기술할 수 있습니다.

async를 붙여 함수를 선언하면 그 안에 await를 작성할 수 있습니다. await는 이어진 식에서 반환된 프로미스의 결과가 나올 때까지 그 부분의 실행을 중지합니다. 비동기 처리를 async 함수 안에서는 동기 처리와 같이 순차적이고 간결하게 작성할 수 있습니다.

```
async function someFunc() = {
  const foo = await 프로미스를_반환하는_식;
  const bar = await 프로미스를_반환하는_식; // 앞의 await가 완료될 때까지 실행되지
않는다.
  await 프로미스를_반환하는_식;
};

const someFuncArrow = async () => {
  await 프로미스를_반환하는_식;
};
```

[예제 4-7] 프로미스 코드를 async/await로 바꿔 써보겠습니다.

예제 **4-10** index.js(읽기 쉽도록 빈 행을 추가)

```
const { readFile, writeFile, chmod } = require('fs/promises');

const main = async () => {
  const backupFile = `${__filename}-${Date.now()}`;

  const data = await readFile(__filename);

  await writeFile(backupFile, data);

  await chmod(backupFile, 0o400);

  return 'done';
};

main()
  .then((data) => {
    console.log(data);
  })
  .catch((err) => {
    console.error(err);
  });
```

이 코드에서는 main이라는 이름의 함수에 async를 선언했습니다. async/await는 프로미스의 문법적 설탕입니다. main 함수를 실행하면 프로미스가 반환됩니다.

async 함수의 return에서 반환한 결과를 then으로 받고 catch에서 포괄적인 에러 핸들링을 할 수 있습니다.

예제 **4-11** 반환값이 프로미스인 것을 이용하는 예

```
main()
  .then((data) => {
    console.log(data);
  })
  .catch((err) => {
    console.error(err);
  });
```

여기에서 프로미스와 async/await는 서로 호출할 수 있다는 점이 중요합니다.

main 함수의 내용을 확인해보겠습니다. 프로미스에 비해 흐름이 상당히 동기적이고 알기 쉽지 않나요?

예제 4-12 main 함수

```
const main = async () => {
  const backupFile = `${__filename}-${Date.now()}`;

  const data = await readFile(__filename);

  await writeFile(backupFile, data);

  await chmod(backupFile, 0o400);

  return 'done';
};
```

async/await는 async를 선언한 함수 안에서 await를 사용해 프로미스를 호출함으로써, 프로미스의 결과가 반환될 때까지 다음 처리의 실행을 기다릴 수 있습니다. readFile 부분처럼 async 함수의 내부에서는 await를 이용해 비동기 처리를 동기식 코드처럼 처리하고 그 결과를 변수에 저장할 수 있습니다. 이를 통해 코드 작성은 동기 처리처럼 알기 쉽게, 실제 코드는 비동기적(다른 처리를 블로킹하지 않는)으로 동작하게 할 수 있습니다.

그리고 프로미스에서는 표현하기 어려웠던 루프나 조건 분기도 동기 코드처럼 직관적으로 작성할 수 있습니다.

```
const main = async () => {
  for (let i = 0; i < 10; i++) {
    const flag = await asyncFunction();
    if (flag) {
      break;
    }
  }
};
```

또한 async 함수 안에서는 try-catch를 이용해 에러 핸들링을 할 수 있습니다.

이렇게 최근 자바스크립트의 비동기 처리가 콜백 → 프로미스 → async/await로 진화함에 따라 비동기 처리의 기술이 극적으로 쉬워졌습니다. 현행 Node.js에서 개발하는 애플리케이션의 비동기 처리는 먼저 async/await를 기본으로 사용하는 것을 권장합니다.[8]

COLUMN

프로미스와 병렬 실행

프로미스와 async/await를 조합하면 동기 흐름 제어는 물론 병렬 처리도 매우 간단하게 작성할 수 있습니다.[9]

Promise.all은 인수에 전달한 프로미스 리스트를 병렬로 실행한 결과를 프로미스로서 반환하는 함수입니다. 이를 통해 여러 비동기 처리를 동시에 처리한 결과를 하나의 await에서 대기해서 받을 수 있습니다.

다음 코드는 undici를 사용해 동시에 3개의 요청을 송신하는 예제입니다.

예제 4-13 프로미스를 이용한 병렬 실행

```javascript
const { request } = require('undici');

const main = async () => {
  const resArray = await Promise.all([
    request('https://www.google.com/'),
    request('https://www.naver.com/'),
    request('https://www.hanbit.co.kr/')
  ]);

  for (const res of resArray) {
    const body = await res.body.text();
    const title = body.match(/<title>(.*)<\/title>/g);
    console.log(title);
  }

  return 'done';
};
```

---

8 콜백은 Node.js 초기부터 존재했으며 프로미스나 async/await보다 빠르게 동작해서 현재도 사용할 때가 있습니다. 하지만 먼저 async/await 사용부터 시작하고, 고속화가 꼭 필요한 시점에 콜백을 사용하는 편이 비용 대비 성능이 좋을 것입니다.

9 같은 프로세스를 이용해 처리하므로 엄밀하게는 병렬 처리가 아닙니다. 하지만 여기에서는 간단하게 설명하기 위해 병렬로 표현했습니다.

```
main()
  .then((data) => console.log(data))
  .catch((err) => console.error(err))
```

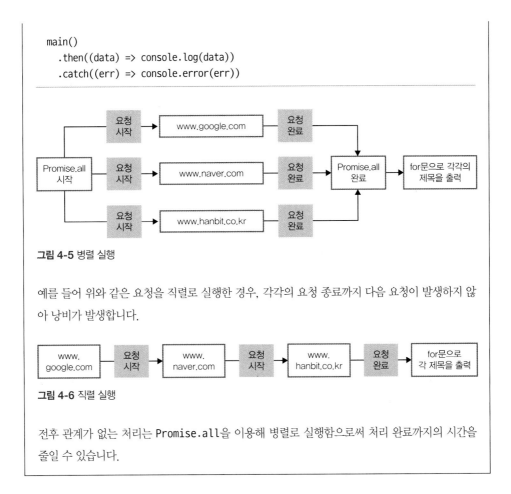

그림 4-5 병렬 실행

예를 들어 위와 같은 요청을 직렬로 실행한 경우, 각각의 요청 종료까지 다음 요청이 발생하지 않아 낭비가 발생합니다.

그림 4-6 직렬 실행

전후 관계가 없는 처리는 `Promise.all`을 이용해 병렬로 실행함으로써 처리 완료까지의 시간을 줄일 수 있습니다.

4.5 스트림 처리

Node.js에는 `async/await`와 같은 비동기 흐름 제어 외에 이벤트 주도 방식의 비동기 흐름 제어(스트림 처리)가 존재합니다.

비동기 흐름 제어

• 콜백

• 프로미스

• async/await

이벤트 주도 방식의 비동기 흐름

- 스트림 처리(EventEmitter/Stream)

콜백에서는 '처리 완료'라는 하나의 이벤트에만 처리를 수행했습니다. 그에 비해 이벤트 주도 방식의 흐름 제어에서는 '처리 시작', '처리 도중', '처리 완료', '에러 발생 시'와 같은 다양한 시점에 처리를 수행합니다.

그림 4-7 스트림 처리의 동작

스트림 처리는 콜백과 같은 일회성 처리에 비해 데이터를 순차 처리함으로써 메모리를 효율적으로 이용할 수 있습니다. 이벤트 루프를 오랜 시간 정지시키는 처리를 나누고 싶을 때도 효과적입니다.

실제로 웹 애플리케이션을 만들 때 스트림 처리 타입의 모듈을 직접 작성하는 경우는 그리 많지 않습니다. 하지만 Node.js의 비동기 성능을 최대한 활용하기 위해서 스트림 처리 타입의 API가 구현된 모듈을 이용하기도 합니다. 따라서 스트림 처리를 이해하고 사용할 수 있게 되는 것이 매우 중요합니다.

이벤트 주도 방식의 처리는 Node.js의 핵심인 EventEmitter(와 그것을 상속한 Stream)라는 베이스 클래스를 상속해 구현됩니다.[10] 다음과 같은 처리는 스트림 처리를 수행하는 대표적인 예입니다.

- HTTP 요청/응답
- TCP
- 표준 입출력

먼저 베이스 클래스가 되는 EventEmitter의 동작을 살펴보겠습니다. EventEmitter는 Node.js의 이벤트 주도 아키텍처를 지지하는 근간이 되는 클래스입니다.

---

10 https://nodejs.org/api/events.html

```
const EventEmitter = require('events');

// EventEmitter의 베이스 클래스를 상속해 사용자 이벤트를 다루는 EventEmitter를 정의
class MyEmitter extends EventEmitter {}

const myEmitter = new MyEmitter();

// myevent라는 이름의 event를 받는 리스너를 설정
myEmitter.on('myevent', (data) => {
  console.log('on myevent:', data);
});

// myevent 발행
myEmitter.emit('myevent', 'one');

setTimeout(() => {
  // myevent 발행
  myEmitter.emit('myevent', 'two');
}, 1000);
```

코드를 실행하면 다음과 같이 가장 먼저 one이 표시되고 1초 후에 two가 출력됩니다.

```
$ node index.js
on myevent: one
on myevent: two
```

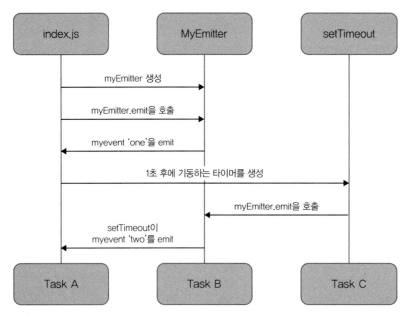

그림 4-8 EventEmitter

예제에서는 **MyEmitter** 클래스를 작성하고 **MyEmitter** 클래스의 인스턴스에 **myevent**라는 이름의 이벤트를 받는 리스너를 설정했습니다. 그리고 직후에 **myEmitter.emit('myevent',** **'one')**으로 **myevent** 이벤트를 **one**이라는 인수로 호출했습니다. 그 뒤 **setTimeout**을 이용해서 1초 후, **two**라는 인수로 **myevent**를 호출합니다.

이렇게 **EventEmitter**는 '몇 번이고', '작게 쪼개져' 발생하는 비동기 이벤트를 제어하기 위한 구현입니다. 그리고 이러한 특성을 이용해 간헐적인 이벤트를 더 다루기 쉽도록 **Event** **Emitter**를 상속해서 만들어진 인터페이스가 **Stream**입니다.

Stream은 **EventEmitter**에 데이터를 저장할 내부 버퍼를 조합한 것이라 이해하면 됩니다. 내부 버퍼에 데이터가 일정량 모이면 이벤트가 발생합니다.

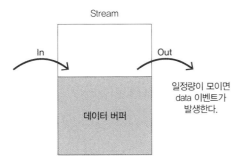

그림 4-9 Stream 동작

게다가 **Stream** 객체 사이는 연결할 수 있습니다. 예를 들어 모은 데이터를 다른 형식으로 변환하는 **Stream**을 중간에 연결하면, 데이터가 전부 모이기 전에 변환 가능한 것부터 처리를 시작할 수 있습니다. 또한 모든 데이터를 메모리에 저장하지 않고 처리하므로 메모리 사용량을 쉽게 억제할 수 있는 장점이 있습니다.

Stream을 이용하면 이벤트 연결, 데이터 흐름량 조정, 변환 처리 등 연속하는 데이터 흐름을 효율적으로 다룰 수 있습니다.[11]

Node.js에서는 다음 4가지 **Stream**이 처리 기반입니다.

Stream 종류	설명
Writable	데이터 쓰기에 이용한다(예: `fs.createWriteStream`).
Readable	데이터 읽기에 이용한다(예: `fs.createReadStream`).
Duplex	쓰기/읽기 양쪽에 대응한다(예: `net.Socket`).
Transform	Duplex를 상속해 읽고 쓴 데이터를 변환한다(ex: `zlib.createDeflate`).

Node.js는 싱글 스레드/싱글 프로세스로 동작합니다. 애플리케이션을 설계할 때 I/O 등의 처리는 가급적 잘게 쪼개는 것이 성능상 중요합니다. 그런 '처리를 잘게 여러 차례 분할한다'는 점에서 스트림 처리는 우수합니다.

콜백은 완료 시 한 번 호출되지만, 스트림 처리는 하나의 처리에 대해 여러 번의 처리가 발생하는 것이 주요 차이점입니다.

---

11 Stream에 관한 자세한 내용은 다음 글에 알기 쉽게 설명돼 있습니다. https://techblog.yahoo.co.jp/advent-calendar-2016
/node-stream-highwatermark/ (일본어)

Node.js의 대표 스트림 처리인 HTTP를 예로 들어보겠습니다. 다음 요건의 코드를 작성하고 동작을 확인합니다.

- 3000번 포트에서 HTTP 서버를 기동한다.
- localhost의 3000번 포트에 요청하는 클라이언트에서 작성한 서버에 접근한다.

다음 예제는 3000번 포트를 리스닝 하는 HTTP 서버 코드입니다.

예제 4-15 server.js

```
const http = require('http');

// http 서버 생성
http
  .createServer((req, res) => {
    // 클라이언트에 반환할 내용을 쓴다.
    res.write('hello world\n');
    // 클라이언트에 내용을 송신
    res.end();
  })
  .listen(3000);
```

위 코드를 실행한 뒤 브라우저에서 `http://localhost:3000`에 접근하면 `hello world`가 표시됩니다.

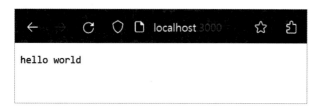

그림 4-10 접근 시의 표시

다음은 브라우저가 아니라 코드에서 이 서버에 접근해봅시다.

예제 4-16 client.js

```
const http = require('http');

// 서버에 대해 요청하는 객체를 생성
```

```
const req = http.request('http://localhost:3000', (res) => {
  // 흘러오는 데이터를 utf8로 해석한다.
  res.setEncoding('utf8');

  // data 이벤트를 받는다.
  res.on('data', (chunk) => {
    console.log(`body: ${chunk}`);
  });

  // end 이벤트를 받는다.
  res.on('end', () => {
    console.log('end');
  });
});

// 여기에서 처음으로 요청이 송신된다.
req.end();
```

여기에서 앞의 EventEmitter의 설명에서 나왔던 .on이 등장합니다. 위 코드에서 http.request의 콜백에 전달된 res는 HTTP 요청의 응답을 나타내는 스트림 객체입니다.

즉, 다음에 표시하는 위치에서 리스너가 각각 **data**와 **end**라는 이벤트를 받도록 설정합니다.

예제 4-17 data 이벤트와 end 이벤트를 받는 지정

```
// data 이벤트를 받는다.
res.on('data', (chunk) => {
  console.log(`body: ${chunk}`);
});

// end 이벤트를 받는다.
res.on('end', () => {
  console.log('end');
});
```

예제의 HTTP 요청 흐름을 간단하게 정리하면 다음과 같습니다.

- 서버에 연결한다.
- 데이터를 서버에서 가져온다.
- 서버에 대한 연결을 끊는다.

서버에서 데이터를 가져올 때를 생각해보겠습니다. 앞의 예제에서 본 HTTP 서버는 표시하는 양이 적으므로 가져오는 데이터양도 적습니다. 하지만 거대한 HTML을 반환하는 서버라면 한 번에 가져오는 양이 많기 때문에 그 비용이 상당히 커집니다.

이러한 경우에는 데이터를 순차적으로 얻어 그 결과를 data 이벤트에서 받음으로써 데이터를 조금씩 처리할 수 있습니다. 따라서 Node.js에서는 한번에 큰 데이터를 다룰 수도 있는 HTTP 처리를 할 때 콜백보다 스트림 처리를 사용하는 것이 호환성이 좋습니다.

data 이벤트는 상황에 따라 여러 차례 호출되어 리스너 내용이 여러 번 처리될 수 있습니다.

큰 데이터를 가져오는 동안 다른 처리를 하지 못한다면 리소스가 아깝습니다. 하지만 스트림으로 처리하면 해당 리스너가 호출되는 시점까지 Node.js는 다른 처리를 할 수 있습니다. 또한 데이터를 작게 쪼개 처리하기 때문에 한 번에 돌리는 루프가 작아지며, 더 작은 메모리에서도 동작이 가능하다는 장점이 있습니다.

사실 [예제 4–15] 안에도 스트림 처리가 숨어 있습니다. createServer의 인수에 등록한 함수는 request 이벤트 리스너입니다.

```
http
  .createServer((req, res) => {
  // 여기는 request 이벤트 리스너다.
    res.write('hello world\n');
    res.end();
  })
  .listen(3000);
```

따라서 이 코드는 다음과 같이 쓸 수 있습니다.

```
const server = http.createServer();

// 독립적인 리스너로 정의할 수 있다.
server.on('request', (req, res) => {
  res.write('hello world\n');
  res.end();
});

server.listen(3000);
```

서버 입장에서 생각해보면 클라이언트 요청이 올 때까지 계속 기다리기만 하기에는 리소스가 아깝습니다. 그래서 각각 클라이언트의 연결은 request 이벤트로 다루고 리스너를 등록합니다. 이렇게 하면 요청이 오지 않는 동안에는 다른 요청을 받거나 다른 처리를 수행할 수 있습니다.

이렇게 콜백뿐만 아니라 스트림 처리 또한 Node.js에서 비동기 처리를 효율적으로 제어하는 데 매우 중요한 역할을 합니다.

4.5.1 스트림 처리의 에러 핸들링

스트림 처리에서도 에러 핸들링은 필요합니다. 하지만 프로미스와 마찬가지로 try-catch로는 에러를 처리할 수 없습니다. 스트림 처리(EventEmitter)에서는 에러도 이벤트입니다. 따라서 스트림 처리를 할 때는 error 이벤트의 핸들러를 설정하는 것을 잊어서는 안 됩니다.

예제 4-18 에러 핸들러를 설정하기

```
stream.on('error', (err) => {
  console.error(err);
});
```

스트림 처리의 에러 핸들링은 잊어버리기 쉽습니다. 에러 핸들링이 누락되면 에러를 포괄적으로 잡아낼 수 없고 에러 발생 시 프로세스가 깨지므로 주의해야 합니다.[12]

4.6 AsyncIterator

Node.js의 비동기에서 스트림 처리는 반드시 필요합니다. 하지만 스트림 처리에는 몇 가지 문제가 있습니다.

....

12 정확하게 말하면 Node.js에서는 process.on('uncaughtException', ...)과 process.on('unhandledRejection', ...)을 이용해 핸들링이 누락된 에러를 잡을 수 있습니다. 하지만 프로세스를 중단시켜야만 하는 에러까지 잡게 됩니다. 그렇기 때문에 에러에서 복귀하는 핸들링을 위해서 이벤트를 이용하는 것은 피해야 합니다. unhandledRejection은 Node.js v14까지는 경고만 발생시키고 프로세스를 중단시키지 않았지만, v15부터는 프로세스를 중단시키도록 변경됐습니다. 따라서 이 이벤트들은 프로세스를 종료시킨다고 보는 것이 좋습니다. 어디까지나 프로세스를 종료시키기 전에 로그를 남기거나 실질적인 셧다운 처리를 실시할 때만 사용하고, 에러 핸들링은 각각의 위치에서 수행합시다.

- async/await 등의 흐름 제어에 내장하기 어렵다.
- 에러 핸들링을 잊기 쉽고, 잊었을 때 영향이 크다.

async/await와 콜백은 프로미스를 통해 조합할 수 있지만, 스트림 처리는 그 자체로만 사용할 수밖에 없었습니다. 하지만 AsyncIterator[13](for await ... of)가 등장하면서 async/await와 스트림 처리의 호환성이 극적으로 향상됐습니다.

AsyncIterator는 앞에서 여러 차례 등장했던 이벤트(data 등)를 for문처럼 표현합니다. 이를 활용하면 async/await의 콘텍스트에서도 스트림 처리를 다룰 수 있습니다.

```
for await (변수 of 반복할_수_있는_대상){
  // ...
}
```

4.6.1 AsyncIterator가 도움이 되는 이유

간단한 코드를 구현하며 AsyncIterator의 유용성을 확인해보겠습니다. 다음 요건을 만족하는 처리를 생각해봅시다.

- 자신의 파일을 읽는다.
- 잠시 기다린 뒤 읽은 내용을 파일에 추가한다.
- 다음을 읽는다.

파일 쓰기도 스트림으로 처리할 수 있지만 다소 복잡하므로 여기에서는 프로미스를 이용해 간단하게 설명합니다.

AsyncIterator 없이 구현하기

먼저 파일 쓰기 이외의 처리를 스트림 처리로 구현해보겠습니다.

```
const fs = require('fs');

// 파일을 읽는 Stream을 생성(64바이트씩)
```

---

13 https://developer.mozilla.org/ko/docs/Web/JavaScript/Reference/Statements/for-await...of

```
const readStream = fs.createReadStream(__filename, { encoding: 'utf8', highWaterMark:
64 });

let counter = 0;
// 파일 데이터를 읽는 동안 실행되는 리스너
readStream.on('data', (chunk) => {
  console.log(counter, chunk);
  counter++;
});

// 파일 읽기를 종료했을 때 실행되는 리스너
readStream.on('close', () => {
  console.log('close stream:');
});

readStream.on('error', (e) => {
  console.log('error:', e);
});
```

fs.createReadStream은 파일을 읽는 ReadableStream을 생성하는 함수입니다. 대상 파일을 읽는 Stream을 생성합니다.[14]

highWaterMark 옵션에는 읽을 데이터양을 설정합니다. 기본값은 64 * 1024이므로 한 번의 data 이벤트로도 모두 읽어버립니다. 따라서 여기에서는 여러 차례 data 이벤트를 발생시키기 위해 64로 설정합니다.

이제 '잠시 기다린 뒤, 읽은 내용을 파일에 쓴다'는 처리를 추가해보겠습니다. 무작위로 몇 초 기다린 뒤 파일에 내용을 추가하는 write 함수를 작성하고, data 이벤트 핸들러로 호출합니다. setTimeout을 프로미스로 감싸서 비동기로 슬립sleep하는 함수를 선언합니다.[15]

예제 4-19 index.js

```
const fs = require('fs');
const { writeFile } = require('fs/promises');
// 잠시 기다리는 비동기 함수
```

---

14 fs.readFile 등을 사용하면 1행씩 읽기 편리하지만 여기에서는 스트림 처리를 설명하기 위해 일부러 fs.createReadStream으로 설명합니다. https://nodejs.org/api/fs.html#fs_fs_createreadstream_path_options

15 Node.js v16 이후에서는 timer 자체에 프로미스의 인터페이스가 구현돼 있으므로 프로미스로 감쌀 필요가 없습니다. https://nodejs.org/api/timers.html#timers_timers_promises_api

```
const sleep = (ms) => new Promise(resolve => setTimeout(resolve, ms));

const readStream = fs.createReadStream(__filename, { encoding: 'utf8', highWaterMark:
64 });
const writeFileName = `${__filename}-${Date.now()}`

const write = async (chunk) => {
  // (Math.random() * 1000)ms 동안 기다린다.
  await sleep(Math.random() * 1000);
  // 파일에 추가 모드로 쓴다.
  await writeFile(writeFileName, chunk, { flag: 'a' });
}

let counter = 0;
readStream.on('data', async (chunk) => {
  console.log(counter);
  counter++;

  await write(chunk);
});

readStream.on('close', () => {
  console.log('close');
});

readStream.on('error', (e) => {
  console.log('error:', e);
});
```

이 코드를 실행한 결과는 다음과 같습니다.

```
$ node index.js
0
1
2
...
8
9
10
close
```

표준 출력에 data 이벤트의 횟수와 종료 이벤트를 나타내는 close가 표시됩니다.[16] 그리고 실행 결과로 index.js-1622xxxxxx와 같은 파일이 작성됩니다. 해당 파일의 내용은 다음과 같습니다.

```
{
  await sleep(Math.random() * 1000);
  await writeFile(writeFn('data', async (chunk) => {
  console.log(counter);
  counter++onsole.log('close');
});

  readStream.on('error', (e) => {
    console.log('error:', e);
  });
  e, { encoding: 'utf8', highWaterMark: 64 });
  const writeFileNameileName, chunk, { flag: 'a' });
}

let counter = 0;
readStream.o;

  await write(chunk);
});

readStream.on('close', () => {
  cresolve, ms));

  const readStream = fs.createReadStream(__filenam = `${__filename}-${Date.now()}`

  const write = async (chunk) => const fs = require('fs');
  const { writeFile } = require('fs/promises');
  const sleep = (ms) => new Promise(resolve => setTimeout(
```

파일을 실행한 결과는 아마도 위처럼 정신없이 쓰여 있을 것입니다. 이것은 data 이벤트의 핸들러를 async 함수로 만들어도 이전 data 데이터 이벤트를 대기하지 않고 다음 처리를 실행하기 때문입니다. 이벤트 핸들러는 '언제', '얼마나' 호출될지 제어할 수 없으므로 모두 병렬로 처리됩니다.

---

[16] data 이벤트의 횟수는 환경에 따라서도 달라집니다

그림 4-11 비동기 쓰기

병렬로 처리되면 실행 속도면에서는 유리하지만, 순차 쓰기와 같은 상황에서는 호환성이 좋지 않습니다.

AsyncIterator를 이용한 개선

이번에는 AsyncIterator를 사용해봅시다. 다음 예제는 AsyncIterator를 사용해서 [예제 4-19]를 수정한 코드입니다.

예제 4-20 index.js

```
const fs = require('fs');
const { writeFile } = require('fs/promises');
// 잠시 기다리는 비동기 처리
const sleep = (ms) => new Promise((resolve) => setTimeout(resolve, ms));

const writeFileName = `${__filename}-${Date.now()}`

const write = async (chunk) => {
  // (Math.random() * 1000)ms 동안 대기한다.
  await sleep(Math.random() * 1000);
  // 파일에 추가 모드로 쓴다.
  await writeFile(writeFileName, chunk, { flag: 'a' });
}

const main = async () => {
  const stream = fs.createReadStream(__filename, { encoding: 'utf8', highWaterMark:
64 });

  let counter = 0;
  // 비동기로 발생하는 이벤트를 직렬로 처리한다.
  for await (const chunk of stream) {
```

```
      console.log(counter);
      counter++;

      await write(chunk);
    }

  }

main()
  .catch((e) => console.error(e));
```

이 코드에서 새롭게 등장한 `await ... of ...` 부분이 AsyncIterator입니다. AsyncIterator는 AsyncIterator 인터페이스를 기본으로 비동기 처리를 구현한 객체를 마치 배열과 같이 반복 처리 할 수 있습니다.[17] 각각의 요소는 `for await ... of` 안에서 선언한 변수에서 접근할 수 있습니다.

```
for await (const 변수 of 비동기를_반복할_수_있는_객체) {
  // ...
}
```

Stream 객체에서는 `for await ... of`로 data 이벤트를 반복 처리할 수 있습니다.

[예제 4-20]과 [예제 4-19]에서는 스트림을 다르게 처리합니다. [예제 4-20]에서는 'data 이벤트 자체'의 처리도 정지시킵니다. 코드를 실행해보면 표준 출력에 counter 문자가 조금씩 표시됩니다. 그리고 실행 결과 파일인 index.js-1622xxxxxx의 내용을 확인해보면 원래의 파일과 내용이 같습니다. 즉, data 이벤트 처리 자체를 대기시킴으로써 쓰기 처리가 순차적으로 동작하게 됩니다.

원래 비동기인 Stream을 순차 처리할 수 있다는 것은 소위 async/await의 콘텍스트에 스트림을 가져온 것과 같습니다. 다시 말해 try-catch 등으로 에러 핸들링을 할 수 있다는 의미입니다.

이처럼 AsyncIterator로 스트림 처리와 async/await의 안 좋은 호환성을 해소할 수 있습니다. 그러나 사용 방법에 따라서는 병렬로 처리할 수 있던 것을 직렬로 처리하여 성능이 저하될

---

17 예제에서는 for await(const 변수 of...)라는 표기를 사용했지만 변수 선언은 let, var에서도 동작합니다.

수 있으므로, 애플리케이션을 작성할 때 적절하게 이용해야 합니다(구체적인 예는 4.8절을 참고합니다).

스트림 처리와 async/await는 Node.js의 비동기 처리에서 매우 중요한 요소입니다. 한번에 모든 것을 이해할 필요는 없습니다. 하지만 애플리케이션이 성능을 충분히 발휘하도록 조금씩 사용 방법을 익혀봅시다.

4.7 에러 핸들링 정리

지금까지 각 흐름을 설명하면서 에러 핸들링을 살펴봤습니다. Node.js의 에러 핸들링은 특히 중요합니다.[18]

Node.js에서 에러 핸들링이 누락돼 프로세스가 중단되면 모든 요청에서 에러가 발생해 큰 영향을 미칩니다. 이것은 하나의 요청에 하나의 프로세스를 할당하는 모델과 달리 여러 요청을 하나의 프로세스에서 받는 Node.js의 약점입니다. 각 에러 핸들링을 정리하면 다음 표와 같습니다.

동기/비동기	설계	에러 핸들링
동기 처리		`try-catch, async/await`
비동기 처리	콜백	`if (err)`
비동기 처리	EventEmitter(Stream)	`emitter.on('error')`
비동기 처리	async/await	`try-catch, .catch()`
비동기 처리	AsyncIterator	`try-catch, .catch()`

에러 핸들링은 크게 동기 처리와 비동기 처리 2가지로 나눌 수 있습니다.

동기 처리 코드의 에러 헨들링을 할 때는 간단하게 try-catch 또는 async/await로 감싸는 2가지 방법이 있습니다. async 함수는 catch를 통해 포괄적인 에러 핸들링을 할 수 있기 때문에 상위 함수에서 catch를 사용하는 것으로 충분합니다. 그러나 이는 try-catch를 사용하는 것과 마찬가지이므로 이렇게 기재합니다.

---

[18] 물론 다른 언어에서도 에러 핸들링은 중요하지만 Node.js에서는 그 중요도가 더 높습니다.

예제 4-21 async를 이용한 에러 핸들링 예

```
const main = async () => {
  JSON.parse('error str!');
}

main()
  .catch((e) => console.error(e));
```

4.7.1 비동기 에러 핸들링

비동기는 콜백, EventEmitter(Stream), async/await(AsyncIterator 포함[19])의 경우 각각 다음 에러 핸들링이 필요합니다.

- 콜백: 에러의 null 체크
- EventEmitter(Stream): 에러 이벤트 핸들링
- async/await: try-catch와 상위 함수에서의 .catch()

Node.js 애플리케이션은 비동기 처리가 중심이므로 현재 환경에서는 async/await 위주로 설계하는 것이 좋습니다.

4.8 Top-Level Await

await는 async 함수 안에서 이용한다고 설명했습니다. 하지만 Node.js v14.8.0부터는 모듈의 최상위 레벨 범위[20]에서 await를 기술할 수 있는 Top-Level Await[21]를 이용할 수 있습니다.

Top-Level Await는 ECMAScript 모듈에서만 동작하므로 주의해야 합니다. 다음 예를 확인

---

19 AsyncIterator에서는 EventEmitter(Stream)을 async/await의 콘텍스트에서 다루는 것이므로 async/await와 같아집니다.

20 최상위 범위. Top-Level Await 자체는 CommonJS 모듈에서는 사용할 수 없지만, require 등으로 기술한 것과 같은 계층이라고 이해하면 됩니다.

21 https://github.com/tc39/proposal-top-level-await

해보겠습니다.[22]

예제 4-22 index.mjs

```
import { readFile } from 'fs/promises';

// async 함수가 아닌 위치에서도 await할 수 있다.
const data = await readFile(new URL(import.meta.url), { encoding: 'utf-8' });

console.log(data);
```

Top-Level Await는 특히 CLI 도구로 작성할 때 효과를 발휘합니다. 다음 예제는 10개의 요청을 동시에 송신하고, 그 시간을 측정하는 간단한 코드입니다.

예제 4-23 req.mjs

```
import { request } from 'undici';

console.time('req');

const reqs = [];

for (let i = 0; i < 10; i++) {
  // 요청하는 객체를 reqs에 넣는다.
  const req = request('http://localhost:8000').then(res => res.body.text());
  reqs.push(req);
}

// 모든 요청의 완료를 기다려서 받는다.
await Promise.all(reqs);

console.timeEnd('req');
```

Top-Level Await를 이용하지 않는 경우에는 즉시 실행 함수 또는 이전까지 사용했던 main 함수처럼 async 함수로 감싸는 방법 등으로 대응해야 합니다.

---

22 ECMAScript 모듈에는 CommonJS 모듈의 사양인 `__filename`이 없으므로 자신의 내용을 읽으려면 `import.meta.url`로 바꿔 써야 합니다.

4.8.1 Top-Level Await와 AsyncIterator의 주의점

Top-Level Await와 AsyncIterator는 매우 편리합니다. 하지만 이들을 조합할 때는 주의할 점이 있습니다.

문제점을 명확하게 확인하기 위해 일반 스트림 처리에서 기술했던 HTTP 서버와 Top-Level Await와 AsyncIterator를 조합한 HTTP 서버를 비교합니다.

먼저 앞에서 사용했던 요청을 받는 서버를 준비합니다. setTimeout으로 요청을 받고 100ms 후에 다음 응답을 반환하는 서버입니다.

예제 **4-24** server.mjs

```
import { createServer } from 'http';

const server = createServer();

server.on('request', (req, res) => {
  // 무언가의 비동기 처리
  setTimeout(() => {
    res.end('hello');
  }, 100);
});

server.listen(8000);
```

제 환경에서는 110ms~120ms 정도에 응답이 돌아왔습니다.

```
$ node req.mjs  # server.mjs 서버를 동작시켜둔다.
req: 118.88ms
$ node req.mjs
req: 116.193ms
$ node req.mjs
req: 115.534ms
```

createServer로 생성된 서버 인스턴스는 Stream 객체입니다. 앞에서 AsyncIterator를 설명할 때 다룬 것처럼 Stream 객체는 for await ... of로 대기할 수 있습니다. 표준에서는 Stream 객체의 data 이벤트를 대기하지만, events 모듈의 on 함수를 이용하면 임의의 이벤트를 대기할 수 있습니다.

앞의 코드를 events.on과 Top-Level Await를 사용해 다시 작성해봅니다.

예제 **4-25** server-top-level-await.mjs

```
import { createServer } from 'http';
import { on } from 'events';
import { setTimeout } from 'timers/promises';

// request 이벤트를 for ... await로 받을 수 있게 한다.
const req = on(createServer().listen(8000), 'request');

for await (const [, res] of req) {
  // 무언가의 비동기 처리
  await setTimeout(100);
  res.end('hello');
}
```

Stream이 잘 처리돼 깔끔해 보입니다. 그럼 수정한 서버의 성능을 측정해보겠습니다.

```
$ node req.mjs
req: 1.024s
$ node req.mjs
req: 1.086s
$ node req.mjs
req: 1.021s
```

이번에는 1초 정도가 걸리며 앞의 서버에 비해 약 10배 정도 차이가 납니다. 이것은 Top-Level Await의 특성 때문입니다.

server.on('request', (req, res) => { 형태로 요청을 받으면 request 이벤트 자체는 병렬에 가까운 형태로 받을 수 있습니다. 성능 측정 코드는 동시에 10개의 요청을 송신하므로 100ms 동안 정지하더라도 setTimeout에서 지연된 100ms 전후로 모든 요청을 받을 수 있습니다.

반면에 Top-Level Await와 AsyncIterator로 받는 코드는 request 이벤트의 수신 자체를 대기합니다. 즉 앞의 요청이 종료될 때까지 다음 요청을 받지 않습니다. 100ms 정지한 뒤 다음 요청을 읽기까지는 100ms×10 요청으로 약 1초의 시간이 소요됩니다.

따라서 이 경우에는 서버의 **data** 이벤트를 AsyncIterator로 대기해서는 안 됩니다. 코드의 형태뿐만 아니라 원래 비동기로 처리하고 싶은 것인지, 대기하고 싶은 코드인지 등 적절한 이용 방법(서버 기동 전처리, CLI의 요청을 받지 못하는 도구 등)을 고려해야 합니다.

COLUMN

Node.js와 io.js

프로미스를 Node.js에서 정식으로 이용할 수 있게 되기까지는 상당한 시간이 걸렸습니다. 초기부터 하위호환성을 보장하지 않는 업데이트가 많았고, 이용자가 늘면서 안정성에 대한 요구가 늘어나던 상황이었습니다. 그 외에도 다양한 요인으로 인해 새로운 사양 등을 통합하는 데 시간이 걸리기도 했습니다. 그러는 와중에 Node.js는 개발과 릴리스 정체기에 빠져 있었습니다. 이때 한층 속도감을 높여 진행하는 프로젝트로서 io.js라는 포크^fork가 생성됐습니다. io.js 커뮤니티는 상당히 활발해서 많은 기능과 수정이 진행됐습니다.

'결국 어느 쪽을 사용하는 것이 좋은가?'와 같은 과도기에 사용자와 커뮤니티는 혼란을 겪기도 했지만 최종적으로는 Node.js와 io.js가 통합돼 Node.js v4.0으로 릴리스됐습니다. 이 시점에 프로미스나 ES6 문법 등도 표준으로 이용할 수 있게 됩니다.

이후 Node.js는 오늘날의 형태와 매우 가까워졌으며 프로젝트 체제나 릴리스 일정 등이 확실하게 정리돼 안정성이나 개발 속도 모두 속도가 빨라졌습니다.

OSS의 사례로 참고할 수 있는 많은 아티클을 요즘에도 읽을 수 있습니다. 흥미가 있는 분들은 한번 찾아보기 바랍니다.

COLUMN

async.js를 이용한 흐름 제어

콜백으로 흐름을 제어할 때 중첩이 깊어지기 쉽다는 점이나 포괄적인 에러 핸들링을 수행할 수 없다는 점은 콜백의 약점이었습니다. 이런 콜백의 약점을 보완하는 형태로 프로미스에서 **catch**를 사용할 수 있지만, 프로미스가 등장하기 전에도 콜백의 약점을 보완하고자 하는 요구가 있었습니다. 이런 상황에서 **async**라는 모듈이 등장했고, 흐름 제어 유틸리티 도구로서 널리 이용됐습니다.

async는 순차 실행이나 병렬 처리/포괄적인 에러 핸들링 등 흐름 제어의 구현을 감싸주는 모듈입니다.[23]

예제 4-26 async.js를 이용한 예

```
const async = require('async');

async.series([
  function(callback) {
    callback(null, 'one');
  },
  function(callback) {
    callback(null, 'two');
  }
], function(err, results) {
  // err로 포괄적인 에러 핸들링을 할 수 있다.
  // results에는 배열에서 순서대로 실행한 결과가 들어간다. ['one', 'two']
});
```

현재 자바스크립트에서는 프로미스나 async/await 등 콜백의 약점을 극복하는 방법들이 언어 수준에서 구현됐기 때문에 애플리케이션 코드에 async 모듈을 사용하는 일이 적어졌습니다. 다만 async는 매우 인기 있는 모듈이었기 때문에 지금도 일부 모듈의 의존 모듈로 발견되기도 합니다.

---

[23] async/await와 같은 이름을 사용하고 있어 다소 까다롭지만 이는 언어 사양이 아니라 라이브러리로서 제공되는 것입니다.

5

CLI 도구 개발

이번 장부터는 실제로 Node.js를 사용해 애플리케이션을 개발합니다. 먼저 CLI 도구 개발을 통해 인수나 환경 변수를 다루는 방법에 관해 설명합니다. 여기에서는 마크다운 파일에서 HTML을 작성하는 간단한 블로그 아티클 작성 CLI 도구를 만들며 설명합니다.

여기에서 작성하는 CLI에서는 다음 기능을 구현합니다.

- CLI 도구의 이름을 표시한다.
- 파일 이름을 지정해 마크다운 파일을 읽는다.
- 읽은 마크다운 파일을 HTML로 변환한다.
- 변환한 HTML을 파일에 쓴다.
- 옵션으로 출력하는 HTML 이름을 설정한다.
- 이 기능들을 테스트하는 코드도 포함한다.

5.1 Node.js의 개발 흐름

Node.js 애플리케이션을 작성하기 위해 먼저 작업 디렉터리와 package.json을 준비합니다. npm init 명령어로 패키지 이름이나 버전 등을 대화형으로 작성할 수 있습니다.[1]

```
$ mkdir cli_test
$ cd cli_test
$ npm init -y # npm init을 디렉터리 상태에서 진행한다.
```

여기에서 npm init을 이용해 생성된 package.json에는 private 속성이 없습니다. 잘못해서 publish로 코드가 공개되는 것을 방지하기 위해 npm에 공개하는 모듈이 아닌 경우에는 private: true를 추가로 입력합니다.

예제 5-1 package.json

```
{
  "private": true, /*추가 입력*/
  "name": "cli_test",
  "version": "1.0.0",
```

---

[1] 이전에는 수작업으로 package.json을 작성했지만 실제로는 npm init을 더 많이 이용할 것입니다.

```
    "description": "",
    "main": "index.js",
    "scripts": {
      "test": "echo \"Error: no test specified\" && exit 1"
    },
    "keywords": [],
    "author": "",
    "license": "ISC"
  }
```

5.1.1 템플릿 만들기

먼저 템플릿으로 사용할 파일을 작성합니다. package.json을 읽어 표준 출력에 표시합니다.

예제 5-2 index.js

```
const path = require('path');
const fs = require('fs');

const packageStr = fs.readFileSync(path.resolve(__dirname, 'package.json'), {
 encoding: 'utf-8' });
const package = JSON.parse(packageStr);

console.log(package);
```

이 코드에서는 4장에서 설명했던 비동기 처리의 콜백이나 프로미스가 아니라 동기 API인 readFileSync로 파일의 내용을 읽고 있습니다. 동기 API는 반환값으로 결과를 받을 수 있지만, 동기 API가 실행되는 동안에는 처리를 차단합니다. 따라서 이용할 때 성능 문제가 일어나지 않도록 주의해야 합니다. 지금 만드는 CLI 도구는 실행자 이외의 요청을 받지 않으므로 '처리가 차단돼도 문제 없다' = '동기 API를 이용해도 문제 없다'는 상황입니다.

이 코드가 옵션을 받아서 처리할 수 있도록 개선해보겠습니다.

5.2 인수 처리

--name으로 CLI 이름을 표시하는 기능을 추가합니다.

Node.js에서 인수를 받으려면 Node.js의 전역 변수인 process 객체를 이용합니다.[2] process 객체 안의 argv에 인수가 저장됩니다.

예제 5-3 argv.js

```
console.log(process.argv);
```

이 코드에 다음과 같이 인수를 전달해서 실행해보겠습니다.

```
$ node argv.js one two=three --four
[
  '/usr/local/bin/node',
  '/home/xxx/dev/cli_test/argv.js',
  'one',
  'two=three',
  '--four'
]
```

이와 같이 process.argv는 배열에 실행한 코드 경로나 인수 등을 받을 수 있습니다.

[예제 5-2]를 수정해서 --name 객체를 구현합니다.

예제 5-4 index.js

```
const path = require('path');
const fs = require('fs');

const packageStr = fs.readFileSync(path.resolve(__dirname, 'package.json'), {
 encoding: 'utf-8' });
const package = JSON.parse(packageStr);

// name 옵션 체크
const nameOption = process.argv.includes('--name');
```

---

2 https://nodejs.org/api/globals.html#process

```
if (nameOption) {
  console.log(package.name);
} else {
  console.log('옵션이 없습니다.');
}
```

이 코드에 --name 옵션을 붙여 실행합니다.

```
$ node index.js --name
cli_test

# 옵션이 없을 때는 도구 이름이 표시되지 않는다.
$ node index.js
옵션이 없습니다.
```

package.json의 name 값이 출력됩니다. 이것으로 --name 옵션을 받아 도구 이름을 출력하는 기능을 완성했습니다.

5.3 라이브러리 도입 및 CLI에서의 적용

'마크다운 파일에서 HTML을 작성한다'는 기능을 추가해봅니다. 달성하고자 하는 요건은 다음 3가지입니다.

- 읽을 파일 이름을 지정한다.
- 마크다운 파일을 읽는다.
- HTML 파일을 생성한다.

npm 모듈(라이브러리)을 도입해 해결해보겠습니다. Node.js 개발에서 npm 모듈의 존재는 개발 속도를 높여주는 든든한 동료입니다. npm에 공개된 여러 모듈 중에서 적절한 모듈을 선택하는 것도 Node.js 개발에 필요한 중요한 스킬입니다.

5.3.1 읽을 파일 이름을 지정하기

먼저 라이브러리를 사용해 CLI에서 읽을 파일 이름을 지정하는 기능을 구현합니다. 지금 상태로는 process.argv로만 접근할 수 있어 너무 원시적입니다. yargs[3] 모듈을 이용해 인수를 쉽게 다룰 수 있도록 하겠습니다.

```
$ npm install yargs
```

yargs를 [예제 5-4]에 삽입합니다.

예제 5-5 index.js

```js
const path = require('path');
const fs = require('fs');
const yargs = require('yargs/yargs');
const { hideBin } = require('yargs/helpers');

const { argv } = yargs(hideBin(process.argv));
// 인수를 표시한다.
console.log(argv)

const packageStr = fs.readFileSync(path.resolve(__dirname, 'package.json'), {
 encoding: 'utf-8' });
const package = JSON.parse(packageStr);

// name 옵션 체크
const nameOption = process.argv.includes('--name');

if (nameOption) {
  console.log(package.name);
} else {
  console.log('옵션이 없습니다.');
}
```

hideBin은 process.argv.slice(2)의 줄임말입니다. [예제 5-3]의 실행 결과에도 출력됐듯이 process.argv의 처음 2개에는 실행한 Node.js의 경로와 스크립트 경로가 저장돼 있습니다.

---

3 https://www.npmjs.com/package/yargs

```
$ node argv.js one two=three --four
[
  '/usr/local/bin/node',
  '/home/xxx/dev/cli_test/argv.js',
  'one',
  'two=three',
  '--four'
]
```

전달된 인수를 얻으려면 3번째 이후의 값이 필요하므로 배열의 3번째 이후를 `hideBin`을 이용해 꺼냅니다.[4] 명령어 인수의 경로에 관해서는 Node.js[5]나 yargs[6] [7] 문서에 자세하게 설명돼 있으므로 참고하기 바랍니다.

그럼 [예제 5-5]를 실행해보겠습니다.

```
$ node index.js --name
# yargs를 이용해 name 옵션을 얻을 수 있다.
{ _: [], name: true, '$0': 'index.js' }
cli_test

# yargs는 --version 옵션을 제공한다. 자동으로 package.json의 버전을 읽어 버전을 표시
할 수 있다.
$ node index.js --version
1.0.0
```

yargs에서 `name` 옵션을 얻을 수 있게 됐으므로 `process.argv`에서 직접 판정하던 위치를 yargs로 치환할 수 있습니다.

예제 5-6 index.js

```
const path = require('path');
const fs = require('fs');
const yargs = require('yargs/yargs');
```

---

4 hideBin은 단순한 줄임말이 아닙니다. 일렉트론(Electron) 프레임워크 등을 사용했을 때 `procces.argv`에서 발생하는 차이를 해소하는 기능도 포함합니다. https://github.com/electron/electron/issues/4690

5 https://nodejs.org/en/learn/command-line/accept-input-from-the-command-line-in-nodejs#accept-input-from-the-command-line-in-nodejs

6 https://github.com/yargs/yargs#usage

7 https://github.com/yargs/yargs/blob/v17.6.2/lib/utils/process-argv.ts

```
const { hideBin } = require('yargs/helpers');

const { argv } = yargs(hideBin(process.argv));

const packageStr = fs.readFileSync(path.resolve(__dirname, 'package.json'), {
 encoding: 'utf-8' });
const package = JSON.parse(packageStr);

/*
const nameOption = process.argv.includes('--name');

if (nameOption) {
  console.log(package.name);
} else {
  console.log('옵션이 없습니다.');
}
*/

if (argv.name) {
  console.log(package.name);
} else {
  console.log('옵션이 없습니다.');
}
```

다음으로 파일 이름을 지정하는 옵션을 추가해봅니다.

예제 5-7 index.js

```
const path = require('path');
const fs = require('fs');
const yargs = require('yargs/yargs');
const { hideBin } = require('yargs/helpers');

const { argv } = yargs(hideBin(process.argv))
  // 옵션 설명 추가
  .option('name', {
    describe: 'CLI 이름을 표시'
  })
  .option('file', {
    describe: '마크다운 파일 경로'
  });

const packageStr = fs.readFileSync(path.resolve(__dirname, 'package.json'), {
```

```
  encoding: 'utf-8' });
const package = JSON.parse(packageStr);

if (argv.file) {
  console.log(argv.file);
} else if (argv.name) {
  console.log(package.name);
} else {
  console.log('옵션이 없습니다.');
}
```

이렇게 .option('optionname'으로 지정하면 argv 객체에 설명이나 기본값 등을 추가할 수
있습니다. 여기에서는 도움말에 표시되는 설명을 추가했습니다.

```
# name 옵션과 file 옵션이 도움말에 추가돼 있는 것을 확인
$ node index.js --help
Options:
  --help     Show help                                          [boolean]
  --version  Show version number                                [boolean]
  --name     CLI 이름을 표시
  --file     마크다운 파일 경로

# file 옵션의 내용이 출력되는 것을 확인
$ node index.js --file=./article.md
./article.md
```

이제 읽을 파일 이름을 지정하는 부분을 완성했습니다. 다음은 실제 지정한 파일을 읽어보겠습
니다.

5.3.2 마크다운 파일 읽기

마크다운 읽기를 구현합니다. 먼저 읽을 마크다운 파일을 작성합니다.

```
# 제목

hello!

**테스트**
```

```
```javascript
const foo = 'bar';
```
```

작성한 파일은 작업 디렉터리에 배치합니다. 파일 이름은 article.md로 지정했습니다.

```
directory/
├──── article.md
├──── index.js
├──── package.json
└──── package-lock.json
```

파일 읽기는 [예제 5-4]와 마찬가지로 fs 모듈을 이용합니다.

예제 5-8 index.js

```javascript
const path = require('path');
const fs = require('fs');
const yargs = require('yargs/yargs');
const { hideBin } = require('yargs/helpers');

const { argv } = yargs(hideBin(process.argv))
  .option('name', {
    describe: 'CLI 이름을 표시'
  })
  .option('file', {
    describe: '마크다운 파일 경로'
  });

// name 옵션의 동작을 이동
if (argv.name) {
  const packageStr = fs.readFileSync(path.resolve(__dirname, 'package.json'), {
encoding: 'utf-8' });
  const package = JSON.parse(packageStr);

  console.log(package.name);
  // name 옵션이 들어 있는 경우 다른 옵션을 이용하지 않으므로 정상 종료시킨다.
  process.exit(0);
}

// 지정된 마크다운 파일을 읽는다.
const markdownStr = fs.readFileSync(path.resolve(__dirname, argv.file), {
```

```
  encoding: 'utf-8' });
console.log(markdownStr);
```

코드를 실행하면 지정한 파일을 확실하게 읽습니다.

```
$ node index.js --file=./article.md
# 제목

hello!

**테스트**

```javascript
const foo = 'bar';
```
```

5.3.3 파일 분할

코드가 다소 길어졌으므로 보기 좋게 파일을 분할하겠습니다.

디렉터리 구성은 다음과 같습니다.

```
directory/
├── lib/
│   ├── name.js
│   └── file.js
├── article.md
├── index.js
├── package.json
└── package-lock.json
```

앞의 코드를 함수화해서 lib 디렉터리로 꺼냅니다.

예제 5-9 lib/name.js

```
const path = require('path');
const fs = require('fs');
// package.json이 1단계 위가 됐으므로 상대 경로를 1단계 위로 올린다.
```

```
const packageStr = fs.readFileSync(path.resolve(__dirname, '../package.json'), {
encoding: 'utf-8' });
const package = JSON.parse(packageStr);

exports.getPackageName = () => {
  return package.name;
};
```

마크다운 파일을 읽는 함수에서는 절대 경로를 인수로 받습니다.

예제 5-10 lib/file.js

```
const fs = require('fs');

// 인수로 파일의 절대 경로를 받는다.
exports.readMarkdownFileSync = (path) => {
  // 지정된 마크다운 파일을 읽는다.
  const markdownStr = fs.readFileSync(path, { encoding: 'utf-8' });

  return markdownStr;
};
```

이것을 index.js에서 호출하도록 수정하면 다음과 같습니다.

예제 5-11 index.js

```
const path = require('path');
const yargs = require('yargs/yargs');
const { hideBin } = require('yargs/helpers');
const { getPackageName } = require('./lib/name');
const { readMarkdownFileSync } = require('./lib/file')

const { argv } = yargs(hideBin(process.argv))
  .option('name', {
    describe: 'CLI 이름을 표시'
  })
  .option('file', {
    describe: '마크다운 파일 경로'
  });

if (argv.name) {
  const name = getPackageName()
```

```
    console.log(name);
    process.exit(0);
}

// 절대 경로를 지정해 파일을 읽는다.
const markdownStr = readMarkdownFileSync(path.resolve(__dirname, argv.file));
console.log(markdownStr);
```

여기에서 readMarkdownFileSync에 전달하는 인수를 파일 이름이 아닌 절대 경로로 받은 것에는 이유가 있습니다. readMarkdownFileSync는 lib 디렉터리에 있으므로 파일 이름만 전달하면 함수가 어떤 디렉터리의 어떤 파일을 읽어야 하는지 알 수 없습니다. 만약 파일 이름만 전달하면 '암묵적으로 실행 디렉터리에 의존하는' 함수가 됩니다. 5.5.3절에서도 다루었지만 암묵적인 의존은 테스트를 작성하기 어렵습니다.

따라서 함수 호출 소스로 경로를 지정하면 함수의 암묵적인 의존을 줄일 수 있습니다. 또한 유지보수성도 높아집니다. 이제 무사히 파일을 읽을 수 있습니다.

```
$ node index.js --file=./article.md
# 제목

hello!

**테스트**

```javascript
const foo = 'bar';
```
```

5.3.4 HTML 파일을 생성하기

다음은 읽은 마크다운 파일을 HTML 파일로 변환하는 기능을 만들어보겠습니다. 마크다운 파일을 HTML로 변환하는 npm 모듈에는 여러 가지가 있습니다. 여기에서는 marked[8]를 사용합니다.

```
$ npm install marked
```

[예제 5-10]에서 마크다운 파일을 읽는 기능을 가진 lib/file.js에 HTML을 쓰는 writeHtmlFileSync 함수를 추가합니다.

예제 5-12 lib/file.js

```
const fs = require('fs');

// 인수로 파일의 절대 경로를 받는다.
exports.readMarkdownFileSync = (path) => {
  // 지정된 마크다운 파일을 읽는다.
  const markdownStr = fs.readFileSync(path, { encoding: 'utf-8' });

  return markdownStr;
};

// 지정한 경로에 HTML을 쓴다.
exports.writeHtmlFileSync = (path, html) => {
  fs.writeFileSync(path, html, { encoding: 'utf-8' });
};
```

출력하는 파일 이름을 옵션으로 받게 하고 마크다운을 HTML 파일로 변환하는 처리를 작성합니다.

yargs에서 옵션의 기본값을 설정하기

yargs에서는 옵션의 기본값을 설정할 수 있습니다. 여기에서는 out 옵션으로 출력한 HTML 파일의 이름을 자유롭게 결정할 수 있도록 했습니다. 입력이 없는 경우에는 기본값 article.html이 적용됩니다.

---

8 https://www.npmjs.com/package/marked

```
const path = require('path');
const { marked } = require('marked'); // marked를 추가
const yargs = require('yargs/yargs');
const { hideBin } = require('yargs/helpers');
const { getPackageName } = require('./lib/name');
const { readMarkdownFileSync, writeHtmlFileSync } = require('./lib/file')

const { argv } = yargs(hideBin(process.argv))
  .option('name', {
    describe: 'CLI 이름을 표시'
  })
  .option('file', {
    describe: '마크다운 파일 경로'
  })
  // out 옵션 추가
  .option('out', {
    describe: 'html file',
    default: 'article.html'
  });

if (argv.name) {
  const name = getPackageName()
  console.log(name);
  process.exit(0);
}

const markdownStr = readMarkdownFileSync(path.resolve(__dirname, argv.file));
// 마크다운을 HTML로 변환
const html = marked(markdownStr);

// HTML 파일에 쓰기
writeHtmlFileSync(path.resolve(__dirname, argv.out), html);
```

readMarkdownFileSync 함수에서 마크다운 파일을 문자열로 읽고 marked 모듈에 전달해 HTML로 만듭니다. 그다음 HTML로 만든 결과를 writeHtmlFileSync 함수로 파일에 씁니다.

```
$ node index.js --file=./article.md
$ cat article.html
<h1 id="제목">제목</h1>
<p>hello!</p>
```

```html
<p><strong>테스트</strong></p>
<pre><code class="language-javascript">const foo = &#39;bar&#39;;
</code></pre>
```

이것으로 마크다운 파일로 HTML 파일을 생성하는 CLI를 만들었습니다. 이제 code 태그에 직접 스타일을 할당해도 되고 prismjs와 같은 모듈로 꾸미는 것도 좋을 것입니다.[9]

◆ COLUMN ▶

셔뱅

저는 컴파일이 필요없는 스크립트 언어와 CLI 도구의 상성이 좋다고 생각합니다. 코드를 작성하자마자 테스트할 수 있고, 수정이 필요할 경우 그 자리에서 바로 동작을 추가하고 변경할 수 있기 때문입니다. 빠르게 조작하고 싶을 때 CLI의 특성으로 매우 뛰어나다고 할 수 있습니다.

Node.js로 CLI를 사용할 때 셔뱅shebang을 이용하면 편의성을 한층 높일 수 있습니다. 실행 환경이 리눅스나 맥OS의 경우 1번째 행에 셔뱅을 작성하면 스크립트를 더 짧은 명령으로도 실행할 수 있습니다.

셔뱅이란 소스 파일의 1번째 행에 쓰는 #!/bin/bash와 같은 것입니다. '이 스크립트를 실행하는 것은 이 명령어이다'라는 조작을 지정할 수 있습니다. 예를 들어 #!/bin/bash는 '이 스크립트는 bash로 실행한다'라고 선언하는 의미입니다.

앞서 만든 CLI의 index.js의 1번째 행에 셔뱅을 작성해보겠습니다.

예제 5-14 index.js

```
#!/usr/bin/env node
const path = require('path');
const { marked } = require('marked');
const yargs = require('yargs/yargs');
const { hideBin } = require('yargs/helpers');
const { getPackageName } = require('./lib/name');
const { readMarkdownFileSync, writeHtmlFileSync } = require('./lib/file')

const { argv } = yargs(hideBin(process.argv))
  .option('name', {
    describe: 'CLI 이름을 표시'
```

---

9 https://prismjs.com/

```
  })
  .option('file', {
    describe: '마크다운 파일 경로'
  })
  .option('out', {
    describe: 'html file',
    default: 'article.html'
  });

if (argv.name) {
  const name = getPackageName()
  console.log(name);
  process.exit(0);
}

const markdownStr = readMarkdownFileSync(path.resolve(__dirname, argv.file));
const html = marked(markdownStr);

writeHtmlFileSync(path.resolve(__dirname, argv.out), html);
```

이것으로 '사용자의 경로에 들어 있는 node를 사용해 이 CLI를 실행하라'고 지정할 수 있습니다. 즉 다음과 같이 실행할 수 있습니다.

```
# 실행 권한 필요
$ chmod 744 index.js
$ ./index.js --file=./article.md
```

동작을 확인했다면 명령어 이름을 수정해봅니다. 알아보기 쉬운 명령어로 설정하면 사용하기 편리합니다.

```
$ cp index.js create-article
$ ./create-article --file=./article.md
```

셔뱅은 Node.js의 기능은 아니지만 기억해두면 CLI 도구를 만들 때 도움이 될 것입니다.

5.4 Node.js의 린트

기능을 구현하는 것뿐이라면 여기까지의 내용으로도 충분합니다. 하지만 실제 개발에서는 만들고 끝나는 것이 아니라 유지보수와 운용이 기다리고 있습니다. 유지보수성을 높이기 위해 코드 품질을 일관되게 지키는 것은 매우 중요합니다. 이를 위해 코드 규약 등을 정적으로 결정하는 린트Lint 도구를 이용합니다.

현재 자바스크립트 표준에서는 ESLint[10]를 널리 사용합니다. 앞에서 작성한 코드에 ESLint를 도입해보겠습니다.

5.4.1 개발에만 사용하는 패키지

먼저 문서대로 ESLint를 설치합니다.

```
$ npm install --save-dev eslint
```

명령에서 **--save-dev**라는 옵션이 처음 등장했습니다. package.json의 내용을 확인해봅니다.

```
$ cat package.json
{
  ...
  "dependencies": {
    "marked": "^4.2.4",
    "yargs": "^17.6.2"
  },
  "devDependencies": {
    "eslint": "^8.29.0"
  }
  ...
}
```

---

10 https://eslint.org/

이제까지 CLI에서 이용되던 marked와 yargs는 dependencies에 기입돼 있습니다. 하지만 eslint는 devDependencies라는 영역에 기입돼 있습니다. dependencies는 애플리케이션을 구성하는 모듈을 기록하고, devDependencies는 개발에 필요한 모듈을 기록하기 위한 속성입니다.

이것은 npm install에 이용할 수 있는 --production 옵션에서 활성화할 수 있습니다. eslint는 개발할 때는 필요하지만 실제로 배포되는 서버 환경에는 필요없습니다. --production 옵션으로 설치하면 그런 모듈을 배포 환경에 설치하지 않으므로 필요한 용량을 억제할 수 있습니다.

5.4.2 ESLint 이용

eslint(ESLint)를 이용하려면 설정 파일이 필요합니다. .eslintrc.js, .eslintrc.yml, .eslintrc.json과 같은 형식을 이용할 수 있습니다. 프로젝트에 아직 설정 파일이 없다면 --init 옵션을 이용해 대화형으로 설정 파일을 생성할 수 있습니다.

먼저 Node.js용으로 최소한의 규칙을 설정해 동작을 확인해보겠습니다. 여기에서는 문자열을 작은따옴표로 정의한 모드를 의도적으로 거르기 위해 큰따옴표가 아니면 에러가 나도록 규칙을 정의합니다.

예제 5-15 .eslintrc.js

```
module.exports = {
  env: {
    commonjs: true,
    es2021: true,
    node: true
  },
  parserOptions: {
    ecmaVersion: 12
  },
  rules: {
    quotes: ['error', 'double']
  }
};
```

실제로 eslint를 사용해보겠습니다. npm을 사용해 설치된 명령어는 ./node_modules/.bin/에 저장돼 있습니다.

```
$ ./node_modules/.bin/eslint *.js lib/**/*.js

/home/koh110/dev/nodejs-book/sample/ch03/cli_test/index.js
   2:22  error  Strings must use doublequote quotes
   3:28  error  Strings must use doublequote quotes
   4:23  error  Strings must use doublequote quotes
   5:29  error  Strings must use doublequote quotes
   6:36  error  Strings must use doublequote quotes
   7:61  error  Strings must use doublequote quotes
  10:11  error  Strings must use doublequote quotes
  11:15  error  Strings must use doublequote quotes
  13:11  error  Strings must use doublequote quotes
  14:15  error  Strings must use doublequote quotes
  16:11  error  Strings must use doublequote quotes
  17:15  error  Strings must use doublequote quotes
  18:14  error  Strings must use doublequote quotes

/home/koh110/dev/nodejs-book/sample/ch03/cli_test/lib/file.js
   1:20  error  Strings must use doublequote quotes
   6:57  error  Strings must use doublequote quotes
  13:44  error  Strings must use doublequote quotes

/home/koh110/dev/nodejs-book/sample/ch03/cli_test/lib/name.js
   1:22  error  Strings must use doublequote quotes
   2:20  error  Strings must use doublequote quotes
   4:57  error  Strings must use doublequote quotes
   4:89  error  Strings must use doublequote quotes

✖ 20 problems (20 errors, 0 warnings)
  20 errors and 0 warnings potentially fixable with the `--fix` option.
```

지금까지의 코드는 문자열을 작은따옴표로 선언했으므로 큰따옴표로 설정하라는 에러가 발생합니다. 따라서 설정을 작은따옴표로 바꿔보면 에러가 사라집니다.

예제 5-16 .eslintrc.js의 quotes 설정

```
module.exports = {
  ...
```

```
    rules: {
      quotes: ['error', 'single']
    }
  };
```

설정을 플러그인으로 읽을 수도 있습니다. 예를 들어 eslint에 내장된 권장 설정을 읽으려면 다음과 같이 지정합니다.

예제 5-17 .eslintrc.js에서 권장 설정 읽기

```
  module.exports = {
    extends: 'eslint:recommended',
    ...
  };
```

npm 스크립트로 실행을 효율화

eslint는 매우 강력한 도구입니다. 그러나 매번 인수나 옵션을 지정하는 것은 번거롭습니다. 여러 사람이 참여하는 프로젝트에서는 실행 방법을 공유하는 것도 쉽지 않습니다. 이에 누구나 실행하기 쉽도록 npm의 scripts를 이용해 바로 가기를 등록합니다.

package.json의 scripts 속성에 lint라는 매개변수와 명령어를 등록합니다.

```
  {
    ...
    "scripts": {
      "lint": "eslint *.js lib/**/*.js",
      "test": "echo \"Error: no test specified\" && exit 1"
    },
    ...
  }
```

여기에서 등록한 명령은 npm run lint와 같이 별명alias으로 호출할 수 있습니다.

```
  $ npm run lint

  > cli_test@1.0.0 lint /home/xxx/dev/cli_test
  > eslint *.js lib/**/*.js
```

```
/home/xxx/dev/cli_test/index.js
   4:23 error Strings must use doublequote quotes
   5:29 error Strings must use doublequote quotes
```

이렇게 별명으로 등록하면 누가 실행하더라도 같은 인수와 옵션으로 린트를 적용할 수 있습니다. scripts에 기재한 명령어는 ./node_modules/.bin의 경로도 해결할 수 있으므로 더 짧게 작성할 수 있습니다.

그리고 최근에는 많은 편집기들이 플러그인을 통해 어떤 부분이 린트를 위반했는지 시각적으로 표시하기도 합니다.

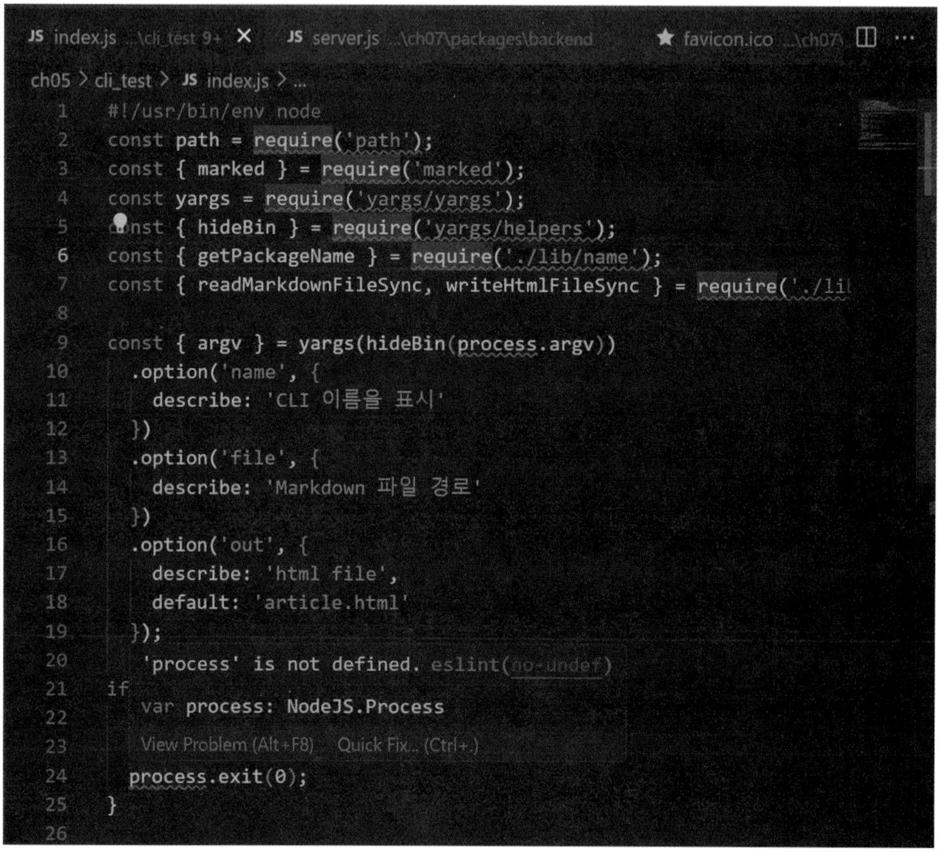

그림 5-1 VS Code에서의 린트 표시 예

5.5 Node.js의 테스트

린트도 유지보수성 향상을 위해서는 중요한 요소이지만, 직관적으로 코드의 로직이나 품질을 유지하기 위해 필요한 것은 테스트입니다. 애플리케이션을 만들 때 테스트 기능은 필수입니다. 여기서는 Node.js의 테스트를 익혀보겠습니다.

5.5.1 표준 모듈을 이용한 테스트

먼저 표준 모듈을 사용한 매우 간단한 테스트를 작성해보겠습니다. Node.js의 표준 모듈에는 어서션 함수를 제공하는 assert[11] 모듈이 있습니다.

우선 값끼리 비교할 때 자주 이용하는 assert.strictEqual 예제를 작성해보겠습니다.

예제 5-18 sample.test.js

```
const assert = require('assert');

assert.strictEqual(1 + 2, 3, '1 + 2 = 3이다.');
```

assert.strictEqual은 1번째 인수와 2번째 인수가 같은지 비교하는 함수입니다. 3번째 인수에는 어서션 실패 시 표시되는 메시지를 지정할 수 있습니다. [예제 5-18]은 실패하지 않으므로 실행하면 아무 일도 일어나지 않고 실행이 완료됩니다.

```
$ node sample.test.js # 아무 일도 일어나지 않는다.
```

그럼 의도적으로 [예제 5-18]이 실패하도록 수정해보겠습니다.

예제 5-19 sample.test.js

```
const assert = require('assert');

// assert.strictEqual(1 + 2, 3, '1 + 2 = 3이다.');
assert.strictEqual(1 + 1, 3, '1 + 1 = 3이다.');
```

---

[11] https://nodejs.org/api/assert.html

수정한 코드를 실행하면 어서션이 실패합니다.

```
$ node sample.test.js
assert.js:105
  throw new AssertionError(obj);
  ^

AssertionError [ERR_ASSERTION]: '1 + 1 = 3이다.'
    at Object.<anonymous> (/home/xxx/dev/cli_test/sample.test.js:3:8)
    at Module._compile (internal/modules/cjs/loader.js:1068:30)
    at Object.Module._extensions..js (internal/modules/cjs/loader.js:1097:10)
    at Module.load (internal/modules/cjs/loader.js:933:32)
    at Function.Module._load (internal/modules/cjs/loader.js:774:14)
    at Function.executeUserEntryPoint [as runMain] (internal/modules/run_main.
js:72:12)
    at internal/main/run_main_module.js:17:47 {
  generatedMessage: false,
  code: 'ERR_ASSERTION',
  actual: 2,
  expected: 3,
  operator: 'strictEqual'
}
```

실패하면 AssertionError가 throw되면서 3번째 인수에 지정한 메시지가 표시됩니다. 3번째 인수는 옵셔널이지만, 실패했을 때 어떤 어서션에서 실패했는지 쉽게 알 수 있도록 가능한 한 입력하는 것을 권장합니다.

assert 모듈에는 객체를 비교하는 assert.deepStrictEqual도 있습니다.

예제 5-20 sample.test.js

```
const assert = require('assert');

const obj1 = {
  a: {
    b: 1
  }
};

const obj2 = {
  a: {
    c: 1
```

```
    }
};
```

```
assert.deepStrictEqual(obj1, obj2, '객체가 같다.');
```

assert 모듈에는 몇 가지 어서션 함수가 있습니다. 여기에서 소개한 2가지 함수의 공통 키워드는 strict입니다. 사실 assert 모듈에는 strict를 제외한 assert.equal이나 assert.deepEqual 등도 있습니다. 하지만 이 함수들은 Node.js 문서에서도 사용을 권장하지 않습니다.

2.2.2절에서 살펴봤듯이 자바스크립트의 비교 연산자에는 ==와 ===가 존재합니다. strict가 붙은 어서션 함수는 엄격한 비교(===)를 이용합니다. 이 차이는 애플리케이션에서도 중요하지만, 테스트에서는 특히 중요합니다.

이번에는 숫자와 문자열을 비교하는 테스트 케이스를 예로 들어보겠습니다.

예제 5-21 sample.test.js

```
const assert = require('assert');
assert.equal(1, '1', '숫자와 문자열의 비교'); // OK
assert.strictEqual(1, '1', '숫자와 문자열의 비교(strict)'); // NG
```

assert.equal에서는 숫자와 문자열을 ==로 비교하기 때문에 테스트를 통과합니다. 이런 단순한 테스트는 굳이 strict로 비교할 필요가 없다고 보일 수도 있습니다. 그러나 이것이 데이터베이스에서 얻은 값을 비교하는 테스트라고 한다면 숫자인지 문자열인지 구별하는 것이 중요해집니다.

이런 실수는 하지 않을 것이라고 생각하는 분이 있을지도 모릅니다. 하지만 오랫동안 자바스크립트를 써온 많은 사람이 생각지 못한 위치에서 문자열의 결합이 나타나 숫자여야 할 것이 어느새 문자열이 되는 상황을 경험합니다. 저 역시 처음에는 코드에 문제가 없었지만 수정을 하면서 생각지 못한 타입 변환(캐스팅)가 발생하는 상황을 여러 차례 경험했습니다.[12]

이처럼 무심코한 실수를 방지한다는 의미에서라도 테스트 코드는 중요합니다. 그래서 기본적으로 assert 테스트에서 비교를 할 때는 엄격한 비교(strict)를 이용하는 편이 좋습니다.

------

12 최근에는 타입스크립트의 도입 등으로 줄어들었습니다.

5.5.2 테스트 러너

테스트는 assert 모듈만으로도 작성할 수는 있습니다. 실제로 Node.js 본체 코드는 assert를 이용해 작성됩니다. 그러나 assert 모듈이 제공하는 함수는 상당히 저수준입니다. 애플리케이션을 테스트할 때는 순서대로 테스트를 실행하거나, 테스트마다 공통으로 전처리를 수행하는 경우가 많습니다. 애플리케이션 코드뿐만 아니라 테스트 사양까지 매번 직접 작성해야 한다면 비용이 점점 높아집니다. 따라서 이런 테스트가 필요한 유스케이스에서는 테스트 러너가 일괄로 제공하는 API를 사용해 간략하게 만들면 됩니다.

Node.js의 테스트 러너로는 제스트Jest[13], 모카mocha[14] 등이 유명합니다. 여기에서는 제스트(jest)를 이용해 설명합니다.[15] jest는 테스트 실행 관리뿐만 아니라 목(mock)이나 어서션 함수도 제공합니다.

린트와 마찬가지로 애플리케이션 자체에는 필요하지 않으므로 devDependencies에 저장합니다. 설치를 완료했다면 프로젝트 상단에 간단한 테스트 파일을 작성해보겠습니다.

```
$ npm install --save-dev jest
```

예제 5-22 sample.test.js

```
test('sample test', () => {
  expect(1 + 2).toStrictEqual(3);
});
```

위 코드는 1 + 2 = 3이 올바른지 테스트합니다. test 함수와 expect 함수는 jest 명령어를 실행할 때 자동으로 전역에 추가됩니다. expect는 assert 모듈과 같은 역할을 합니다.[16]

lint와 마찬가지로 호출용 테스트 명령을 package.json에 추가합니다.

---

13 https://jestjs.io/
14 https://mochajs.org/
15 모카는 과거부터 자바스크립트의 테스트 러너로 이용됐으며 브라우저에서 동작하고, 고속으로 동작하는 등의 장점이 있습니다. 제스트에 비해 단순한 기능으로 구성돼 목 작성보다 세세한 테스트에서는 다른 모듈과 조합하는 것이 일반적입니다. 여기에서는 설명을 간략하게 하기 위해 해당 기능들이 내장된 제스트를 사용해 설명합니다.
16 https://jestjs.io/docs/expect

```
{
  ...
  "scripts": {
    "lint": "eslint *.js lib/**/*.js",
    "test": "jest"
  },
  ...
}
```

lint를 실행할 때는 npm run lint와 run 키워드를 사용해야 했지만, test는 예약돼 있는 특수한 키워드로 run을 생략할 수 있습니다.

```
$ npm test

> cli_test@1.0.0 test
> jest

 PASS ./sample.test.js
  ✓ sample test (4 ms)

Test Suites:  1 passed, 1 total
Tests:        1 passed, 1 total
Snapshots:    0 total
Time:         0.415 s, estimated 1 s
Ran all test suites.
```

jest는 기본값으로 *.test.js라는 이름 규칙의 파일을 테스트 파일로 자동 실행합니다. 위 결과에서는 sample.test.js를 실행해 sample test의 테스트가 PASS했음을 알 수 있습니다.

이번에는 의도적으로 테스트가 실패하도록 테스트 파일을 수정해보겠습니다.

예제 5-23 sample.test.js

```
test('sample test', () => {
  // expect(1 + 2).toStrictEqual(3);
  expect(1 + 2).toStrictEqual(2);
});
```

다시 테스트 명령을 실행하면 **FAIL** 결과가 나오고 에러의 위치를 표시합니다.

```
$ npm test

> cli_test@1.0.0 test
> jest

 FAIL ./sample.test.js
  ✕ sample test (8 ms)
  ● sample test

    expect(received).toStrictEqual(expected) // deep equality

    Expected: 2
    Received: 3

      1 | test('sample test', () => {
      2 |   // expect(1 + 2).toStrictEqual(3);
    > 3 |   expect(1 + 2).toStrictEqual(2);
        |                 ^
      4 | });
      5 |

      at Object.<anonymous> (sample.test.js:3:17)

Test Suites:  1 failed, 1 total
Tests:        1 failed, 1 total
Snapshots:    0 total
Time:         0.567 s, estimated 1 s
Ran all test suites.
```

테스트가 실패한 것을 확인했다면 테스트가 통과하도록 원래대로 복원합니다.

여기까지 테스트 러너를 사용해 기본 테스트를 다루어보았습니다.

5.5.3 CLI의 테스트

lib/file.js에 테스트를 추가하고, 모듈 테스트 방법을 설명합니다.

테스트 파일을 저장하는 위치는 test 디렉터리를 이용하는 방법과 앞의 예제와 같이 *.test.

js 등의 파일 이름으로 구별하는 방법이 있습니다. 각각 장단점이 있어 어떤 것이 정답이라고 말할 수는 없지만, 여기에서는 테스트를 수행할 파일과 *.test.js를 같은 계층에 배치하는 방법을 사용합니다. 같은 디렉터리에 배치하면 파일과 대응하는 테스트 파일을 쉽게 알 수 있고, 모듈을 목으로 만들 때 상대 경로 등을 동일하게 설정할 수 있는 장점이 있어 저는 이 방법을 선호합니다.[17]

먼저 존재하지 않는 파일인 test.md를 참조하는 테스트를 작성합니다. 테스트 대상 함수를 require로 가져옵니다.

예제 5-24 lib/file.test.js

```
const { readMarkdownFileSync } = require('./file');

test('readMarkdownFileSync', () => {
  readMarkdownFileSync('test.md');
});
```

이 테스트를 실행하면 가져올 파일이 존재하지 않으므로 readMarkdownFileSync에서는 당연히 에러가 발생하고 테스트는 실패합니다.

```
$ npm test

> cli_test@1.0.0 test
> jest

 PASS ./sample.test.js
 FAIL lib/file.test.js
  ● readMarkdownFileSync

    ENOENT: no such file or directory, open 'test.md'

    4 |  exports.readMarkdownFileSync = (path) => {
    5 |    // 지정된 마크다운 파일을 읽는다.
  > 6 |    const markdownStr = fs.readFileSync(path, { encoding: 'utf-8' });
      |                         ^
    7 |
```

---

17 test 디렉터리에 모으면 테스트 파일이 해당 디렉터리에만 존재한다는 의도를 전달하기 쉽습니다. 예를 들어 도커 이미지를 작성하는 경우 디렉터리마다 제외하면 이미지 크기를 간단하게 줄일 수 있습니다.

```
  8 |   return markdownStr;
  9 | };
    at readMarkdownFileSync (lib/file.js:6:26)
    at Object.<anonymous> (lib/file.test.js:4:3)

Test Suites: 1 failed, 1 passed, 2 total
Tests:       1 failed, 1 passed, 2 total
Snapshots:   0 total
Time:        0.601 s, estimated 1 s
Ran all test suites.
```

이번에는 테스트를 실행할 수 있도록 테스트용 시드 파일(test.md)을 준비합니다. 여기에서는 fixtures/test.md에 배치했습니다.

예제 5-25 fixtures/test.md

```
**bold**
```

예제 5-26 lib/file.test.js

```
const path = require('path')
const { readMarkdownFileSync } = require('./file');

test('readMarkdownFileSync', () => {
  // readMarkdownFileSync('test.md');
  const markdown = readMarkdownFileSync(path.resolve(__dirname, '../fixtures/test.md'));
  // 읽은 문자열이 fixture와 같은지 비교
  expect(markdown).toStrictEqual('**bold**');
});
```

실행 결과를 expect로 비교해 파일의 내용과 같은지 확인하는 테스트를 작성했습니다.

테스트를 작성할 때 '해당 코드에 대한 테스트를 작성하기 쉬운가'라는 관점은 매우 중요합니다. 예를 들어 readMarkdownFileSync의 인수가 절대 경로가 아닌 파일 이름뿐이었다면 어떻게 될까요? 이 경우 readMarkdownFileSync가 '암묵적으로 함수가 디렉터리 구성에 의존한다'는 상황이 됩니다.

그러면 향후 리팩터링을 했을 때 버그가 발생할 가능성이 있고, 테스트 관점에서는 fixtures/

text/md와 같이 원하는 위치에 배치하기 어려워집니다.[18]

여기에서는 구체적인 테스트 작성 방법과 테스트나 유지보수성을 위해서는 암묵적인 의존을 가능한 한 줄여야 한다는 것을 기억해둡시다.

COLUMN

포매터 – Prettier

Prettier[19]는 자바스크립트 코드 형태를 자동으로 정리하는 포매터formatter입니다.

프로젝트 안의 코드 규약을 정비하기 위해서는 ESlint를 이용합니다(5.4절). 하지만 ESLint가 지적한 위치를 손으로 일일이 수정하거나, 어떤 규칙을 적용할지 검토하는 작업은 고민스러운 부분입니다. Prettier는 일정한 규칙에 따라 코드 형태를 자동으로 정리할 수 있습니다. 코드를 일일이 수정하는 수고를 줄이고, 규칙을 고민하는 시간도 줄일 수 있습니다.[20]

코드 작성 방법은 개인마다 선호 차이가 있습니다. 코드 리뷰를 할 때 작성 방법 차이에 시간을 들이는 것보다 로컬에서는 자유롭게 작성하고 기계적으로 형태를 정리하는 것이 시간을 더욱 건설적으로 사용할 수 있을 것입니다.

또한 자바스크립트뿐만 아니라 타입스크립트나 다른 형식도 Prettier로 코드를 정리할 수 있습니다.

COLUMN

날짜 – Day.js

자바스크립트에 Date 타입이 있지만 표준 API는 상당히 빈약합니다. 유연하게 형태를 바꿔 표시하거나 파싱하는 등의 용도로는 사용하기 어렵습니다. 이런 경우 Day.js를 사용하면 편리합니다.[21]

예를 들어 표준 API만을 이용해 날짜를 2021/01/23 형식으로 표시하려면 다음과 같이 작성해야 합니다.

---

18 fs.readFileSync를 목으로 만들면 되지만 목은 가능하면 적게 만드는 편이 유지보수성이 높습니다.
19 https://prettier.io/
20 ESLint도 자동으로 형태를 정리하는 fix 옵션을 제공합니다.
21 https://day.js.org/

```
const date = new Date('2024-03-01');

// 월은 0에서 시작하므로 +1을 하고, 1번째 자리는 0으로 채운다.
const month = `${(date.getMonth() + 1)}`.padStart(2, '0');

const str = `${date.getFullYear()}/${month}/${date.getDate()}`;

// 2024-03-01
console.log(str);
```

또한 표준 API에서 `Intl.DateTimeFormat`[22]도 제공하지만 위와 같이 간단하게 형태를 변경하는 목적으로는 적합하지 않습니다.

Day.js는 다음과 같이 패턴을 문자열로 지정해 날짜 형태를 변경할 수 있습니다.

```
const dayjs = require('dayjs')

const str = dayjs('2024-03-01').format('YYYY/MM/DD')

// 2024-03-01
console.log(str)
```

과거부터 날짜 처리는 자바스크립트의 과제였으며 한때는 Moment.js[23] 모듈을 사실상 표준으로 이용했습니다.

하지만 오래된 모듈이기 때문에 많은 처리를 포함하는 파일의 크기가 늘어나는 등 현대 자바스크립트 환경에 맞춰 수정하는 것이 어려워졌습니다. 현재 Moment.js는 유지보수만 진행됩니다. Day.js는 Moment.js와 상당히 비슷한 API를 가지고 있으면서도 파일 크기는 매우 작아, 대부분의 코드에서 어렵지 않게 마이그레이션 할 수 있습니다.

Day.js 이외에 date-fns[24]도 많이 이용됩니다. 날짜 타입을 많이 다룬다면 이 두 가지 모듈 이용을 권장합니다.

22 https://developer.mozilla.org/en-US/docs/Web/JavaScript/Reference/Global_Objects/Intl/DateTimeFormat
23 https://momentjs.com/
24 https://date-fns.org/

6

익스프레스를 이용한 REST API 서버/ 웹 서버

5장에서는 CLI 도구를 만드는 방법을 통해 Node.js 프로젝트를 시작하는 방법부터 테스트 방법까지 설명했습니다. 이번 장에서는 드디어 Node.js의 강점인 네트워크 처리를 설명하기 위해 API 서버를 개발합니다.

다음 요건을 만족하는 애플리케이션을 작성합니다.

- /에 접근한 사용자에게 뷰 템플릿을 사용해 HTML을 반환한다.
- 레디스(Redis)에서 가져온 데이터를 기반으로 HTML을 반환한다.
- 서버가 중단되지 않도록 포괄적인 에러 핸들링을 한다.
- 브라우저에서 이용하는 정적 파일을 송신한다.
- 테스트가 실행된다.

4.5절에서도 조금 다루었지만 API 서버는 Node.js의 표준 모듈만으로도 구축할 수 있습니다.

예제 6-1 server.js

```
const http = require('http');

http
  .createServer((req, res) => {
    res.write('hello world\n');
    res.end();
  })
  .listen(3000);
```

하지만 http.createServer는 매우 저수준의 API입니다. 이대로는 라우팅이나 GET/POST와 같은 메서드별 구현처럼 애플리케이션 부분 이전에 구현해야 할 것이 많습니다. 특히 이번 장과 같이 API 서버를 작성할 때는 Node.js에서 사실상 표준인 익스프레스[1]를 이용하는 것이 좋습니다.

먼저 CLI와 마찬가지로 의존 관계를 관리하기 위해 package.json을 작성합니다.

```
$ mkdir server_test
$ cd server_test
$ npm init -y # 적절하게 설정
```

---

1 https://expressjs.com/

6.1 익스프레스 기초와 도입

익스프레스는 Node.js 등장 초기부터 널리 이용된 웹 프레임워크입니다. 상당히 최소화된 구조이지만 API를 작성하는 데 필요한 기능을 모두 갖추고 있습니다.

또한 최소화된 규모 덕분에 Node.js의 성능을 저하시키지 않는 장점이 있습니다. 이러한 특징 때문에 현재 널리 이용되는 Node.js용 다른 프레임워크도 익스프레스가 기반인 경우가 많습니다.

그럼 익스프레스를 설치하고 서버를 기동해보겠습니다.

```
$ npm install express
```

익스프레스로 서버를 기동하려면 먼저 모듈이 제공하는 기본 함수를 실행하고, 서버용 인스턴스를 생성합니다.

```
const express = require('express');
// 서버용 인스턴스를 생성
const app = express();
```

그다음 `app.get()`으로 라우트를 정의(라우팅)하고 `app.listen()`으로 서버를 기동하면 됩니다.

```
// 경로, 경로에 접근했을 때의 콜백(미들웨어)
app.get(path, callback)
```

```
// 포트, 기동했을 때(바인드했을 때)의 콜백
app.listen(port, callback)
```

다음 [예제 6-2]는 2개의 라우트를 추가한 코드입니다.

예제 6-2 server.js

```
const express = require('express');
const app = express();
```

```
// GET '/'(톱) 접근 시 동작
app.get('/', (req, res) => {
  res.status(200).send('hello world\n');
});

// GET '/user/:id'와 일치하는 GET의 동작
app.get('/user/:id', (req, res) => {
  res.status(200).send(req.params.id);
});

// 포트: 3000번에서 서버를 기동
app.listen(3000, () => {
  // 서버 기동 후에 호출되는 콜백
  console.log('start listening');
});
```

서버를 기동하면 listen의 2번째 인수의 콜백 함수가 실행됩니다.

```
$ node server.js
start listening
```

[예제 6-2]는 /의 경로에 GET으로 접근하면 상태 코드가 200, body가 hello world인 응답을 반환합니다.

```
$ curl http://localhost:3000
hello world

$ curl http://localhost:3000 --head
HTTP/1.1 200 OK
X-Powered-By: Express
Content-Type: text/html; charset=utf-8
Content-Length: 12
...
```

6.1.1 라우팅 첫걸음

익스프레스에서는 /user/:id와 같이 콜론(:)을 붙여 라우트를 정의하면 그 값을 변수로 받을 수 있습니다. req 객체의 params.id에서 사용자가 접근한 값을 받습니다.

```
$ curl http://localhost:3000/user/foo
foo
```

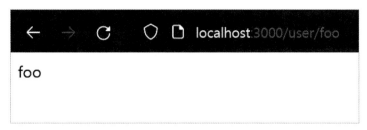

그림 6-1 사용자를 지정해 API에 접근

예를 들어 위와 같이 `http://localhost:3000/user/foo`로 접근하면 `req.params.id`는 foo가 됩니다.

설정하지 않은 라우트(다음 코드에서는 `/test`)에 접근하면 익스프레스의 기본 404 페이지가 표시됩니다.

```
$ curl http://localhost:3000/test
<!DOCTYPE html>
<html lang="en">
<head>
<meta charset="utf-8">
<title>Error</title>
</head>
<body>
<pre>Cannot GET /test</pre>
</body>
</html>
```

이렇게 익스프레스로 애플리케이션의 기초를 만들어봤습니다.

6.2 익스프레스의 필수 기능

익스프레스는 매우 작은 프레임워크입니다. 극단적으로 이야기하면 **익스프레스가 가진 기본 기능은 라우팅과 미들웨어 2가지 밖에 없습니다.** 익스프레스 애플리케이션은 기본적으로 이 2가지의 조합입니다.

여기에 포괄적인 에러 핸들링을 더하면 익스프레스를 모두 이해한 것과 다름없습니다. 따라서 이번 절에서는 다음 3가지를 설명합니다.

- 라우팅
- 미들웨어
- 포괄적 에러 핸들링

다음 예제는 라우팅, 미들웨어, 포괄적 에러 핸들링을 이용하는 최소한의 웹 서버입니다.

예제 6-3 server.js

```javascript
const express = require('express');
const app = express();

// 라우팅과 미들웨어
app.get('/', (req, res) => {
  res.status(200).send('hello world\n');
});

// 포괄적 에러 핸들링
app.use((err, req, res, next) => {
  res.status(500).send('Internal Server Error');
});

app.listen(3000, () => {
  console.log('start listening');
});
```

라우팅은 [예제 6-3]의 `app.get('/'` 부분에 해당합니다. 경로에 대응하는 미들웨어를 호출합니다.

```
app.get(경로, 미들웨어)
```

익스프레스에서 미들웨어는 요청(req)과 응답(res)을 나타내는 객체를 인수로 받는 함수입니다. 받은 요청에서 응답을 반환하거나 다음 미들웨어를 호출합니다.

포괄적 에러 핸들링은 익스프레스를 사용할 때 반드시 설정해야 하는 미들웨어입니다.

지금부터 각 요소들을 자세히 살펴보겠습니다.

6.2.1 미들웨어

익스프레스의 미들웨어란 요청 및 응답 시에 요청 객체(req)와 응답 객체(res)에 접근(취득, 조작)할 수 있는 함수를 말합니다.

req 객체에서 접근 시의 정보를 얻어 res 객체로 클라이언트에 값을 반환합니다.

```
(req, res) => {
  // 요청 헤더 foo에 전달된 값을 상태 코드 200으로 클라이언트에 반환한다.
  res.status(200).send(req.headers['foo'])
}
```

미들웨어는 연쇄적으로 다음 미들웨어를 호출할 수 있습니다.

```
// /foo에 접근이 발생하면 middlewareA -> middlewareB -> middlewareC 순서대로 호출된다.
app.get('/foo', middlewareA, middlewareB, middlewareC);
```

이처럼 여러 미들웨어를 연결하면 공통 처리를 모으는 기능을 제공합니다.

다음 미들웨어를 호출할 때는 3번째 인수에 전달되는 next 함수를 이용합니다.

```
(req, res, next) => {
  // API 토큰이 헤더에 없으면 상태 코드 403을 반환한다.
  if (!req.headers['api-token']) {
    return res.status(403).send('Forbidden');
  }
  // next(다음 미들웨어)를 호출한다.
  next()
}
```

또한 특수한 미들웨어로 포괄적 에러 핸들링이 있습니다. 이 경우에 1번째 인수는 에러 내용, 2번째 인수는 요청, 3번째 인수는 응답, 4번째 인수는 next를 받습니다. 이러한 인수의 패턴은 포괄적 에러 핸들링이 유일합니다. 사용 방법은 6.3절에서 설명하겠습니다.

```
(err, req, res, next) =>{
  // req, res
}
```

6.2.2 라우트 단위의 미들웨어

[예제 6-3]의 다음 부분을 확인해보겠습니다.

예제 6-4 app.get에서 라우트 단위의 미들웨어 설정

```
app.get('/', (req, res) => {
  res.status(200).send('hello world\n');
});
```

app.get('/', ...) 부분이 라우팅을 담당하는 부분이며 라우트와 처리를 연결합니다.

이때 2번째 인수에 전달하는 함수가 미들웨어입니다. 예제에서는 실제로 요청을 핸들링하는 핸들러를 전달했습니다.[2]

req에는 라우트(여기에서는 /)에 접근했을 때의 정보가 들어 있습니다. 응답은 res에서 만듭니다. res에는 응답을 반환하기 위한 각종 함수 등이 포함돼 있으며 메서드 체인으로 응답을 만들 수 있습니다.

```
(req, res) => {
  // 상태 코드 200으로 `hello world\n`을 보낸다.
  res.status(200).send('hello world\n');
}
```

---

2 핸들러는 미들웨어의 한 종류입니다. 라우트 마지막에 호출되는 req와 res만 사용하며 next를 호출하지 않는 미들웨어를 일반적인 미들웨어와 구별하기 위해 핸들러라고 부릅니다.

next를 이용한 미들웨어 호출

[예제 6-4]에서는 2번째 인수에 함수(미들웨어)를 전달했습니다. 그다음 3번째, 4번째 인수와 미들웨어는 app.get('/', ...) 부분에 계속해서 작성할 수 있습니다. 이처럼 app.get의 2번째 인수 이후에 여러 미들웨어를 전달하는 경우, 다음 인수의 미들웨어를 호출하려면 next()를 이용합니다.

미들웨어의 동작을 확인하기 위해 간단한 로그를 출력하는 미들웨어를 추가해보겠습니다. 앞서 작성한 핸들러 앞에 console.log를 수행하는 미들웨어를 추가합니다.

```
app.get(
  '/',
  // 추가한 미들웨어
  (req, res, next) => {
    console.log(req.method, req.url)
    next()
  },
  // 원래의 미들웨어
  (req, res) => {
    res.status(200).send('hello world\n')
  }
)
```

이번에 추가한 미들웨어는 이제까지의 미들웨어과 달리 3개의 인수(req, res, next)를 가집니다. 추가한 미들웨어는 요청된 메서드와 라우트를 console.log로 출력하고 next 함수를 호출합니다. next 함수를 호출함으로써 로그 출력 미들웨어의 실행이 종료됐음을 애플리케이션에 전달하고, 다음 처리(다음 인수의 미들웨어, 여기에서는 '원래의 미들웨어')를 진행합니다.

이 경우에는 응답을 반환하는 원래의 미들웨어(핸들러)가 호출됩니다.

미들웨어를 이용한 처리 공통화

미들웨어를 이용하면 함수 하나의 세분화를 줄이고, 각 라우트에 대한 공통된 로직을 분리할 수 있습니다.

예를 들어 미들웨어를 다른 라우트에서도 이용하려면 함수로 추출해서 개별적으로 지정할 수 있습니다.

```
const logMiddleware = (req, res, next) => {
  console.log(req.method, req.url);
  next();
};

app.get('/', logMiddleware, (req, res) => {
  res.status(200).send('hello world\n');
});

app.get('/user/:id', logMiddleware, (req, res) => {
  res.status(200).send(req.params.id);
});
```

미들웨어에서 에러 전달하기

미들웨어 안에서 발생하는 에러는 next 함수의 인수로 전달함으로써 포괄적인 에러 핸들링
(6.3절)으로 넘길 수 있습니다. /err에 접근하면 이를 확인할 수 있습니다.

예제 6-5 next에서의 포괄적인 에러 핸들링

```
const errorMiddleware = (req, res, next) => {
  next(new Error('미들웨어에서 에러'));
};

app.get('/err', errorMiddleware, (req, res) => {
  console.log('err 라우트');
  res.status(200).send('err 라우트');
});

// 인수 4개의 에러 핸들링
app.use((err, req, res, next) => {
  console.log(err);
  res.status(500).send('Internal Server Error');
});
```

이 밖에도 미들웨어는 HTTP 헤더 부여, 쿠키 처리 등 애플리케이션의 범용적인 공통 처리에
널리 이용됩니다.

6.2.3 미들웨어를 이용한 공통화

미들웨어를 이용한 공통화에 관해 조금 더 구체적으로 살펴보겠습니다.

애플리케이션 레벨의 미들웨어

미들웨어는 app.use로 정의하면 애플리케이션 레벨(모든 라우트) 단위로 설정할 수 있습니다.

```
// 모든 라우트에 적용된 미들웨어
app.use(미들웨어)
```

app.get과 app.use는 작성한 순서대로 호출됩니다.

```
app.use((req, res, next) => {
  console.log('가장 먼저 호출된다.');
  next();
});

app.get('/', (req, res) => {
  console.log('2번째로 호출된다.');
});
```

다음 예제는 애플리케이션 전체에 로그 출력 미들웨어를 설정하는 코드입니다.

예제 6-6 미들웨어를 정의하고 app.use로 선두에 정의

```
// 로그 출력 미들웨어
const logMiddleware = (req, res, next) => {
  console.log(Date.now(), req.method, req.url);
  next();
};

// 애플리케이션 전체에 설정
app.use(logMiddleware);

// app.get 등을 작성한다.
```

이 책에서는 파일을 분할하지 않았지만, 저는 middleware 디렉터리를 작성해서 공통 처리를 모으는 방법을 많이 사용합니다.

```
exports.logMiddleware = (req, res, next) => {
  console.log(Date.now(), req.method, req.url);
  next();
};
```

그 밖의 미들웨어를 이용한 공통화

이 밖에도 6.2.2절에서 살펴본 것처럼 미들웨어를 라우터 단위로 지정하거나, Router 객체 (6.7절 참고)로 모아서 지정할 수도 있습니다.

```
const logTimeMiddleware = (req, res, next) => {
  console.log(Date.now());
};

const logMethodMiddleware = (req, res, next) => {
  console.log(req.method);
};

// 경로에 설정
app.get('/', logTimeMiddleware, logMethodMiddleware, (req, res) => {
  res.status(200).send('hello world\n');
});

// Router 객체에 설정
const router = express.Router();
router.use(logTimeMiddleware)
```

6.2.4 미들웨어를 이용한 공통화 포인트

이렇게 미들웨어는 일정한 단위로 공통 처리를 모으는 데 편리합니다. 하지만 충분히 고려하지 않고 미들웨어를 늘리면 미들웨어끼리 의존하게 되거나, 실행 순서를 의식해야 하는 등 특정한 미들웨어가 호출되는 것을 전제로 한 핸들러를 만들어버리게 됩니다.[3]

암묵적으로 미들웨어에 의존하게 되면 모처럼 함수로 분리했음에도 실제로는 의존 관계에 있

---

3 완전히 미들웨어에 의존하지 않는 핸들러를 작성하는 것은 어렵습니다.

는 상황이 됩니다. 이는 유지보수에 있어 큰 단점입니다. 구체적인 단점과 의존 관계를 피하기 위한 설계에 관해서는 라우팅(6.7절)을 설명할 때 자세히 다루겠습니다.

미들웨어를 작성할 때는 큰 공통화가 가능한지, 최소로 필요한 숫자인지 의식하는 것으로 미들웨어가 무심코 늘어나지 않도록 합니다. 예를 들어 요청 바디를 파싱하는 body-parser[4], 쿠키를 파싱하는 cookie-parser, 애플리케이션을 보호하는 HTTP 헤더를 설정하는 helmet 같은 모듈은 어떤 애플리케이션에서도 이용할 수 있는 범용적인 처리의 좋은 예입니다.

- helmet[5]
- body-parser[6]
- cookie-parser[7]

6.3 포괄적인 에러 핸들링

포괄적인 에러 핸들링이란 이름 그대로 익스프레스의 라우트 전체에서 발생하는 에러 핸들링을 담당하는 기능입니다. 익스프레스에서는 4개의 인수를 가진 미들웨어를 정의해 포괄적인 에러 핸들링[8]을 수행할 수 있습니다.

예제 6-8 server.js

```
const express = require('express');
const app = express();

app.get('/', (req, res) => {
  res.status(200).send('hello world\n');
});

app.get('/user/:id', (req, res) => {
  res.status(200).send(req.params.id);
```

4 bodyParser는 익스프레스 본체에 포함돼 있으므로 npm으로 설치하지 않고 이용할 수 있습니다.
5 https://www.npmjs.com/package/helmet
6 https://www.npmjs.com/package/body-parser
7 https://www.npmjs.com/package/cookie-parser
8 https://expressjs.com/en/guide/error-handling.html#error-handling

```
});

// 포괄적인 에러 핸들링
app.use((err, req, res, next) => {
  res.status(500).send('Internal Server Error');
});

app.listen(3000, () => {
  console.log('start listening');
});
```

에러 핸들링 미들웨어는 **app.get** 등의 라우팅 후에 작성합니다. 그리고 **app.use** 안에서도 가장 마지막에 호출되도록 정의합니다.

위 예제에서 **err, req, next**는 함수에서 사용되지 않지만 인수에서 생략할 수 없습니다. '4개의 인수'라는 조건에 따라 애플리케이션이 포괄적인 에러 핸들링을 수행하기 때문에 반드시 필요합니다.

6.3.1 에러 핸들러의 처리 대상

에러 핸들러가 처리할 수 있는 대상은 '동기적 에러(예제 6-9 참고)'와 'next 함수의 인수에 에러 객체를 부여한 호출(예제 6-5 참고)'입니다.

예제 6-9 동기적 에러

```
// require 처리

app.get('/err', (req, res) => {
  throw new Error('동기적 에러');
  console.log('err 라우트');
  res.status(200).send('err 라우트');
});

app.use((err, req, res, next) => {
  console.log(err);
  res.status(500).send('Internal Server Error');
});

// app.listen...
```

실제로 접근해보면 상태 코드가 500으로 반환되는 것을 알 수 있습니다. 그리고 서버의 표준 출력에는 err 라우트라는 문자열이 표시되기 때문에, 에러가 발생한 시점에 처리가 미들웨어에서 직접 포괄적인 에러 핸들링으로 넘어간 것을 알 수 있습니다.

```
$ curl http://localhost:3000/err -v
...
< HTTP/1.1 500 Internal Server Error
...
Internal Server Error
```

마찬가지로 미들웨어에서 next 함수를 호출할 때 인수를 붙여 호출하면 포괄적인 에러 핸들링 처리까지 넘길 수 있습니다(예제 6-5 참고).

6.3.2 포괄적인 에러 핸들링과 비동기 에러

포괄적인 에러 핸들링에서는 비동기 에러를 잡아내지 못하므로 주의해야 합니다.[9] 이를 해결하는 방법은 6.12.1절에서 자세히 설명합니다.

```
// async 함수 안의 throw이므로 Promise.reject와 같다.
app.get('/', async (req, res) => {
  throw new Error('비동기에서 에러');
});

// 여기에서는 잡아낼 수 없다.
app.use((err, req, res, next) => {
  console.log(err);
  res.status(500).send('Internal Server Error');
});
```

6.3.3 포괄적인 에러 핸들링이 필요한 이유

포괄적인 에러 핸들링 설정을 직접 수행하지 않는 경우 내장된 기본 에러 핸들러가 호출됩니다. 기본 에러 핸들러는 스택 트레이스stack trace와 같은 애플리케이션의 정보를 클라이언트(브라

---

9 익스프레스 v5에서는 비동기 에러를 잡아낼 수 있습니다. 다만 이 책을 집필하는 시점에서는 v5가 릴리스 되지 않았습니다.

우저)로 반환합니다. 문제는 디렉터리 구성이 외부에 공개됩니다. 물론 그 즉시 문제가 발생하지는 않지만, 다른 정보와 결합해 공격에 이용될 수도 있습니다. 따라서 익스프레스 애플리케이션을 작성할 때는 기본적으로 포괄적인 에러 핸들링용 미들웨어를 직접 설정합니다.

6.4 데이터베이스 연동

데이터베이스와 조합해 API 서버를 구축해보겠습니다. 데이터베이스 안의 사용자 목록을 표시하는 /api/users를 작성해 데이터베이스와 서버를 연동 방법을 설명합니다.

여기에서는 데이터베이스 레디스^{Redis}를 사용합니다. 레디스 설치에 관해서는 공식 사이트[10]를 참고하기 바랍니다. 저는 데이터베이스 등의 개발 환경을 구축할 때는 도커^{Docker}를 자주 이용합니다. 이 책에서도 도커를 우선 이용합니다.[11]

```
$ docker run --rm -p 6379:6379 redis
1:C 06 Mar 2024 15:53:11.296 # oO0OoO00oO000o Redis is starting oO00oO00oO000o
1:C 06 Mar 2024 15:53:11.296 # Redis version=6.2.4, bits=64, commit=00000000,
modified=0, pid=1, just started
1:C 06 Mar 2024 15:53:11.296 # Warning: no config file specified, using the default
config. In order to specify a config file use redis-server /path/to/redis.conf
1:M 06 Mar 2024 15:53:11.296 * monotonic clock: POSIX clock_gettime
```

그다음 기동한 레디스 서버와 다른 셀에서 연결할 수 있는지 확인합니다. 다음과 같이 localhost:6379>에 대해 명령어를 입력할 수 있으면 준비 완료입니다.

```
$ docker run -it --rm --net host redis redis-cli -h localhost -p 6379
localhost:6379> set test_key test_value
OK
localhost:6379> keys *
1) "test_key"
```

----

10 https://redis.io/download

11 도커 컨테이너를 백그라운드로 실행하는 것을 원하지 않기 때문에 -d 옵션을 이용하지 않습니다. 도커에 대한 상세한 정보는 공식 문서 등을 참고하기 바랍니다.

```
localhost:6379> get test_key
"test_value"
```

[예제 6-8]의 서버 코드에 데이터를 쓰고 가져오는 기능을 추가해보겠습니다. 레디스 연결에는 ioredis[12]라는 모듈을 이용합니다.

```
$ npm install ioredis
```

6.4.1 레디스에 연결하기

ioredis를 사용해 로컬 레디스에 연결하는 코드를 추가합니다.

예제 6-10 server.js

```
const Redis = require('ioredis');
const express = require('express');
const app = express();

const redis = new Redis({
  port: 6379,
  host: 'localhost',
  password: process.env.REDIS_PASSWORD,
  enableOfflineQueue: false
});

app.get('/', (req, res) => {
  res.status(200).send('hello world\n');
});

app.get('/user/:id', (req, res) => {
  res.status(200).send(req.params.id);
});

redis.once('ready', () => {
  try {
    app.listen(3000, () => {
      console.log('start listening');
```

----

12 https://www.npmjs.com/package/ioredis

```
      });
    } catch (err) {
      console.error(err);
      process.exit(1);
    }
  });

  redis.on('error', (err) => {
    console.error(err);
    process.exit(1);
  });
```

이 코드에는 이제까지 다루지 않았던 몇 가지 주의해야 할 사항이 있으므로 하나씩 설명하겠습니다.

레디스 연결

먼저 레디스 연결 부분입니다. ioredis는 연결용 인스턴스를 작성할 때 옵션에 연결 대상 정보를 전달합니다.

```
const redis = new Redis({
  port: 6379,
  host: 'localhost',
  password: process.env.REDIS_PASSWORD,
  enableOfflineQueue: false
});
```

비밀번호를 다루는 위치에 지금까지 보지 못했던 process.env.XXX가 있습니다. Node.js의 process.env는 환경 변수를 전달하기 위한 전역 객체입니다.

예를 들어 다음 코드는 환경 변수 FOO의 내용을 출력합니다.

```
console.log(process.env.FOO);
```

아무것도 전달하지 않고 실행하면 FOO가 정의되지 않았으므로 undefined가 됩니다.

```
$ node index.js
undefined
```

FOO에 값을 전달해 실행하면 FOO의 내용이 출력됩니다.

```
$ FOO=FOO_VALUE node index.js
FOO_VALUE
```

이처럼 환경에 따라 변하는 값이나 비밀번호와 같은 자격 증명 정보를 코드에 전달할 때는 환경 변수를 이용합니다.

Node.js의 모듈에서는 관례적으로 `NODE_ENV=production`이라는 환경 변수를 전달하는 경우에 프로덕션 환경용 코드가 동작하도록 한 구현이 많습니다. 여기에서 사용하는 익스프레스 역시 `NODE_ENV=production`일 때는 정적 파일을 캐시하거나 디버그 로그를 출력하지 않습니다.

`enableOfflineQueue`는 레디스가 아니라 `ioredis`가 제공하는 독특한 기능입니다. `ioredis`는 기본적으로 레디스에 연결될 때까지의 처리를 내부 큐에 담을 수 있습니다. 이것은 어떤 부분에서는 편리하지만 반대로 말하면 레디스를 이용할 수 없음에도 불구하고 서버가 기동할 수도 있습니다. 특히 PaaS나 CaaS 등의 환경에서는 대부분 서버가 기동할 때까지 사용자의 요청이 도달하지 않도록 하는 기능을 가졌기 때문에 한층 사용하기 어렵습니다. 그래서 이 책에서는 이 옵션을 `false`로 했습니다.[13]

서버 기동

이번에는 서버를 기동하는 부분입니다.

예제 6-11 server.js의 redis.once 부분

```
redis.once('ready', () => {
  try {
    app.listen(3000, () => {
      console.log('start listening');
    });
  } catch (err) {
    console.error(err);
    process.exit(1);
  }
});
```

---

13 제가 자주 이용하는 환경에서는 서버 전체가 정상 동작할 때까지는 기동하지 않는 것이 여러모로 편리합니다. 환경이나 용도에 따라 적절하게 설정하기 바랍니다.

레디스의 연결용 인스턴스인 redis는 EventEmitter를 상속하기 때문에 다양한 이벤트 핸들링을 할 수 있습니다.

4.5절의 이벤트 핸들링에서는 .on을 이용했지만, 이번에는 .once를 이용해 이벤트 핸들링을 합니다. .once는 .on과 달리 이벤트를 한 번만 핸들링하고자 할 때 이용합니다.[14] 예를 들어 redis.once('ready', () => {는 ioredis의 인스턴스가 연결을 완료하고, 이용 가능한 시점에 발생하는 ready 이벤트에 처리를 연결하는 코드입니다.

레디스 연결 전에 서버를 기동해버리면 사용자 접근이 가능하기 전에 데이터 읽기나 쓰기 처리가 동작할 수도 있습니다. 서버 기동은 데이터베이스와 연결한 후에 해야 합니다. 그러나 EventEmitter는 이벤트가 몇 번 발생할지 결정하지 않습니다.[15] 여러 차례 ready 이벤트가 발생하면 같은 포트 번호로 서버가 기동할 수 있기 때문에 여기에서는 .once를 이용해 핸들러를 설정합니다.

6.4.2 데이터 쓰기

다음으로 서버 기동 시에 초기화 처리로 사용자 데이터를 작성하고, 그 데이터를 /uesr로 표시하는 기능을 추가합니다.

먼저 초기화 처리를 위한 init 함수를 작성하고 서버 기동 전에 실행합니다.

예제 6-12 server.js

```
const Redis = require('ioredis');
const express = require('express');
const app = express();

const redis = new Redis({
  port: 6379,
  host: 'localhost',
  password: process.env.REDIS_PASSWORD
});

  // 레디스에 초기 데이터를 설정한다.
```

---

[14] https://nodejs.org/api/events.html#nodeeventtargetoncetype-listener-options
[15] ready 이벤트와 같이 실질적으로는 한 번만 동작하는 이벤트도 있습니다.

```
const init = async () => {
  // Promise.all로 동시에 설정한다.
  await Promise.all([
    redis.set('users:1', JSON.stringify({ id: 1, name: 'alpha' })),
    redis.set('users:2', JSON.stringify({ id: 2, name: 'bravo' })),
    redis.set('users:3', JSON.stringify({ id: 3, name: 'charlie' })),
    redis.set('users:4', JSON.stringify({ id: 4, name: 'delta' }))
  ]);
};

app.get('/', (req, res) => {
  res.status(200).send('hello world\n');
});

app.get('/user/:id', (req, res) => {
  res.status(200).send(req.params.id);
});

redis.once('ready', async () => {
  try {
    await init(); // init을 실행

    app.listen(3000, () => {
      console.log('start listening');
    });
  } catch (err) {
    console.error(err);
    process.exit(1);
  }
});

redis.on('error', (err) => {
  console.error(err);
  process.exit(1);
});
```

데이터베이스의 초기화 처리는 데이터베이스 연결 처리 후 서버 기동 전에 완료돼야 합니다. 또한 레디스에 데이터 쓰기를 하기 위해 연결 완료를 나타내는 ready 이벤트 이후에 호출돼야 합니다. 그러므로 여기에서는 .once 핸들러를 async 함수로 바꾸고, app.listen을 init 완료까지 기다렸다 받습니다.

서버를 기동한 후에 레디스에 데이터가 작성돼 있는지 확인해보겠습니다.

```
$ node server.js

$ docker run -it --net host redis redis-cli -h localhost -p 6379 localhost:6379> keys
*
1) "users:3"
2) "users:2"
3) "users:1"
4) "users:4"

localhost:6379> get users:1
"{\"id\":1,\"name\":\"alpha\"}"
```

데이터베이스의 데이터 쓰기가 준비됐습니다. 다음은 데이터베이스에서 데이터 읽기를 구현합니다.

◀ COLUMN ▶

EventEmitter 안의 에러 핸들링

ready 이벤트의 핸들러 내부에 있는 try-catch는 중요한 역할을 담당합니다. error 이벤트는 다른 이벤트와 마찬가지로 에러 발생 시 emit 함수에서 호출됩니다. 즉, 핸들러 내부에서 에러가 발생했을 때 .on('error')로는 잡을 수 없습니다.

```
redis.once('ready', async () => {
  throw new Error('EventEmitter 핸들러 안에서 에러가 발생했다.');

  await init();

  app.listen(3000, () => {
    console.log('start listening');
  });
});

redis.on('error', (err) => {
  console.error(err);
  process.exit(1);
});
```

```
$ node server.js
```

```
(node:18093) UnhandledPromiseRejectionWarning: Error: EventEmitter 핸들러 안에서
에러가 발생했다.
    at Redis.<anonymous> (/home/xxx/dev/server_test/server.js:26:9)
    at Object.onceWrapper (events.js:483:26)
    at Redis.emit (events.js:388:22)
    at processTicksAndRejections (internal/process/task_queues.js:77:11)
```

따라서 EventEmitter 핸들러 내부에서는 에러 핸들링을 명시적으로 수행합니다.

6.4.3 데이터 읽기

6.4.2절에서 레디스에 작성된 데이터를 불러와 표시하는 부분을 만들어보겠습니다. 여기에서는 등록된 사용자 ID를 지정해서 가져오는 /user/:id와 모든 사용자 데이터를 가져오는 /users를 작성합니다.

개별 사용자 데이터 반환하기

먼저 사용자 데이터를 JSON으로 반환하는 API를 /user/:id에 작성합니다.

예제 6-13 server.js 안에 처리를 추가

```
// server.js 안의 app.listen 앞에 추가
app.get('/user/:id', async (req, res) => {
  try {
    const key = `users:${req.params.id}`;
    const val = await redis.get(key);
    const user = JSON.parse(val);
    res.status(200).json(user);
  } catch (err) {
    console.error(err);
    res.status(500).send('internal error');
  }
});
```

앞의 코드에서는 동적 라우팅으로 레디스에서 사용하는 키를 생성합니다.[16] `redis.get`은 인수에 전달된 키 이름의 값을 반환하는 함수입니다.

모든 사용자 데이터 가져오기

다음으로 사용자 데이터를 모두 가져오는 /users를 작성합니다.

ioredis에서는 `redis.scanStream` 함수로 Stream 인터페이스에서 키 목록을 얻을 수 있습니다. 4.6절에서 설명했던 AsyncIterator를 사용한 코드를 이용해보겠습니다.

예제에서는 `users:*`라는 접두사의 키를 모두 추출하는 Stream을 작성했습니다. 또한 `count` 옵션을 의도적으로 작은 값으로 설정해 `data` 이벤트가 여러 차례 발생하도록 했습니다. Async Iterator는 `data` 이벤트를 기본적으로 `for await ... of`로 반복 처리할 수 있습니다. 한 번의 `data` 이벤트에서 `count` 옵션에 지정한 수만큼 키를 얻을 수 있어, 그 결과를 `for ... of`로 반복 처리해 값을 가져옵니다.

예제 6-14 server.js에서 모든 사용자 데이터 가져오기

```
// server.js 안의 app.listen 앞에 추가로 입력
app.get('/users', async (req, res) => {
  try {
    const stream = redis.scanStream({
      match: 'users:*',
      count: 2 // 1번 호출에서 2개를 꺼낸다.
    });

    const users = [];
    for await (const resultKeys of stream) {
      for (const key of resultKeys) {
        const value = await redis.get(key);
        const user = JSON.parse(value);
        users.push(user);
      }
    }
    res.status(200).json(users);
  } catch (err) {
```

---

16 레디스에서 사용하는 키는 const key = `users:${req.params.id}`로 생성하며 req를 통해 전달된 req.params.id를 그대로 사용합니다. 이와 같이 사용자가 직접 변경할 수 있는 값은 이스케이프 처리 등을 하는 것이 좋습니다. 입력받은 값을 그대로 사용하는 것은 실제 운용에서 취약점이 될 수 있으므로 위험합니다. 실제 애플리케이션에서는 검증을 통한 확인, 이스케이프 처리 등을 잊지 않도록 합니다.

```
        console.error(err);
        res.status(500).send('internal error');
    }
});
```

지금 Stream 처리 그대로라면 `redis.get(key)`와 같이 데이터 가져오기 처리를 포함하는 흐름 제어가 다소 복잡해집니다.[17]

`res.json`은 인수에 전달한 객체를 `JSON.stringify`해서 `send`를 호출하는 처리입니다. 이번처럼 JSON을 반환하는 REST API 서버의 작성에 자주 이용합니다. 이때 `curl`을 사용해 앞에서 추가한 경로에 접근하면 JSON 데이터가 반환되는 것을 확인할 수 있습니다.

```
$ curl http://localhost:3000/users
[{"id":4,"name":"delta"},{"id":1,"name":"alpha"},{"id":3,"name":"charlie"},{"id":2,"
name":"bravo"}]%
```

이 시점에서는 사용자 데이터가 4개뿐이므로 단순한 루프 구현으로도 큰 문제는 발생하지 않습니다. 그러나 실제로 애플리케이션을 작성할 때는 사용자 수에 따라 루프가 늘어나는 설계가 되지 않도록 주의해야 합니다. `JSON.stringify`는 동기 함수이기 때문에 서버 전체의 처리가 정지하게 됩니다. 또한 객체가 클 수록 정지 시간이 길어지고, 동시에 받을 수 있는 요청 수는 적어집니다.

여기에서는 생략했지만 이런 경우에는 페이징 처리를 추가해 데이터양이 증가해도 응답이 늦어지지 않도록 설계합니다. 예를 들어 레디스 문서에서는 LRANGE 명령어를 이용한 페이징 처리의 예[18]를 소개합니다. LRANGE는 레디스의 리스트 타입에서 이용하는 명령어입니다. 문서를 참고해 사용자 표시 부분을 페이징 처리로 변경하면 다음과 같습니다.

예제 6-15 페이징 처리

```
// 사용자 정보를 리스트 타입으로 변환
const init = async () => {
  await redis.rpush('users:list', JSON.stringify({ id: 1, name: 'alpha' }))
  await redis.rpush('users:list', JSON.stringify({ id: 2, name: 'bravo' }))
```

---

17 [예제 6-14]에 한해서는 Promise.all을 이용해 병렬로 처리하는 편이 깔끔하고 성능도 좋습니다. 그러나 의도적으로 흐름 제어의 예로 이와 같이 기술했습니다.

18 https://redis.io/docs/reference/patterns/twitter-clone/#paginating-updates

```
  await redis.rpush('users:list', JSON.stringify({ id: 3, name: 'charlie' }))
  await redis.rpush('users:list', JSON.stringify({ id: 4, name: 'delta' }))
};

// ...

app.get('/users', async (req, res) => {
  // 요청에서 얻은 offset을 사용해 2개만큼 사용자 데이터를 가져온다(offset을
validation 하는 편이 좋지만 여기에서는 생략).
  const offset = req.query.offset ? Number(req.query.offset) : 0;
  const usersList = await redis.lrange('users:list', offset, offset + 1);

  const users = usersList.map((user) => {
    return JSON.parse(user);
  });

  return { users: users };
});
```

쿼리 매개변수에 offset을 지정하면 지정한 위치에서 2개만큼 데이터를 가져올 수 있습니다.

```
# offset을 지정하지 않으면 앞에서부터
$ curl http://localhost:8000/api/users
{"users":[{"id":1,"name":"alpha"},{"id":2,"name":"bravo"}]}

# offset의 지정에 따라 2개만큼
$ curl http://localhost:8000/api/users?offset=2
{"users":[{"id":3,"name":"charlie"},{"id":4,"name":"delta"}]}
```

RDB에서는 OFFSET과 LIMIT으로 페이징 처리를 작성하는 것이 일반적입니다.

6.5 뷰 템플릿

지금까지 데이터를 가져와서 JSON으로 반환하는 REST API 서버를 구현했습니다.

REST API뿐이라면 익스프레스의 표준 기능으로도 충분합니다. 그러나 HTML을 표시하고 싶은 경우에 문자열 그대로 다루는 것은 유지보수가 어렵고, 보안 리스크가 발생할 가능성도 있습니다. 그래서 이런 경우에는 템플릿 엔진 기능을 이용합니다.

최근에는 리액트 등 프런트엔드용 모듈이 템플릿 엔진의 기능을 담당하기도 하지만, 여기에서
는 예전부터 사용되던 ejs[19] 모듈을 소개합니다.[20]

ejs를 npm으로 설치합니다.

```
$ npm install ejs
```

익스프레스에는 템플릿 엔진을 설정하는 기능이 있습니다. app.set('view engine', 엔진_
이름)을 이용해 설정하면 res.render 함수에서 ejs를 템플릿 엔진으로 호출하고, 뷰를 반환
합니다.[21]

```
// ejs를 뷰 엔진으로 지정
app.set('view engine', 'ejs')

app.get('/', (req, res) => {
  res.render(...) // ejs로 그려진다.
})
```

6.5.1 뷰 템플릿 구현

ejs를 사용해 홈 화면에 고정 HTML을 표시해보겠습니다.

익스프레스는 관례적으로 views 디렉터리에 템플릿 파일을 주로 배치합니다. views에 index.
ejs를 작성합니다.

```
directory/
├────── views/
│     └────── index.ejs
├────── server.js
├────── package.json
└────── package-lock.json
```

---

19 https://ejs.co/
20 프런트엔드 프레임워크는 7장에서 다룹니다.
21 https://expressjs.com/en/5x/api.html#res.render

server.js부터 ejs를 사용할 수 있도록 설정하고 ejs의 내용을 반환하는 라우트를 작성합니다. res.render 함수의 1번째 인수에는 템플릿 파일 이름을 지정합니다. 상대 경로를 사용하거나 파일 이름을 생략할 수 있지만, 저는 절대 경로를 지정하는 방법을 주로 이용합니다. 왜냐하면 생략을 전제로 한 작성은 암묵적으로 기본 동작을 이해할 것이라는 생각이 기저에 깔려있는 코드이기 때문입니다. 이러한 이유로 되도록 생략하는 요소를 없애고, 코드와 동작을 일치시키려고 합니다.

예제 **6-16** server.js

```
const path = require('path');
const express = require('express');
const app = express();

app.set('view engine', 'ejs');

app.get('/', (req, res) => {
  res.render(path.join(__dirname, 'views', 'index.ejs'));
});
```

특히 홈의 ejs는 템플릿 기능을 이용하지 않는 정적 HTML을 표시합니다.

예제 **6-17** views/index.ejs

```
<!-- index.ejs -->
<!DOCTYPE html>
<html lang="ko">

<head>
  <meta charset="UTF-8">
  <meta name="viewport" content="width=device-width, initial-scale=1.0">
  <title>top</title>
</head>

<body>
  index.ejs
</body>

</html>
```

서버를 기동하고 접근해보면 ejs로 지정한 HTML이 표시되는 것을 확인할 수 있습니다.

```
$ curl http://localhost:3000/
<!-- index.ejs -->
<!DOCTYPE html>
<html lang="ko">

<head>
  <meta charset="UTF-8">
  <meta name="viewport" content="width=device-width, initial-scale=1.0">
  <title>top</title>
</head>

<body>
  index.ejs
</body>

</html>
```

6.5.2 사용자 정보를 기반으로 페이지를 생성하기

사용자 정보를 전달하고 ejs의 템플릿을 이용해 HTML을 생성해보겠습니다.

ejs[22]의 템플릿에서는 몇 가지 특수한 태그를 이용할 수 있습니다. <%로 태그를 시작하면 그 사이에 자바스크립트를 작성할 수 있습니다. 예를 들어 <% for (const user of users) { %> 와 같이 for문을 작성할 수 있습니다. 그리고 <%=로 시작한 경우에는 HTML 이스케이프를 한 값을 표시할 수 있습니다. 이 태그들을 이용해 다음과 같이 템플릿을 작성합니다.

예제 6-18 views/user.ejs

```
<!-- users.ejs -->
<!DOCTYPE html>
<html lang="ko">

<head>
  <meta charset="UTF-8">
```

---

22 템플릿에 관한 자세한 내용은 ejs 문서를 참고하기 바랍니다. https://ejs.co/#docs

```html
    <meta name="viewport" content="width=device-width, initial-scale=1.0">
    <title>users</title>
  </head>

  <body>
    <ul>
      <% for (const user of users) { %>
        <li><%= user.name %></li>
      <% } %>
    </ul>
  </body>

</html>
```

[예제 6-14]에서는 `res.json`에서 반환하고 있는 위치를 `res.render`로 치환합니다. `res.render`의 2번째 인수에는 객체를 전달함으로써 템플릿에 변수를 전달할 수 있습니다.

예제 6-19 server.js의 /users 라우트

```javascript
app.get('/users', async (req, res) => {
  try {
    const stream = redis.scanStream({
      match: 'users:*',
      count: 2
    });

    const users = [];
    for await (const resultKeys of stream) {
      for (const key of resultKeys) {
        const value = await redis.get(key);
        const user = JSON.parse(value);
        users.push(user);
      }
    }

    res.render(path.join(__dirname, 'views', 'users.ejs'), { users: users });
  } catch (err) {
    console.error(err);
  }
});
```

다음 그림과 같이 전달한 변수가 처리되고, HTML로 변환된 것을 확인할 수 있습니다.

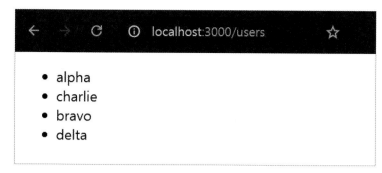

그림 6-2 /users에 접근하면 HTML이 표시된다.

```
$ curl http://localhost:3000/users
<!-- users.ejs -->
<!DOCTYPE html>

<html lang="ko">
  <head>
  <meta charset="UTF-8">
  <meta name="viewport" content="width=device-width, initial-scale=1.0">
    <title>users</title>
</head>

<body>
  <ul>
    <li>alpha</li>
    <li>charlie</li>
    <li>bravo</li>
    <li>delta</li>
  </ul>
</body>

</html>
```

6.6 정적 파일 송신

익스프레스에서의 정적 파일 전송에 관해 살펴보겠습니다. 브라우저에서 처리하는 자바스크립트 파일 송신이 여기에 해당합니다.

이번에는 /user 정보를 클릭하면 콘솔에 사용자 정보를 표시하는 스크립트를 작성합니다.

그림 6-3 /users 접근 시 실행하는 스크립트의 표시 예

먼저 정적 파일을 송신하기 위해 익스프레스에 공개할 디렉터리를 설정합니다. 익스프레스에서 정적 파일은 관례적으로 public 디렉터리에 배치하는 경우가 많습니다. app.use의 1번째 인수에는 URL의 접두사를 지정합니다. 2번째 인수에는 express.static 함수를 전달하고 공개할 디렉터리의 경로를 지정합니다.

예제 6-20 server.js에 추가하기

```
app.use('/static', express.static(path.join(__dirname, 'public')));
```

users.ejs를 업데이트합니다. 어떤 user를 클릭했는지 판단하기 위해 li 태그에 클래스 이름을 부여합니다. 그리고 앞에서 추가한 정적 파일을 읽기 위한 script 태그를 추가합니다.

예제 6-21 views/users.ejs diff

```
  <ul>
    <% for (const user of users) { %>
-     <li><%= user.name %></li>
+     <li class="user"><%= user.name %></li>
    <% } %>
  </ul>
+ <script src="/static/index.js" defer></script>
```

다음으로 브라우저에서 동작하는 자바스크립트를 구현합니다. 다음 코드는 user 클래스가 붙은 요소에 클릭 이벤트를 추가한 것입니다.

```
window.addEventListener('DOMContentLoaded', (event) => {
  document.querySelectorAll('.user').forEach((elem) => {
    elem.addEventListener('click', (event) => {
      console.log(event.target.innerHTML);
    });
  });
});
```

DOMContentLoaded 이벤트는 브라우저가 DOM을 구축한 시점에 발생되는 이벤트입니다. 클릭 이벤트를 추가하기 위해서는 이벤트 추가 대상인 DOM이 당연히 존재해야 합니다. 그래서 DOMContentLoaded 이벤트가 발생된 후에 DOM을 조작합니다.

document.querySelectorAll은 실제로 구축된 DOM을 찾는 처리입니다.[23] 1번째 인수에 지정한 셀렉터 요소를 배열과 비슷한 NodeList 타입의 객체로 얻을 수 있습니다. 만약 한 요소만 얻고 싶다면 document.querySelector를 이용할 수 있습니다. 해당하는 요소가 여러 개일 때 1번째 요소만 얻어집니다.

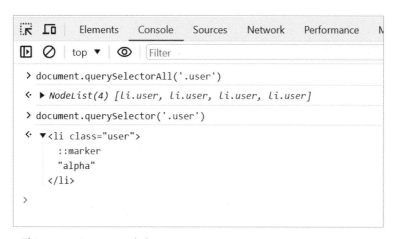

그림 6-4 querySelectorAll의 예

document.querySelectorAll은 배열과 비슷한 NodeList 타입 객체를 반환합니다. NodeList 타입 객체는 forEach 함수로 루프 처리를 할 수 있습니다. 위 코드에서는 user 클

---

23 제이쿼리에 익숙한 사람에게는 친숙한 표기법일 것입니다. 이 셀렉터 표기법은 원래 제이쿼리에서 구현됐던 것이 표준 자바스크립트에 포함된 것입니다.

래스를 부여한 DOM을 얻어서 각각에 클릭 이벤트를 부여합니다.

여기까지 진행하면 파일 및 디렉터리 전체 구조는 다음과 같습니다.

```
directory/
├─── public/
│       └─── index.js
├─── views/
│       ├─── user.ejs
│       └─── index.ejs
├─── server.js
├─── package.json
└─── package-lock.json
```

코드 준비를 마쳤다면 서버를 기동합니다. 브라우저에서 `http://localhost:3000/users`에 접근해보겠습니다.

```
$ node server.js
```

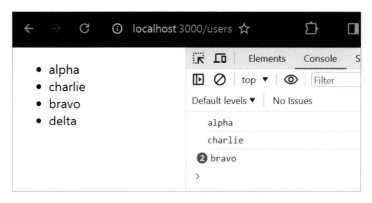

그림 6-5 /users에 접근했을 때의 화면과 콘솔

`script` 태그를 추가했으므로 `public/index.js`를 브라우저에서 읽습니다. 리스트에 표시된 사용자 이름을 클릭하면 콘솔에 사용자 이름이 표시되는 것을 확인할 수 있습니다.

script async/defer

브라우저는 HTML을 파싱해서 DOM을 구축할 때 script 태그를 발견하면, DOM의 해석을 정지하고 스크립트를 다운로드하고 나서 실행합니다. 즉, 도중에 다운로드 또는 실행에 시간이 걸리는 스크립트가 존재하면 표시할 때까지 그만큼 시간이 늘어납니다.

정적 HTML과 스크립트를 약간 포함하는 페이지라면 '웹 페이지 표시 성능'은 'HTML을 표시할 때까지의 속도'와 거의 같습니다. 하지만 최근 웹에서는 동적인 동작을 요구하는 일도 증가해 많은 페이지에서 자바스크립트를 필요로 합니다. 그 결과 코드양이 비약적으로 증가해 기존 사양대로는 요구되는 성능을 내는 것이 어려워졌습니다.

이전에는 이에 대한 대책으로 script 태그를 body 직전에 기술함으로써 표시를 최대한 먼저 끝내는 기법을 사용했습니다. 하지만 이러한 기법 대신 읽기 등의 시점을 사양 레벨에서 제어하기 위해 script 태그의 속성인 async/defer가 탄생합니다.

async는 해당 스크립트를 실행할 수 있게 되는 시점까지 실행을 지연시키는 키워드입니다.

defer는 DOM 구축이 완료된 뒤 DOMContentLoaded 이벤트가 발생되기 직전에 실행하는 것을 지정하는 키워드입니다. 브라우저는 defer 속성이 붙어 있는 script 태그가 도중에 나타나더라도 그 시점에서 DOM의 해석을 정지하지 않고 다음을 진행할 수 있습니다.

성능을 위해서도 script 태그를 이용하는 경우에는 먼저 async를 기본으로 하고, 이 방법이 충분하지 않을 때는 defer를 이용한다고 기억하면 좋습니다.

이러한 사양들은 처음 알게된 사람에게는 복잡하게 보일지도 모릅니다. 성능을 위해 브라우저의 동작을 바꾸는 방법도 있을 것입니다. 그러나 수십 년간 축적된 동작을 바꾸는 것은 지금까지 동작해온 웹을 파괴할 가능성이 있습니다. 대부분의 경우 자바스크립트에 관한 사양은 과거의 호환성을 파괴하지 않고 새로운 동작을 추가합니다. 그만큼 자바스크립트의 진화는 웹을 파괴시키지 않기 위해 매우 고심하며, 호환성을 매우 중요시하고 있습니다.

오래된 표기법이라 하더라도 시스템을 구축하는 것이 '가능합니다'. 하지만 새로운 사양으로 해결할 수 있는 문제를 포함하는 문제를 만드는 것과 다름없습니다.

이는 모든 프로그램에 해당한다고 말할 수 있습니다. 새로운 사양을 따라잡는 것은 매우 중요합니다. 특히 오래된 사양에서도 자바스크립트가 동작한다는 이유로 새로운 사양을 배우는 것이 귀찮을 수 있습니다. 하지만 새로운 사양을 안다는 것은 더 좋은 시스템을 만드는 기회이기도 합니다. 모든 것을 알 필요는 없지만, 이렇게 생각하면 더욱 즐겁게 기술을 고도화해 나갈 수 있을 것입니다.

6.7 라우팅과 파일 분할에 대한 사고방식

지금까지 일련의 웹 애플리케이션 기초 동작을 완성했습니다. 여기부터는 실제 애플리케이션의 유지보수에 관심을 돌려보겠습니다.

이번 장에서는 파일 분할이나 주의점에 대해 설명합니다. 6.8절과 함께 읽어주세요.

이제부터 설명할 내용은 어디까지나 제가 현시점에서 자주 이용하는 방법들로, 다른 방법을 부정하는 것이 아닙니다. 그리고 앞으로도 계속 사용할 수 있을지 장담할 수 없습니다. 그럼에도 불구하고 지금까지 경험한 사고나 실패에 기반해, 이를 회피하기 쉽다고 느낀 이유를 설명하겠습니다. 파일 분할의 정답이 아닌 본질적인 관점에서 읽기 바랍니다.

6.7.1 익스프레스의 제너레이터에서 생각하기

익스프레스에는 초기 코드나 디렉터리를 생성하는 제너레이터generator가 있습니다. 제너레이터로 생성되는 코드나 디렉터리에는 익스프레스에서 오랫동안 이용하던 관례나 프랙티스가 담겨 있어 참고가 됩니다.[24] 단, 내부 코드에는 var가 존재하는 등 오래된 부분도 있습니다. 과거부터 축적된 프랙티스를 학습하는 관점에서 보면 좋을 것입니다.

```
$ npx express-generator --view=ejs myapp
npx: installed 10 in 2.121s

   create : myapp/
   create : myapp/public/
   create : myapp/public/javascripts/
   create : myapp/public/images/
   create : myapp/public/stylesheets/
   create : myapp/public/stylesheets/style.css
   create : myapp/routes/
   create : myapp/routes/index.js
   create : myapp/routes/users.js
   create : myapp/views/
```

---

24 npm으로 설치할 때 -g 옵션을 부여하면 전역으로 설치되고, 명령어에 자동으로 경로를 추가해줍니다. 예를 들어 npm install -g express-generator를 실행하면 $ express만으로 명령어를 이용할 수 있습니다. 전역 설치는 편리하지만 버전 관리 등이 package.json에서 분리되거나 전역 영역을 오염시킬 수 있는 단점도 있습니다. npx를 이용하면 전역 설치를 하지 않고 명령어를 직접 시험해볼 수 있습니다. npx는 npm을 설치하면 함께 설치됩니다.

```
create : myapp/views/error.ejs
create : myapp/views/index.ejs
create : myapp/app.js
create : myapp/package.json
create : myapp/bin/
create : myapp/bin/www
```

제가 설명하는 코드 분할 방법과 제너레이터로 생성되는 코드와의 차이는 다음 3가지입니다.

1 bin/www를 만들지 않는다.

2 app.js를 server.js로 한다.

3 routes/ 디렉터리를 만들지 않는다.

1, 2번에 관해서는 단순히 지금까지 설명의 용이성 문제라고 생각해도 상관없습니다. 제너레이터에서는 bin/www를 서버 기동 명령어로 app.js를 호출하도록 구성돼 있습니다. 이 구성에도 장점은 있습니다. 하지만 저는 설명의 용이함과 분할하지 않는 편이 한 곳에서 정리되므로 처리나 추적이 쉽다는 이유에서 server.js에 처리를 모으는 경우가 많습니다.

3번의 'routes/ 디렉터리를 만들지 않는다'는 의도적으로 프로덕션 코드에도 수행합니다. 이에 관해서는 찬반 의견이 있을 것입니다. 익스프레스는 Router 객체로 라우터를 추상화할 수 있습니다. 알기 쉬운 유스케이스는 API 라우팅을 분리하는 부분입니다. 예를 들어 다음과 같이 2개의 라우트를 가진 라우터 객체를 생성합니다.

예제 6-23 routes/api.js

```
const express = require('express');
const router = express.Router();

router.get('/foo', (req, res) => {
  res.status(200).json({ foo: 'foo' });
});

router.get('/bar', (req, res) => {
  res.status(200).json({ bar: 'bar' });
});

exports.router = router;
```

이와 같이 작성한 라우터 객체를 서버 인스턴스에서 `app.use`하면 라우터를 서버 코드에 반환할 수 있습니다. 다음 예제에서는 `/api/foo`와 `/api/bar`의 라우팅을 이용할 수 있게 됩니다.

예제 6-24 server.js

```
const express = require('express');
const app = express();
const api = require('./routes/api');

// ...

app.use('/api', api.router);
```

추상화를 하면 모아서 관리하기 쉽다는 장점이 있습니다. 예를 들어 익스프레스에 있는 미들웨어 기능을 이용해 API의 모든 라우팅에 로그 출력을 추가하거나, 쿠키 검증 로직을 추가하는 등의 공통 처리 기술을 간단하게 할 수 있습니다.

제가 왜 라우터 객체를 이용하지 않는지 의문이 들 것입니다. 다음 2가지 이유 때문입니다.

> **1** 라우트를 추출할 때 검색하기 어렵다.
>
> **2** 미들웨어를 반드시 모든 라우트에 공통으로 사용한다고 단정할 수 없다.

1번의 '라우트를 추출할 때 검색하기 어렵다'는 유지보수 단계에서 문제에 직면합니다. 예를 들어 위 코드에서 `/api/foo`의 처리를 따르는 경우를 생각해보면 `/api/foo`라는 문자열에서는 라우트를 추출할 수 없습니다. 이 경우에는 먼저 `/api`에 대응하는 라우터 객체를 찾은 다음 그 안에서 `/foo`에 대응하는 핸들러를 찾아야 합니다. 찾고자 하는 경로가 결정된 경우에는 찾는 비용이 그다지 많이 들지 않습니다. 하지만 라우터 객체가 중첩돼 있거나 `POST`, `GET` 등의 메서드가 모호한 상태에서 필터링해야 하는 경우에는 상당한 수고가 필요합니다.

이런 이유로 저는 다음 예제처럼 `server.js` 내부에서 목록으로 볼 수 있는 스타일을 많이 사용합니다.

예제 6-25 server.js

```
const app = express();

app.get('/api/foo', getFoo);
app.post('/api/foo', postFoo);
```

```
app.get('/api/bar', getBar);
app.post('/api/bar', postBar);
```

다만 이것은 7장에서 조금 다루어 볼 Next.js와 같이 디렉터리 구성을 라우팅 규칙과 동일하게 하는 설계에서 완화할 수 있습니다.

2번의 '미들웨어를 반드시 모든 라우트에 공통으로 사용한다고 단정할 수 없다' 역시 유지보수 단계에서 문제에 직면합니다. 로그를 출력하는 미들웨어는 거의 모든 라우팅에서 공통이므로 라우터 객체에 설정해도 좋습니다.

예를 들어 조건이 추가돼 쿠키를 이용한 API를 인증하는 사양이 추가됐다고 가정해보겠습니다. 처음에는 모든 API에 쿠키 인증을 하는 사양이었으므로 라우터 객체에 쿠키 검증용 미들웨어를 추가했습니다.

예제 6-26 routes/api.js

```
const express = require('express');
const router = express.Router();

const cookieMiddleware = (req, res, next) => {
  // 쿠키 검증 처리
  // ...

  next();
};

router.use(cookieMiddleware);

router.get('/foo', (req, res) => {
  res.status(200).json({ foo: 'foo' });
});

router.get('/bar', (req, res) => {
  res.status(200).json({ bar: 'bar' });
});

exports.router = router;
```

이 단계에서는 특별한 문제가 없습니다.

그러나 여기에 '/api/bar는 쿠키 검증을 하지 않는다'는 사양이 추가되면 어떻게 될까요? 미들웨어 내부에서 경로에 따른 조건 분기를 넣는 방법이 있지만, 쿠키 검증을 하지 않는다면 미들웨어를 제거하고 싶을 것입니다. 하지만 앞의 코드에서 미들웨어를 제거하면 원래 변경이 없어야 할 /api/foo 경로에도 변경이 추가돼 버립니다.

예제 **6-27** routes/api.js diff

```
 const express = require('express');
 const router = express.Router();

 const cookieMiddleware = (req, res, next) => {
   // Cookie 검증 처리
   // ...
   next();
 };

- router.use(cookieMiddleware);

- router.get('/foo', (req, res) => {
+ router.get('/foo', cookieMiddleware, (req, res) => {
   res.status(200).json({ foo: 'foo' });
 });


 router.get('/bar', (req, res) => {
   res.status(200).json({ bar: 'bar' });
 });

 exports.router = router;
```

다시 말해 이 변경에 따라 전체에 걸려 있던 미들웨어가 삭제돼 라우터 객체 아래의 라우팅 모두에 영향을 미칩니다. 이 경우에는 /api/foo에서 쿠키 검증이 되는 것만 확인할 수 있으면 되지만, 라우터 객체 안에 경로가 늘어날수록 확인 비용이 높아집니다. 물론 테스트에 맡기는 방법도 생각할 수 있습니다. 하지만 안심하기 위해서라도 모든 하위 경로에서 동작이 변하지 않는 것을 수동으로 확인하고 싶어질 것입니다. 처음에는 시간이 걸리지만 미들웨어를 모든 경로에 개별적으로 지정한다면, 사양 변경이 생겨도 그 영향을 라우터 객체 전체에서 경로 단위로 억제할 수 있어 어느 정도 안심할 수 있습니다.

'장기적으로 모든 라우터에 이 미들웨어가 필요한가'라는 예측을 하기 어렵다는 점, '변경 시 영향 범위를 좁힐 수 있다'는 점에서 저는 다음 예제처럼 미들웨어를 하나씩 설정하는 스타일을 많이 사용합니다.[25]

예제 6-28 index.js

```
const app = express();
app.get('/api/foo', loggerMiddleware, cookieMiddleware, getFoo);
app.post('/api/foo', loggerMiddleware, cookieMiddleware, postMiddleware,postFoo);
app.get('/api/bar', loggerMiddleware, getBar);
app.post('/api/bar', loggerMiddleware, postBar);
```

이렇게 1개 파일로 만들면 라우트마다 미들웨어 의존성을 한눈에 볼 수 있다는 장점도 있습니다. 그리고 getFoo나 postFoo 등을 handlers/api/foo.js와 같이 API의 라우팅 계층과 합치는 것으로 디렉터리 계층에서 라우팅을 관리합니다.

애플리케이션이 커질수록 라우팅을 설정하는 파일의 행수는 증가합니다. 그럼에도 위에서 설명한 장점이 더 크다고 판단해 이런 스타일로 정착했습니다.

6.8 스타일 분할 실전

지금까지 파일 분할의 사고방식에 관해 살펴봤습니다. 그럼 앞의 예제들을 사용해 파일을 분할해봅시다.

6.8.1 구성 파일 분할

먼저 애플리케이션 설정에 관한 구성 파일을 분리합니다.

구성 관리에는 config[26]라는 모듈도 널리 이용됩니다. Node.js의 모듈은 관례적으로 NODE_ENV=production이라는 환경 변수가 부여됐을 때 프로덕션 환경으로 간주하는 것이 많습니다. 예를 들어 익스프레스는 NODE_ENV=production일 때 static files나 view contents를 캐

---

25 접근 로그의 출력이나 공통 헤더 등 모든 경로에서 명확하게 공통되는 것들은 app.use로 설정하기도 합니다.

26 https://www.npmjs.com/package/config

시하는 구조가 들어 있거나, 디버그 로그를 출력하지 않게 되는 등의 프로덕션용 동작으로 전
환합니다.[27]

config 모듈은 NODE_ENV의 값에 따라 읽는 구성 파일을 변경해주는 모듈입니다. 예를 들어
config/development.js라는 파일이 있으면 NODE_ENV=development일 때 그 파일에서 설
정값을 얻습니다.

그런데 환경 변수처럼 환경에 따라 달라지는 값을 애플리케이션 코드 안에 삽입하면 설정을 약
간 바꾸고 싶을 때도 수정 범위가 큰 경우가 있습니다. 예를 들어 Node.js에서 성능 튜닝을 수
행하는 경우에는 프로덕션과 동일한 모듈의 동작을 확인하기 위해 NODE_ENV=production으
로 동작하는 환경을 준비해야 합니다. 이때 NODE_ENV를 이용해 동작을 바꾸는 위치가 애플리
케이션 코드의 곳곳에 존재하면 프로덕션 서비스에 대한 생각지 못한 접근이 발생할 가능성이
있습니다. 물론 그런 가능성이 있는 값은 환경 변수로만 전달하는 설계를 하는 것도 방법이지
만, 여기에 더해 config 파일에만 모아두면 더욱 안심할 수 있습니다.

최근에는 타입스크립트를 사용하게 되면서 편집기 지원 기능이 강력해진 점이나, 프런트엔
드와 설정을 공유하는 경우가 늘어난 점 등으로 config 모듈을 이용할 필요성이 많아졌습니
다.[28] 그렇기 때문에 저도 config 모듈을 오랫동안 이용했지만 최근에는 하나의 파일에 구성
을 모으는 스타일을 도입할 때가 많습니다.

이 책에서도 1개의 구성 파일에 구성을 모았습니다. 구성 값들을 config.js로 추출하는 코드
는 다음과 같습니다.

예제 6-29 config.js

```
const redisConfig = {
  port: 6379,
  host: 'localhost',
  password: process.env.REDIS_PASSWORD,
  enableOfflineQueue: false
};

exports.redisConfig = redisConfig;
```

----

27 여담이지만 익스프레스에서 제공하는 프로덕션 환경의 베스트 프랙티스 문서는 매우 잘 만들어져 있으며 큰 도움이 됩니다.
　　https://expressjs.com/en/advanced/best-practice-performance.html#set-node-env-to-production
28 파일 불러오기 조작이 있으므로 config 모듈은 프런트엔드 코드에서는 동작하지 않습니다.

6.8.2 핸들러 분할

저는 핸들러(컨트롤러) 단위로 분할하고, 분할한 핸들러를 다른 파일로 이동합니다. 디렉터리는 다음과 같은 구성으로 handlers나 controllers라는 이름을 주로 붙입니다.

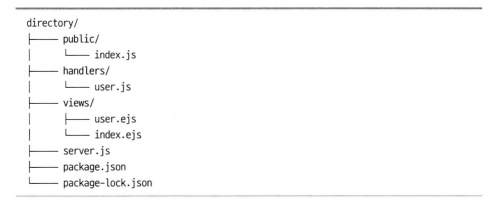

```
directory/
├──── public/
│       └──── index.js
├──── handlers/
│       └──── user.js
├──── views/
│       ├──── user.ejs
│       └──── index.ejs
├──── server.js
├──── package.json
└──── package-lock.json
```

이렇게 분리할 때 handlers/users.js와 server.js의 양측에서 레디스 클라이언트에 접근해야 하므로 레디스 클라이언트도 다른 파일로 분리합니다.

저는 이러한 미들웨어는 주로 **lib** 디렉터리에 분리합니다. 각 프로젝트의 콘텍스트를 쉽게 이해할 수 있는 디렉터리에 지정하면 좋습니다.

예제 6-30 lib/redis.js

```
const { redisConfig } = require('../config');
const Redis = require('ioredis');

let redis = null;

const getClient = () => {
  return redis;
};

eports.getClient = getClient;

const connect = () => {
  if (!redis) {
    redis = new Redis(redisConfig)
  }
  return redis;
```

```
};

exports.connect = connect;

const init = async () => {
  await Promise.all([
    redis.set('users:1', JSON.stringify({ id: 1, name: 'alpha' })),
    redis.set('users:2', JSON.stringify({ id: 2, name: 'bravo' })),
    redis.set('users:3', JSON.stringify({ id: 3, name: 'charlie' })),
    redis.set('users:4', JSON.stringify({ id: 4, name: 'delta' }))
  ]);
};

exports.init = init;
```

ioredis는 new Redis를 했을 때 연결 처리를 시작합니다. 연결 시작 시점을 다른 파일에서 결정할 수 있도록 new Redis를 connect 함수로 분리합니다.

예제 6-31 server.js

```
const redis = require('./lib/redis');

// ...

redis.connect()
  .once('ready', async () => {
    try {
      await redis.init();

      app.listen(3000, () => {
        console.log('start listening');
      });
    } catch (err) {
      console.error(err);
      process.exit(1);
    }
  })
  .on('error', (err) => {
    console.error(err);
    process.exit(1);
  });
```

핸들러는 다음과 같이 getUser, getUsers 함수로 핸들러의 대부분을 분리합니다. 이렇게 하면 원래 핸들러의 처리는 getUser, getUsers 등의 함수 호출과 그 반환값을 res 객체에 반환하는 처리만 남습니다.

예제 6-32 server.js

```
const getUser = async (req) => {
  const key = `users:${req.params.id}`;
  const val = await redis.get(key);
  const user = JSON.parse(user);
  return user;
};

app.get('/user/:id', async (req, res) => {
  try {
    const user = await getUser(req);
    res.status(200).json(user);
  } catch (err) {
    console.error(err);
    res.status(500).send('internal error');
  }
});

const getUsers = async (req) => {
  const stream = redis.scanStream({
    match: 'users:*',
    count: 2
  });

  const users = [];
  for await (const resultKeys of stream) {
    for (const key of resultKeys) {
      const value = await redis.get(key);
      const user = JSON.parse(value);
      users.push(user);
    }
  }

  return { users: users };
};

app.get('/users', async (req, res) => {
  try {
```

```
    const locals = await getUsers(req);
    res.render(path.join(__dirname, 'views', 'users.ejs'), locals);
  } catch (err) {
    console.error(err);
  }
});
```

그리고 분리한 getUser, getUsers라는 핸들러를 다른 파일로 이동합니다. 사용자의 정보를
가져온다는 관점은 동일하므로 handler/users.js에 모아서 추출합니다.

예제 6-33 handlers/users.js

```
const redis = require('../lib/redis');

const getUser = async (req) => {
  const key = `users:${req.params.id}`;
  const val = await redis.getClient().get(key);
  const user = JSON.parse(val);
  return user;
};

exports.getUser = getUser;

const getUsers = async (req) => {
  const stream = redis.getClient().scanStream({
    match: 'users:*',
    count: 2
  });

  const users = [];
  for await (const resultKeys of stream) {
    for (const key of resultKeys) {
      const value = await redis.client.get(key);
      const user = JSON.parse(value);
      users.push(user);
    }
  }

  return { users: users };
};

exports.getUsers = getUsers;
```

분리한 핸들러를 원래의 server.js에서 호출하면 분리 완료입니다.

예제 6-34 server.js

```
// ...

const usersHandler = require('./handlers/users');

// ...

app.get('/user/:id', async (req, res) => {
  try {
    const user = await usersHandler.getUser(req);
    res.status(200).json(user);
  } catch (err) {
    console.error(err);
    res.status(500).send('internal error');
  }
});

app.get('/users', async (req, res) => {
  try {
    const locals = await usersHandler.getUsers(req);
    res.render(path.join(__dirname, 'views', 'users.ejs'), locals);
  } catch (err) {
    console.error(err);
  }
});
```

server.js 전체 코드는 다음과 같습니다.

예제 6-35 server.js

```
const express = require('express');
const redis = require('./lib/redis');
const usersHandler = require('./handlers/users');

const app = express();

app.get('/user/:id', async (req, res) => {
  try {
    const user = await usersHandler.getUser(req);
```

```
      res.status(200).json(user);
    } catch (err) {
      console.error(err);
      res.status(500).send('internal error');
    }
  });

  app.get('/users', async (req, res) => {
    try {
      const locals = await usersHandler.getUsers(req);
      res.render(path.join(__dirname, 'views', 'users.ejs'), locals);
    } catch (err) {
      console.error(err);
    }
  });

  redis.connect()
    .once('ready', async () => {
      try {
        await redis.init();

        app.listen(3000, () => {
          console.log('start listening');
        });
      } catch (err) {
        console.error(err);
        process.exit(1);
      }
    })
    .on('error', (err) => {
      console.error(err);
      process.exit(1);
    });
```

테스트하기 쉬운 형태를 고려하기

여기에서 res 객체를 getUsers 함수에 전달하지 않고, 객체를 반환하는 형태로 리팩터링 하는 이유는 테스트를 쉽게 하기 위해서입니다.

모든 언어에 해당되는 것이지만 프레임워크 구현은 프레임워크 자체로 충분히 테스트되는 경우가 대부분입니다. 즉 'HTML이 표시된다'와 같은 프레임워크 기능을 포함하는 테스트를 작성해도 그 부분은 불필요한 테스트라고 할 수 있습니다. 물론 불필요하다 해도 테스트를 작성하는 선택은 있을 수 있고, 테스트를 너무 많이 한다는 것은 아닙니다. 하지만 실제로 개발하다 보면 '테스트 전체 실행 시간이 너무 길어 지속적 통합Continuous Integration (CI)이 끝나지 않는' 상황이나 '테스트 케이스가 너무 무거워서 약간의 변경에도 테스트 수정이 대량으로 발생하는' 상황을 자주 만납니다. 이러한 이유로 실제 애플리케이션 개발에서는 필요한 부분에 필요한 만큼의 테스트를 작성할 것을 요구하는 경우가 종종 있습니다.[29]

앞의 코드 분할은 '중복 테스트를 되도록 배제한다'는 관점에서 'HTML 렌더링(res.render) 기능은 테스트되고 있으므로 분리한다'는 의도를 포함하고 있습니다. 이 코드로 말하면 '사용자의 목록을 데이터베이스에서 가져와서 반환하는' 기능이 '자신에게 필요한 독자적인 로직' = '테스트를 작성했을 때의 효과가 큰 로직'입니다.

그리고 res 객체에 대한 의존을 없애는 것으로 테스트하기 쉬워지는 효과도 있습니다. 구체적인 예를 다음 절에서 확인해보겠습니다.

6.9 핸들러 테스트

분할한 코드에 대해 테스트를 작성해보겠습니다. 여기에서는 구현을 중심으로 설명합니다. 핸들러별로 분할하면 좋은 장점에 관해서는 6.12절에서 다시 살펴봅니다.

제스트에는 jest.mock이라는 함수가 있으며 require로 불러온 모듈을 목으로 만들 수 있습니다. 테스트할 때 실제 레디스에 연결되면 연결 후에 시드가 되는 데이터를 삽입하는 처리를 해야 하거나, 병렬로 테스트를 실행할 때 난이도가 높아지기도 합니다. 또한 레디스에 쓰기/읽기가 실패하는 테스트를 작성하고 싶을 때는 목mock을 이용해야만 합니다. 따라서 지금과 같은 경우에는 레디스 처리를 목으로 만들어서 테스트하면 편리합니다.[30]

jest.mock의 2번째 인수에 목으로 만들 모듈을 반환하는 객체를 정의할 수 있습니다. lib/redis.js 안에는 exports를 통해 공개된 인터페이스가 몇 가지 있습니다. 여기에서는

---

29 적절한 부분이나 양을 딱 잘라 말할 수는 없습니다. 매우 어려운 부분입니다….

30 물론 실제로 레디스에 쓰기/읽기가 가능한지 확인하는 테스트를 작성하는 가치도 있습니다. 이에 따라 모두 목으로 만들지 않고 테스트용 레디스에 연결하는 테스트 케이스를 준비하기도 합니다. 특히 RDB 같은 SQL은 목으로 만들면 올바르게 동작하는지 알 수 없는 경우가 있어 테스트용 데이터베이스를 준비한 테스트가 필요합니다.

handlers/users.js 안에서 이용되는 getClient 함수(=ioredis의 인스턴스의 목)만을 정의합니다.

이번에는 getUser와 getUsers에서 ioredis 인스턴스의 get과 scanStream을 이용하므로 2개의 함수의 목을 작성하겠습니다. jest.fn으로 정의합니다.

예제 6-36 handlers/users.test.js

```javascript
const mockRedisGet = jest.fn(); // get의 목
const mockRedisScanStream = jest.fn(); // scanStream의 목
jest.mock('../lib/redis', () => {
  return {
    getClient: jest.fn().mockImplementation(() => {
      return {
        get: mockRedisGet,
        scanStream: mockRedisScanStream
      };
    })
  };
});

const { getUser, getUsers } = require('./users');

beforeEach(() => {
  mockRedisGet.mockClear();
  mockRedisScanStream.mockClear();
});

test('getUser', async () => {
  mockRedisGet.mockResolvedValue(JSON.stringify({ id: 1, name: 'alpha' }));

  const reqMock = { params: { id: 1 } };

  const res = await getUser(reqMock);

  // 반환값 테스트
  expect(res.id).toStrictEqual(1);
  expect(res.name).toStrictEqual('alpha');

  // 목 호출 횟수 테스트
  expect(mockRedisGet).toHaveBeenCalledTimes(1);
```

```
  // 목의 인수 테스트
  const [arg1] = mockRedisGet.mock.calls[0];
  expect(arg1).toStrictEqual('users:1');
});

test('getUsers', async () => {
  const streamMock = {
    async* [Symbol.asyncIterator]() {
      yield ['users:1', 'users:2'];
      yield ['users:3', 'users:4'];
    }
  };
  mockRedisScanStream.mockReturnValueOnce(streamMock);
  mockRedisGet.mockImplementation((key) => {
    switch (key) {
      case 'users:1':
        return Promise.resolve(JSON.stringify({ id: 1, name: 'alpha' }));
      case 'users:2':
        return Promise.resolve(JSON.stringify({ id: 2, name: 'bravo' }));
      case 'users:3':
        return Promise.resolve(JSON.stringify({ id: 3, name: 'charlie' }));
      case 'users:4':
        return Promise.resolve(JSON.stringify({ id: 4, name: 'delta' }));
    }
    return Promise.resolve(null);
  });

  const reqMock = { };

  const res = await getUsers(reqMock);

  expect(mockRedisGet).toHaveBeenCalledTimes(4);
  expect(res.users.length).toStrictEqual(4);
  expect(res.users).toStrictEqual([
    { id: 1, name: 'alpha' },
    { id: 2, name: 'bravo' },
    { id: 3, name: 'charlie' },
    { id: 4, name: 'delta' }
  ])
});
```

위 테스트 코드를 실행하면 다음과 같이 2건의 테스트가 실행되고 통과(PASS)합니다.

```
$ ./node_modules/.bin/jest handlers/users.test.js
 PASS handlers/users.test.js
  ✓ getUser (2 ms)
  ✓ getUsers

Test Suites: 1 passed, 1 total
Tests:       2 passed, 2 total
Snapshots:   0 total
Time:        0.305 s, estimated 1 s
```

각 코드를 자세히 살펴보겠습니다.

6.9.1 목으로 만들기

먼저 테스트 준비로 목을 만드는 부분입니다.

예제 6-37 handlers/users.test.js를 목으로 만드는 부분

```javascript
const mockRedisGet = jest.fn();
const mockRedisScanStream = jest.fn();
jest.mock('../lib/redis', () => {
  return {
    getClient: jest.fn().mockImplementation(() => {
      return {
        get: mockRedisGet,
        scanStream: mockRedisScanStream
      };
    })
  };
});
```

[예제 6-37]은 require('../lib/redis')로 읽은 변수의 내용을 jest.mock으로 정의한 객체로 바꾼 코드입니다. jest.mock은 test 함수보다 먼저 실행되고, 테스트 코드 안에서 실행되는 함수에 mock을 주입합니다. 여기에서는 레디스 클라이언트의 get과 scanStream을 목으로 만들 것이므로 jest.fn()에서 목으로 만든 객체를 2개 준비합니다. 그리고 jest.mock 내부에서 getClient 함수가 get과 scanStream의 목을 반환하도록 목을 주입합니다.

beforeEach는 모든 테스트 전에 실행되는 처리를 정의할 수 있는 함수입니다. 여기에서는 mockRedisGet이 getUser와 getUsers 테스트 2개 위치에서 호출되기 때문에 이대로는 테스트할 때마다 목을 호출하는 횟수가 증가합니다. 따라서 모든 테스트를 실행하기 전에 일단 목을 리셋합니다.

```javascript
beforeEach(() => {
  mockRedisGet.mockClear();
  mockRedisScanStream.mockClear();
});
```

6.9.2 목을 이용한 테스트

[예제 6-38]은 getUser의 테스트 코드 부분입니다. 목으로 만든 객체는 mockFn.mockReturnValue(value)나 mockFn.mockResolvedValue(value)와 같이 반환값을 바꾸는 함수를 이용할 수 있게 됩니다. 다음 실제 테스트 코드에서는 mockRedisGet에 있는 mockResolvedValue 함수를 이용합니다. 이 함수로 JSON.stringify({ id: 1, name: 'alpha' })를 성공하는 프로미스 객체로 감싼 것을 반환하도록 설정합니다.

예제 6-38 handlers/users.test.js의 getUser 부분

```javascript
test('getUser', async () => {
  mockRedisGet.mockResolvedValue(JSON.stringify({ id: 1, name: 'alpha' }));

  const reqMock = { params: { id: 1 } };

  const res = await getUser(reqMock);

  // 반환값 테스트
  expect(res.id).toStrictEqual(1);
  expect(res.name).toStrictEqual('alpha');

  // 목의 호출 횟수 테스트
  expect(mockRedisGet).toHaveBeenCalledTimes(1);

  // 목의 인수 테스트
  const [arg1] = mockRedisGet.mock.calls[0];
```

```
  expect(arg1).toStrictEqual('users:1');
});
```

이것으로 getUser 함수 내부에서 호출되는 await redis.getClient().get(key)는 JSON.
stringify({ id: 1, name: 'alpha' })를 반환할 수 있습니다. 이렇게 미들웨어를 목으
로 만들면 레디스 서버가 없어도 테스트를 할 수 있습니다.

목을 정의했다면 다음은 getUser를 실행한 결과를 expect로 검증합니다. 반환값 테스트 부분
에서는 단순히 사용자에게 반환되는 객체를 비교합니다.

```
// 반환값 테스트
expect(res.id).toStrictEqual(1);
expect(res.name).toStrictEqual('alpha');
```

객체(res)를 비교하는 것도 좋지만, 저는 매개변수를 각각 비교하는 방법을 많이 사용합니다.

객체를 비교하는 경우 객체의 속성이 추가됐을 때 관련된 테스트가 모두 실패하는 경우가 자주
있습니다. 물론 값을 올바르게 비교하고자 하는 테스트가 실패하는 것은 중요합니다. 하지만
관련된 다른 함수에서 그 속성을 이용하지 않을 때는 속성 변경은 해당 함수의 테스트와는 무
관합니다. 속성만 비교하는 것이라면 속성이 추가되더라도 테스트 자체는 실패하지 않기 때문
입니다. 그래서 저는 속성이 추가된 경우에 실패시키고 싶은 케이스(객체의 타입이 테스트의
콘텍스트로서 중요할 때)를 제외하고는 필요한 속성을 필터링해서 테스트할 때가 많습니다.

나머지는 목으로 만든 모듈을 확인하는 테스트입니다.

```
// 목의 호출 횟수 테스트
expect(mockRedisGet).toHaveBeenCalledTimes(1);

// 목의 인수 테스트
const [arg1] = mockRedisGet.mock.calls[0];
expect(arg1).toStrictEqual('users:1');
```

여기에서 테스트하고 있는 함수는 말로 표현하면 '레디스에서 데이터를 가져와 그 값을 반환하
는' 함수입니다. 앞에서 반환한 값을 비교하는 것만으로는 '레디스에서 데이터를 가져왔는가'만
테스트할 수 있습니다. 극단적으로 이야기하면 레디스를 호출하지 않고 고정값으로 객체를 반

환해서 테스트를 통과할 수도 있습니다. 인수의 패턴은 늘리는 등으로 극단적인 경우를 줄일 수는 있지만, 이 역시 if문으로 인수 패턴 만큼 반환값을 준비할 수도 있습니다.[31] 그래서 레디스 클라이언트의 get이 제대로 호출됐는지 체크하는 테스트를 하고 싶어집니다.

목을 만들면 이런 경우에도 효과를 발휘합니다. expect(mockFn).toHaveBeenCalledTimes (number)에서 목 함수가 몇 차례 호출됐는지 테스트할 수 있습니다. 즉 In(인수)와 Out(반환값) 패턴을 더해 '레디스에서 데이터를 가져왔다'라는 콘텍스트를 테스트할 수 있는 것입니다.

또한 목으로 만든 함수는 mock이라는 속성을 가지며, 여기에 추가된 calls라는 속성에서 어떤 인수로 몇 차례 호출됐는지 읽을 수 있습니다. 앞에서의 expect(mockFn).toHaveBeen CalledTimes(number)는 mockFn.mock.length의 수를 비교하는 것과 같습니다.

```
// 다음 2개는 같다.
expect(mockRedisGet).toHaveBeenCalledTimes(1);
expect(mockRedisGet.mock.calls.length).toStrictEqual(1);
```

calls에는 호출된 횟수와 인수가 2차원 배열로 저장돼 있습니다. 이 테스트에서 arg1은 'mockRedisGet이 처음 호출된 1번째 인수'가 됩니다. 여기에서는 getUser 함수 내부의 req. params.id가 1일 때, 레디스에서 users:1의 키를 가져오려고 하는지에 관한 테스트를 수행하고 있는 것입니다. 반대로 말하면 이 테스트를 하지 않으면 '요청에서 지정한 ID를 사용해 레디스에서 가져오려는 키를 가져오고 있는지'를 테스트 코드에서 판단할 수 없습니다.

실제로 레디스에 연결해 데이터를 가져오는 테스트 코드의 경우, 반환값을 테스트하기만 해도 위와 같은 비교는 불필요합니다. 레디스에서 데이터를 가져올 수 없으면 반환값 비교만으로도 테스트를 충분히 할 수 있습니다. 게다가 레디스의 키가 확실하게 생성돼 있지 않으면 데이터 자체를 가져올 수 없기 때문에 이 역시 테스트 실패를 통해 가려낼 수 있습니다.

그러나 이 테스트 코드에서는 목으로 만들었기 때문에 레디스에서 가져오는 값은 테스트 코드에서 부여한 일정한 값이 됩니다. 극단적인 이야기이지만 테스트 통과에 유리한 목을 준비하면 애플리케이션 코드가 아무리 잘못돼도 테스트에 통과하는 코드를 만들 수 있습니다.

....

31 너무 극단적인 예이기는 합니다.

따라서 목을 이용하는 경우에 의미 있는 테스트를 하려면 목이 호출되는 횟수나 인수를 체크하는 것이 좋습니다. 물론 다른 테스트로 이런 부분을 커버한다면 개별 테스트에서는 이 비교를 생략할 수도 있습니다. 이 책은 테스트 작성 방법 자체가 주목적이 아니므로 이 이상 자세히 다루지는 않겠습니다. 흥미가 있는 분들은 테스트에 관한 다른 서적들을 참고하기 바랍니다.

6.10 AsyncIterator 테스트

getUsers 테스트를 설명하겠습니다. 기본 사고방식은 getUser 함수의 테스트와 같지만, 여기에서는 다른 부분에 초점을 맞춰 설명합니다. AsyncIterator를 목으로 만드는 방법과 제스트의 mockImplementation으로 로직을 조합하는 방법을 알아보겠습니다.

예제 6-39 handlers/users.test.js의 getUsers 부분

```
test('getUsers', async () => {
  const streamMock = {
    async* [Symbol.asyncIterator]() {
      yield ['users:1', 'users:2'];
      yield ['users:3', 'users:4'];
    }
  };
  mockRedisScanStream.mockReturnValueOnce(streamMock);
  mockRedisGet.mockImplementation((key) => {
    switch (key) {
      case 'users:1':
        return Promise.resolve(JSON.stringify({ id: 1, name: 'alpha' }));
      case 'users:2':
        return Promise.resolve(JSON.stringify({ id: 2, name: 'bravo' }));
      case 'users:3':
        return Promise.resolve(JSON.stringify({ id: 3, name: 'charlie' }));
      case 'users:4':
        return Promise.resolve(JSON.stringify({ id: 4, name: 'delta' }));
    }
    return Promise.resolve(null);
  });

  const reqMock = { };
```

```
  const res = await getUsers(reqMock);

  expect(mockRedisScanStream).toHaveBeenCalledTimes(1);
  expect(mockRedisGet).toHaveBeenCalledTimes(4);
  expect(res.users.length).toStrictEqual(4);
  expect(res.users).toStrictEqual([
    { id: 1, name: 'alpha' },
    { id: 2, name: 'bravo' },
    { id: 3, name: 'charlie' },
    { id: 4, name: 'delta' }
  ])
});
```

이번 getUsers에서 어려운 부분은 AsyncIterator를 목으로 만드는 부분입니다. Async Iterator를 목으로 만들 때는 제너레이터와 심벌symbol을 조합해서 구현합니다.

6.10.1 제너레이터

제너레이터[32]를 알아보겠습니다.

function에 *(애스터리스크)가 붙은 함수를 제너레이터 함수라고 합니다. 보통 함수는 return으로 값을 한 번만 반환하는 처리를 정의하지만, 제너레이터 함수를 이용하면 값을 여러 차례 반환하도록 정의할 수 있습니다.

```
function* generatorFunc() {
  yield 1;
  yield 2;
  yield 3;
}

const genertor = generatorFunc();

console.log(genertor.next().value); // 1
console.log(genertor.next().value); // 2
console.log(genertor.next().value); // 3
```

---

32 https://developer.mozilla.org/en-US/docs/Web/JavaScript/Reference/Global_Objects/Generator

위 코드로 설명하면 generatorFunc에 있는 yield라는 키워드가 있을 때마다 return을 할 수 있다고 생각하면 됩니다. 이렇게 yield로 반환한 값은 next라는 속성을 가집니다. next를 호출할 때마다 반환값을 순서대로 꺼낼 수 있습니다.

즉 제너레이터 함수를 사용하면 횟수에 제한없이 값을 반환하는 함수를 정의할 수 있습니다. '횟수에 제한 없이 값을 반환한다'는 부분에 주목하기 바랍니다. 이제까지 다루었던 Node.js에 이와 비슷한 개념이 없었을까요? 답을 상상할 수 있는 분이라면 Node.js에 상당히 정통한 분일 것입니다. 그렇습니다. EventEmitter와 매우 비슷한 특성을 갖고 있습니다. yield를 호출할 때마다 값을 반환할 수 있다는 점은 EventEmitter에서 이벤트가 발생할 때마다 emit 함수를 호출하고 .on()을 이용해 값을 꺼내는 것과 비슷하다는 생각이 들지 않나요? 비슷한 특성을 갖는다는 것은 서로 호출할 수 있다는 것을 의미합니다. EventEmitter(스트림 처리)를 for ... of(AsyncIterator)로 처리할 수 있는 것은 이처럼 비슷한 특성을 가지고 있기 때문입니다.

6.10.2 심벌

2.2.3절에서도 조금 다루었지만 심벌은 ES6에서 추가된 새로운 원시 타입입니다. 심벌을 이용하면 중복이 없는 값을 생성할 수 있습니다.

AsyncIterator를 구현하기 위해서 객체의 Symbol.asyncIterator 매개변수에 구현을 추가합니다.

```
const foo = Symbol('foo');
const foo2 = Symbol('foo');

console.log(foo === foo); // true
console.log(foo === foo2); // false

const obj = {};

obj[foo] = 'foo';
obj[foo2] = 'foo2';

console.log(obj.foo); // undefined
console.log(obj[foo]); // foo
console.log(obj[foo2]); // foo2
```

심벌은 비교적 새로운 자바스크립트에서 추가된 개념입니다. 자바스크립트는 하위 호환성이 매우 높은 언어라고 몇 차례 설명했습니다. 심벌도 하위 호환성을 유지하기 위해 도입된 것입니다. ES6 이후의 자바스크립트에서는 이와 같이 AsyncIterator나 `for ... of`로 반복 처리할 수 있는 객체(`iterator`) 등을 표현할 수 있어야 합니다.

MDN 문서에서 제공하는 코드를 기반으로 `for ... of`로 반복 처리할 수 있는 객체를 만들어 보겠습니다.[33] [34]

```
const iterableObj = {};

iterableObj[Symbol.iterator] = function* () {
  yield 1;
  yield 2;
  yield 3;
};

for (const elem of iterableObj) {
  console.log(elem); // 1, 2, 3
}
```

예를 들어 심벌이라는 개념이 없을 때 '`iterator`라는 속성을 가진 객체를 반복할 수 있다'고 정의했다고 가정해봅시다.

```
const iterableObj = {
  iterator: function *() {
    yield 1;
    yield 2;
    yield 3;
  }
};
```

`iterator` 속성의 문제점은 뒤에서 간단하게 덮어쓸 수 있다는 점입니다.

---

33 **Symbol.iterator** https://developer.mozilla.org/en-US/docs/Web/JavaScript/Reference/Global_Objects/Symbol/iterator

34 MDN 안의 코드는 퍼블릭 도메인입니다. 기여자는 다음 URL에서 확인할 수 있습니다. https://developer.mozilla.org/en-US/docs/Web/JavaScript/Reference/Global_Objects/Symbol/iterator/contributors.txt

```
iterableObj.iterator = function *() { ... } // 다른 처리를 할당
```

자바스크립트는 좋든 나쁘든 오랫동안 사용된 언어입니다. 만약 자바스크립트 전체에서 iterator라는 속성에 특별한 의미를 갖도록 변경하면 과거부터 iterator라는 속성 이름을 가진 모든 프로그램에 파괴적인 변경을 가하게 됩니다.

재할당되는 코드가 기존 코드에 포함되는 경우에는 기대한 대로 동작하지 않을 수 있습니다. 여기에서 심벌의 중복되지 않는 값을 생성할 수 있는 특징이 효과를 발휘합니다.

```
const iterator = Symbol('iterator');
const iterator2 = Symbol('iterator');

const iterableObj = {
  iterator: () => {
    return 'foo';
  },
  [iterator]: () => {
    return 'bar';
  },
  [iterator2]: () => {
    return 'foobar';
  }
};
```

심벌을 이용하면 위 코드와 같이 중복이 없는 속성을 정의할 수 있습니다. 심벌이라는 원시 타입 덕분에 기존 객체에 영향을 주지 않고도 특별한 동작을 하는 속성을 부여할 수 있게 됐습니다. Symbol.iterator나 Symbol.asyncIterator 등 새로운 자바스크립트 문법에서 필요한 특별한 속성을 심벌에 정의함으로써 하위 호환성을 유지하면서 새로운 동작을 부여할 수 있게 된 것입니다.

6.10.3 AsyncIterator의 목을 사용한 테스트

제너레이터 함수와 심벌을 알아보았으니 이제 이들을 조합해 AsyncIterator를 목으로 만드는 방법을 설명합니다.

```
const streamMock = {
  async* [Symbol.asyncIterator]() {
    yield ['users:1', 'users:2'];
    yield ['users:3', 'users:4'];
  }
};
mockRedisScanStream.mockReturnValueOnce(streamMock);
mockRedisGet.mockImplementation((key) => {
  switch (key) {
    case 'users:1':
      return Promise.resolve(JSON.stringify({ id: 1, name: 'alpha' }));
    case 'users:2':
      return Promise.resolve(JSON.stringify({ id: 2, name: 'bravo' }));
    case 'users:3':
      return Promise.resolve(JSON.stringify({ id: 3, name: 'charlie' }));
    case 'users:4':
      return Promise.resolve(JSON.stringify({ id: 4, name: 'delta' }));
  }
  return Promise.resolve(null);
});
```

scanStream은 Stream 객체를 반환하는 함수입니다. streamMock으로 AsyncIterator의 인터페이스를 가진 객체를 만들고, mockReturnValueOnce에서 그 객체를 반환하도록 설정합니다.[35] 이 streamMock 객체는 1번째 호출에서 ['users:1', 'users:2']를 반환하고, 2번째 호출에서 ['users:3', 'users:4']를 반환합니다.

다음은 get 함수를 목으로 만듭니다. 여기에서는 AsyncIterator에서 얻은 키에 대응하는 데이터를 반환하는 구현 자체를 목으로 삽입합니다. 이번 테스트에서는 목으로 반환한 키가 4가지 패턴이므로 get 함수에서 반환하는 로직도 4가지 패턴입니다.[36]

이렇게 mockFn.mockImplementation을 이용하면 목의 동작을 세세하게 구현할 수 있습니다. 하지만 지나침은 금물입니다. 너무 많이 구현하면 오히려 목의 구현도 테스트해야 합니다. 예를 들어 이번 테스트의 콘텍스트에서는 '레디스에서 key 목록을 가져온다'는 것과 'key를 기반으로 value를 얻는다'는 것이 중요합니다. 따라서 key에 대응하는 value를 로직으로 반환

---

[35] 이 테스트같은 경우 Once가 붙지 않은 mockReturnValue에서도 결과가 같습니다. 저는 목으로 만든 객체가 다른 테스트에 영향을 줄 가능성을 최소화하기 위해 한 번만 목을 만들 수 있는 Once가 붙은 함수를 의도적으로 이용합니다.

[36] 만일을 위해 기본값으로 null을 반환합니다.

하지 않고 고정된 값의 객체로 만들어서, get 함수가 기대하는 인수로 호출되는지에 대한 테스트로도 충분히 대체할 수 있습니다.

이러한 사용 방법을 알아두는 것이 손해는 아니지만 너무 기억하려고 애쓰지 않는 편이 좋습니다.[37] 알기 쉬운 테스트를 작성한다는 본질만 알아도 충분합니다.

예제 6-41 AsyncIterator가 getUsers 내부에서 올바르게 동작하는지를 테스트

```
const reqMock = { };

const res = await getUsers(reqMock);

expect(mockRedisScanStream).toHaveBeenCalledTimes(1);
expect(mockRedisGet).toHaveBeenCalledTimes(4);
```

getUsers 함수 내부에서는 req 객체 이용을 지정하지 않았으므로 빈 객체를 인수로 전달합니다. toHaveBeenCalledTimes는 목 객체가 호출된 횟수를 테스트를 하는 함수입니다. 이번에는 scanStream이 1번, get이 4번 호출되는 것을 확인해 얻은 key만큼의 루프가 돌고 있는지 테스트합니다. 실질적으로는 mockFn.mock.calls의 길이를 비교하므로 다음 2개는 같은 테스트가 됩니다.

```
expect(mockRedisGet).toHaveBeenCalledTimes(4);
expect(mockRedisGet.mock.calls.length).toStrictEqual(4);
```

toHaveBeenCalledTimes는 mock을 위한 util 함수와 같습니다. getUser 함수에서 인수를 비교하기 위해 mockFn.mock.calls 배열을 직접 참조했지만, 이것도 toHaveBeenCalledWith나 toHaveBeenNthCalledWith와 같은 util 함수를 제공합니다.

테스트의 콘텍스트를 전달한다는 의미에서 이 함수들을 이용하면 좋은 경우도 있습니다. 다만 앞의 테스트에서는 일부러 직접 속성을 참조하는 사용 방법을 택했습니다. 이 util 함수들은 테스트 프레임워크에 따라 인터페이스가 달라집니다.

문서를 읽고 제스트 사용 방법을 세세하게 파악하는 것도 좋지만, 목으로 만들었을 때 호출 횟수를 테스트하려는 의도가 중요합니다. 이를 기억하면 나중에 제스트 이외의 프레임워크가 유

---

37 적당히 기억하고 알기 쉬운 것을 판단하는 것은 경험이나 지식을 필요로 하기 때문에 가장 어려운 부분이기는 합니다….

행하더라도 이러한 테스트의 본질을 활용할 수 있을 것입니다. 이는 자바스크립트는 물론 다른 언어에서 테스트를 할 때도 마찬가지입니다. 따라서 여기에서는 제스트 사용 방법을 익히면 좋지만 '이런 테스트를 작성해야만 하는 이유는 무엇인가'라는 의도에 집중해서 익히길 바랍니다.

6.10.4 테스트와 루프 처리

남은 테스트는 호출한 함수의 반환값을 체크하는 것입니다. 이 부분은 특별히 어렵지 않습니다.

예제 6-42 handlers/users.test.js의 루프 처리 부분

```
expect(res.users.length).toStrictEqual(4);
expect(res.users).toStrictEqual([
  { id: 1, name: 'alpha' },
  { id: 2, name: 'bravo' },
  { id: 3, name: 'charlie' },
  { id: 4, name: 'delta' }
]);
```

배열의 길이와 내용을 체크합니다. 2번째 객체 체크만으로도 길이를 체크할 수 있으므로 이 테스트만 작성하기도 합니다. 그러나 getUser 함수의 테스트에서 다루었던 것처럼 이 부분은 반환값의 타입 변경에 취약합니다.

그렇기 때문에 저는 반환값이 자주 바뀌는 함수에서는 다음과 같이 비교 부분을 루프 처리로 작성하기도 합니다.

예제 6-43 루프로 비교 부분 작성하기

```
for (const user of res.users) {
  if (user.id === 1) {
    expect(user.name).toStrictEqual('alpha');
  } else if (user.id === 2) {
    expect(user.name).toStrictEqual('bravo');
  } else if (...) {
    ...
  }
}
```

하지만 이 방법에도 약점이 있습니다. 예를 들어 원래의 로직을 수정했을 때 버그가 섞여서 res.users가 빈 배열이 됐을 때를 생각해보겠습니다. 원래라면 버그이므로 테스트가 실패해야 합니다. 하지만 테스트를 루프 처리로 작성하면 배열이 비었을 때 비교 함수가 한 번도 호출되지 않으므로 테스트는 통과하게 됩니다.

그래서 이에 대한 대책은 예상하는 배열의 길이를 체크하는 테스트를 작성하는 것입니다. 이 테스트로 루프 처리에 의한 테스트 누락이 발생하지 않도록 대응할 수 있습니다. 물론 이것만으로 확실하게 대응할 수 있는 것은 아니므로 여러 방법을 조합해서 대응해야 합니다. 그래도 테스트 실수를 조금이라도 막는 수단의 하나로 기억해두면 도움이 될 것입니다.

또한 어서션 처리의 횟수를 세는 것도 효과적입니다. 이것은 실패 시의 테스트와 공통된 부분이므로 거기에서 6.11절에서 자세하게 설명하겠습니다.

여기서 핵심은 테스트에 루프 처리가 등장하는 경우에는 루프 내부의 테스트가 호출되지 않을 때 테스트가 제대로 실패할 수 있는지 주의해야 한다는 점입니다.

6.11 실패 시의 테스트

여기까지의 테스트는 성공 시의 테스트만 작성했습니다. 하지만 실제 애플리케이션 개발에서 중요한 것은 실패 시의 테스트입니다.

이번에는 getUser 함수에 실패 시의 테스트를 추가합니다. 성공 시의 테스트와 마찬가지로 목으로 만든 레디스 클라이언트의 get 함수를 사용합니다. 그러나 여기에서는 Resolve가 아니라 Reject(프로미스의 실패)가 발생하도록 정의합니다. getUser 함수 내부는 try-catch도 없기 때문에 실패한 에러 객체가 그대로 상위로 throw되는 것을 테스트합니다.

예제 6-44 handlers/users.test.js의 실패 시의 테스트

```
test('getUser 실패', async () => {
  expect.assertions(2);

  mockRedisGet.mockRejectedValue(new Error('something error'));

  const reqMock = { params: { id: 1 } };
```

```
  try {
    await getUser(reqMock);
  } catch (err) {
    expect(err.message).toStrictEqual('something error');
    expect(err instanceof Error).toStrictEqual(true);
  }
});
```

6.11.1 테스트 실행 횟수 세기

실패 시의 테스트에서는 맨 처음 행에 있는 expect.assertions(2)를 잊지 않는 것이 매우 중요합니다.

제스트에서는 expect.assertions(number)로 해당 테스트 케이스에서 expect를 몇 번 호출하는지 예상하는 테스트를 작성할 수 있습니다.[38] '수정에 의해 버그가 유입됐지만 테스트는 성공했다'와 같은 상황을 방지하기 위한 방법입니다. 만약 expect.assertions(number)가 없다면 어떻게 될까요?

먼저 expect.assertions(number)만 제거한 버전입니다.

예제 6-45 handlers/users.test.js 실패 시의 테스트

```
test('getUser 실패', async () => {
  mockRedisGet.mockRejectedValue(new Error('something error'));

  const reqMock = { params: { id: 1 } };

  try {
    await getUser(reqMock);
  } catch (err) {
    expect(err.message).toStrictEqual('something error');
    expect(err instanceof Error).toStrictEqual(true);
  }
});
```

이 테스트를 실행하면 테스트 자체는 통과합니다.

....

38 expect.assertions https://jestjs.io/docs/expect#expectassertionsnumber

```
$ ./node_modules/.bin/jest handlers/users.test.js
 PASS handlers/users.test.js
  ✓ getUser (3 ms)
  ✓ getUser 실패(1 ms)
  ✓ getUsers (1 ms)

Test Suites: 1 passed, 1 total
Tests:       3 passed, 3 total
Snapshots:   0 total
Time:        0.179 s, estimated 1 s
```

얼핏 문제가 없어 보이지만 이 테스트에는 문제가 숨어 있습니다. '실패' 부분을 확인해보겠습니다.

애플리케이션을 운용하는 도중 getUser 함수 내부에서 에러가 발생했을 때 에러를 throw하지 않고 undefined를 반환하도록 변경했다고 가정합니다. 애플리케이션 코드의 수정은 try-catch하고, 에러가 발생했을 때는 undefined를 return하게 하면 됩니다.

예제 6-46 getUser 함수 내부의 에러 처리가 변경된 경우

```
const getUser = async (req) => {
  try {
    const key = `users:${req.params.id}`;
    const val = await redis.getClient().get(key);
    const user = JSON.parse(val);
    return user;
  } catch (err) {
    return undefined;
  }
};
```

이 상태에서 앞의 테스트를 실행하면 어떻게 될 것인지 상상해보겠습니다. await redis.getClient().get(key) 부분은 목에 의해 에러를 throw합니다. 하지만 그 에러는 catch돼 undefined를 return합니다.

여기에서 [예제 6-45]의 테스트 코드로 돌아가봅시다.

```
test('getUser 실패', async () => {
  mockRedisGet.mockRejectedValue(new Error('something error'));

  const reqMock = { params: { id: 1 } };

  try {
    await getUser(reqMock);
  } catch (err) {
    expect(err.message).toStrictEqual('something error');
    expect(err instanceof Error).toStrictEqual(true);
  }
});
```

이 테스트는 getUser 함수 전체를 try-catch해서 '에러가 발생했을 때 에러 객체를 어서션한다'는 테스트입니다. 즉 getUser 함수가 에러를 throw하지 않았을 경우 이 테스트 코드 안의 어서션 처리는 0이 됩니다.

따라서 테스트가 실행되면 어서션 처리가 0이므로 테스트가 성공합니다.

```
$ ./node_modules/.bin/jest handlers/users.test.js
  PASS handlers/users.test.js
    ✓ getUser (3 ms)
    ✓ getUser 실패(1 ms)
    ✓ getUsers (1 ms)

Test Suites: 1 passed, 1 total
Tests:       3 passed, 3 total
Snapshots:   0 total
Time:        0.179 s, estimated 1 s
```

이 테스트의 콘텍스트에서 생각해보면 '실패 시 제대로 실패하는 것'을 테스트하고 싶은 것이라고 바꿔 말할 수 있습니다. 하지만 getUser가 정상 종료됐을 때 expect가 한 번도 호출되지 않기 때문에 테스트로서는 정상적으로 통과하게 됩니다. 즉 이 테스트에서는 '에러가 발생한 것'을 감지할 수 없었다는 의미가 됩니다.

테스트 실행 횟수 보기

이제 expect.assertions(number)를 원래대로 되돌려보겠습니다.

```
test('getUser 실패', async () => {
  expect.assertions(2);

  mockRedisGet.mockRejectedValue(new Error('something error'));

  const reqMock = { params: { id: 1 } };
  try {
    await getUser(reqMock);
  } catch (err) {
    expect(err.message).toStrictEqual('something error');
    expect(err instanceof Error).toStrictEqual(true);
  }
});
```

이 테스트는 실패합니다.

```
$ ./node_modules/.bin/jest handlers/users.test.js
 FAIL handlers/users.test.js
  ✓ getUser (2 ms)
  ✕ getUser 실패(1 ms)
  ✓ getUsers (1 ms)

  ● getUser 실패

    expect.assertions(2)

    Expected two assertions to be called but received zero assertion calls.

      41 │
      42 │ test('getUser 실패', async () => {
    > 43 │ expect.assertions(2);
         │        ^
      44 │ mockRedisGet.mockRejectedValue(new Error('something error'));
      45 │
      46 │ const reqMock = { params: { id: 1 } };

      at Object.<anonymous> (handlers/users.test.js:43:10)

Test Suites: 1 failed, 1 total
Tests:       1 failed, 2 passed, 3 total
Snapshots:   0 total
```

```
Time:        0.265 s, estimated 1 s
Ran all test suites matching /handlers\/users.test.js/i.
```

getUser 함수가 에러를 throw하지 않게 됐지만, 테스트 코드 catch 내부의 expect도 호출되지 않아 어서션 수를 증가시키는 부분에서 테스트를 실패합니다. 즉 expect.assertions(number)는 '에러가 발생하는 것'을 테스트하는 것을 알 수 있습니다.

테스트에 try-catch가 발생하는 경우(에러 시의 테스트 등) 이러한 에러가 발생할 것이라는 전제한 테스트라는 것을 잊어버리기 쉽습니다. 이제 앞에서 expect.assertions(number)를 잊지 않는 것이 매우 중요하다고 한 이유를 이해했을 것입니다.

제스트에서만의 이야기라면 expect 함수의 expect(xxx).rejects.toEqual(yyy)로도 검출할 수 있습니다. '제스트의 비동기 테스트 문서'[39]도 참고하기 바랍니다.

하지만 문서대로 expect.assertions(number)로 작성하는 것을 권장합니다.

정상적으로 처리가 완료되면 실패하기

expect.assertions(number)를 사용하지 않는 경우는 정상적으로 처리가 완료돼 버렸을 때 테스트가 실패하도록 하는 것과 같은 효과를 얻을 수 있습니다.

Node.js의 표준 모듈만으로 테스트를 작성하면 다음과 같습니다.

```
const assert = require('assert');

try {
  await someFunc();
  assert.strictEqual(true, false, '이 assert 처리를 통과하면 정상 처리되는 것이므로
이상하다.');
} catch (err) {
  assert.strictEqual(err.message, 'something error', '에러 문구가 맞다.');
}
```

또는 가정한 처리를 망라할 수 있도록 카운터나 플래그 등을 이용해 try-catch 외부에서 어서션 처리를 수행하는 방법도 효과적입니다.

---

[39] https://jestjs.io/docs/tutorial-async

```
const assert = require('assert');

let counter = 0;
try {
  await someFunc();
} catch (err) {
  counter++;
  assert.strictEqual(err.message, 'something error', '에러 문구가 맞다.');
}
assert.strictEqual(counter, 1, 'catch가 호출됐다.');
```

이렇게 실패 시 사용할 수 있는 방법을 알아두면 테스트 프레임워크가 바뀌어도 손쉽게 바꿔 쓸 수 있습니다.

여기에서는 에러 시의 테스트를 주제로 소개했지만, 루프 테스트에서 이야기한 것처럼 에러 시 는 물론 '이 테스트는 어떤 경우에도 반드시 어서션 처리를 호출하는가'라는 점이 중요합니다. 특히 에러 시의 테스트에서는 실패의 함정에 빠지기 쉽습니다. 어서션 처리에 주의하면서 테스 트를 작성해야 테스트 실패 함정에 빠질 가능성을 줄일 수 있습니다.

6.12 핸들러 단위의 분할과 테스트 용이성

이번 절에서는 지금까지 코드 분할을 한 이유를 다시 한번 설명합니다. 6.8.2절에서도 설명한 것처럼 코드 분할은 저의 경험을 통해 얻은 알기 쉬운 테스트를 위한 분할입니다.

res 객체에 대한 의존을 없애는 것으로 테스트하기 쉬워지는 효과가 있습니다. 말로는 전달 하기 어려우므로 res 객체에 의존한 형태의 테스트와 비교해봅니다. 비교를 위해 req와 함께 res를 인수로 추가하고, return 대신 res 객체의 함수를 호출하는 형태로 바꿉니다.

예제 6-48 handlers/users.js

```
const getUser = async (req, res) => {
  try {
    const key = `users:${req.params.id}`;
    const val = await redis.getClient().get(key);
    const user = JSON.parse(val);
    res.status(200).json(user);
```

```
  } catch (err) {
    res.status(500).send('internal error');
  }
};
```

이 코드에 테스트를 작성해보겠습니다. 대부분은 [예제 6-38]의 테스트(전체는 예제 6-36) 와 같습니다.

예제 6-49 handlers/users.test.js

```
test('getUser', async () => {
  mockRedisGet.mockResolvedValue(JSON.stringify({ id: 1, name: 'alpha' }));

  const reqMock = { params: { id: 1 } };
  const resMock = {
    status: jest.fn().mockReturnTthis(),
    json: jest.fn().mockReturnTthis()
  };

  await getUser(reqMock, resMock);

  // res.status의 테스트
  expect(resMock.status).toHaveBeenCalledTimes(1);
  expect(resMock.status).toHaveBeenCalledWith(200);

  // res.json의 테스트
  expect(resMock.json).toHaveBeenCalledTimes(1);
  expect(resMock.json).toHaveBeenCalledWith(expect.objectContaining({ id: 1, name:
'alpha' }));

  // redis.get의 호출 횟수 테스트(여기는 이전까지와 같음)
  expect(mockRedisGet).toHaveBeenCalledTimes(1);
  expect(mockRedisGet.mock.calls.length).toStrictEqual(1);

  // toHaveBeenCalledWith로 바꿔 써도 OK
  const [arg1] = mockRedisGet.mock.calls[0];
  expect(arg1).toStrictEqual('users:1');
});
```

res 객체를 전달하는 형태가 됐기 때문에 req 객체의 목이 필요합니다. 익스프레스의 res 객체는 res.status(200).json(user)와 같이 메서드 체인으로 호출할 수 있습니다.

제스트에서는 객체의 메서드 체인이 가능한(자신의 참조를 반환하는) 함수를 mockReturn This로 정의할 수 있습니다. 앞의 테스트 코드는 resMock 객체의 ststus 함수만을 mock ReturnThis로 함으로써 테스트할 수 있지만, json 함수도 만일을 위해 mockReturnThis로 합니다.

테스트 부분을 보면 반환값이 없어짐에 따라 반환값 체크 테스트에서 목의 호출 테스트로 바뀌었습니다.

그다음 status 함수의 테스트는 함수가 여러 차례 호출되지 않는 것과 상태 코드 200을 반환하게 하기 위해 200이라는 숫자가 인수로 전달되는 것을 체크합니다.

```
expect(resMock.status).toHaveBeenCalledTimes(1);
expect(resMock.status).toHaveBeenCalledWith(200);
```

json 함수는 객체를 송신하기 위한 함수이므로 호출 횟수와 송신한 객체를 인수로 호출하는지 체크합니다.

```
expect(resMock.json).toHaveBeenCalledTimes(1);
expect(resMock.json).toHaveBeenCalledWith(expect.objectContaining({ id: 1, name:
'alpha' }));
```

expect.objectContaining은 객체에 인수의 요소가 포함돼 있는지 체크합니다. 위 코드에서는 'id가 1, name이 alpha를 포함하는 객체'인가를 체크합니다. 객체에 포함하는지를 체크하는 것이므로 그 이외의 속성이 존재해도 테스트는 통과합니다.

여기에서는 설명을 위해 모호한 체크를 했습니다. 하지만 이 함수의 유스케이스를 생각해보면 직접 사용자에게 보이는 값입니다. 속성이 변화하면 사용자에게 직접 영향을 줄 가능성이 있습니다. 그래서 이 경우에는 사실 엄격한 체크를 하는 것이 좋습니다. 엄격한 체크를 하려면 다음 코드처럼 직접 인수에 객체를 넣으면 됩니다.

예제 6-50 엄격하게 체크하기

```
// foo: 'bar'가 추가됐다.
mockRedisGet.mockResolvedValue(JSON.stringify({ id: 1, name: 'alpha', foo: 'bar' }));

expect(resMock.json).toHaveBeenCalledWith(expect.objectContaining({ id: 1, name:
```

```
'alpha' })); // OK
expect(resMock.json).toHaveBeenCalledWith({ id: 1, name: 'alpha' }); // NG
```

반대로 내부에서만 사용되는 함수에서 인터페이스가 조금만 변경되어도 관련된 모든 테스트를 다시 써야 하는 경우가 발생하기도 합니다. 테스트 내부에서 해당 속성을 사용하지 않아도 테스트에 변경이 발생하면, 향후 수정 빈도에 따라서 비용이 늘어납니다. 따라서 객체의 형식이 중요하지 않은 위치에서 하는 테스트는 모호한 체크를 이용하는 것도 좋습니다.

이렇게 res 객체에 의존하는 형태의 함수로 분리하면, res 객체를 목으로 만들고 '어떤 인수로 몇 차례 호출됐는가'라는 테스트를 해야만 응답 테스트가 됩니다. 원래 코드는 '응답 ≒ 반환값'으로 볼 수 있습니다. 따라서 In(인수)에 대해 Out(반환값)이 어떻게 되는지 간단하게 테스트할 수 있습니다.

물론 res 객체의 목으로도 테스트를 할 수 있습니다. 이번에는 res.json이므로 JSON을 검증하는 것으로 충분하지만, getUsers 함수와 같이 res.render(HTML의 렌더링) 등 인수가 늘어나는 경우에는 목의 작성이나 인수의 호출 테스트가 어려워집니다.

다음으로 [예제 6-49]의 성공 시 테스트에 대응하는 에러 시 테스트를 살펴봅니다.

예제 6-51 handlers/users.test.js

```
test('getUser 실패', async () => {
  mockRedisGet.mockRejectedValue(new Error('something error'));

  const reqMock = { params: { id: 1 } };
  const resMock = {
    status: jest.fn().mockReturnThis(),
    send: jest.fn().mockReturnThis()
  };

  await getUser(reqMock, resMock);

  // resMock의 호출 테스트
  expect(resMock.status).toHaveBeenCalledTimes(1);
  expect(resMock.status).toHaveBeenCalledWith(500);
  expect(resMock.send).toHaveBeenCalledTimes(1);
  expect(resMock.send).toHaveBeenCalledWith('internal error');
});
```

앞의 코드는 try-catch가 없어진 만큼 일반적인 경우에 가까운 단순한 형태입니다. 앞에서 설명한 것과 같이 에러 시에 조심해야 할 주의점(어서션 수를 세는 등)이 적기 때문에 어떤 의미에서는 이쪽이 더 바람직합니다. 물론 이런 형식의 테스트도 좋습니다. 하지만 제가 굳이 try-catch를 이용하는 것에는 이유가 있습니다. res 객체를 전달하지 않는 구조의 경우 실패 테스트 케이스는 인수를 체크하는 것이 아니라 '함수에서 예상하는 에러 객체가 throw됐는가'라는 형태로 작성됩니다.

그 예로 [예제 6-47]의 테스트에서는 throw된 에러가 에러 클래스에서 생성된 객체인지를 테스트합니다.

```
expect(err instanceof Error).toStrictEqual(true);
```

애플리케이션이 성장함에 따라 사용자 정의 에러 객체를 작성하고 싶은 경우가 있습니다. 예를 들어 코드양이 증가했을 때 핸들러에서 로직을 한층 더 외부로 분할하는 경우가 있습니다. 이때 res 객체를 분할한 함수로 버킷 릴레이를 할 것인지는 고민되는 문제입니다. res 객체를 사용한 설계는 함수 분할 등으로 인해 res 객체가 깊은 위치까지 전달되면 언제, 어떤 위치에서 응답을 반환했는지 알기 어렵습니다.

당연한 이야기지만 res 객체의 send 함수나 json 함수 등은 한 번 호출하면 응답을 보내 버리기 때문에 두 번은 호출할 수 없습니다. 하지만 하위 함수에 res 객체를 전달하는 설계에서는 대상 함수를 보는 것만으로는 어떤 조건에서 응답을 반환하는지 조건이 가려져 있어서 알 수 없습니다.

```
const handler = (req, res) => {
  await func1(req, res);
  // func1 시점에서 응답을 반환할 수도 있다.
  await func2(req, res);
  await func3(req, res);
};
```

작성하는 시점에서는 응답이 반환되는 조건인 각 함수들의 연관성을 알고 있으므로 어느 정도 문제없이 애플리케이션을 구축할 수 있습니다.

그러나 문제는 애플리케이션을 수정하는 단계입니다. 함수를 봤을 때 추가하려는 조건을 어떤 함수에 작성하면 좋은지 알 수 없는 경우가 자주 발생합니다. 앞의 코드를 보면 func2와 func3이 res 객체를 이용하는 조건은 func1과 겹치면 안 됩니다. 만약 res 객체를 이용하는 조건이 겹치면 이어진 함수에서 send를 다중 호출하게 됩니다.

그래서 저는 res를 호출했는가를 의미하는 플래그를 반환하는 설계를 하기도 했습니다. 플래그로 응답 상태 관리를 할 수 있다면 구조적인 처리로 다중 호출을 방지할 수 있습니다.

예제 6-52 함수가 응답을 반환했는가를 의미하는 플래그를 반환하는 설계

```
const handler = (req, res) => {
  let done = await func1(req, res);
  if (done) {
    return;
  }

  done = await func2(req, res);
  if (done) {
    return;
  }

  done = await func3(req, res);

  if (done) {
    return;
  }
};
```

하지만 send를 호출한 것을 플래그로 관리하는 설계 자체가 res 객체의 호출과 응답 상태 플래그의 다중 관리를 야기한다는 점이 신경 쓰였습니다. 또한 응답 상태 이외에 반환값도 반환하고 싶은데, 순수한 반환값의 객체와 응답 상태 플래그가 같은 객체 안에서 섞이는 것이 아무래도 마음에 걸렸습니다. 이처럼 수정 단계에서 파악해야 하는 범위가 늘어나는 점이 단계적으로 res 객체를 전달하는 설계의 단점이라고 생각합니다.

이렇게 설계를 수정해서 이용하는 사이에 '응답 상태에서 후속 처리를 중단하기 위해 어차피 return을 해야 한다면, 거기서 send 함수를 호출하면 res 객체에 대한 의존이 사라지는 것은 아닌가' 하는 생각이 들었습니다. 이 말은 즉 res 객체에 대한 의존이 사라지면 필연적으로 res가 하위 함수 내부에서 호출되는지 신경 쓰지 않아도 된다는 의미입니다.

```
// 플래그를 반환하는 설계 패턴
const done = await func1(req, res);
if (done) {
  return;
}

// ...

// 결과를 반환하는 설계 패턴
const json = await func1(req);
if (json) {
  return res.status(200).json(json);
}
```

이러한 수정 단계의 장점 때문에 이제는 res 객체를 가능한 한 하위의 함수로 전달하지 않는 설계를 많이 합니다. 이것은 handler에서 한 단계 아래의 함수까지 허용하는 식으로 설계에 강약을 주는 부분입니다. 절대적인 정답은 아니기 때문에 적어도 프로젝트 안에서 각각 통일된 규칙이 있다면 좋을 것입니다.

저는 이번 절에서 계속 설명한 대로 용이하게 테스트하기 위해 익스프레스에서는 res 객체를 가능한 한 계층의 얕은 부분에 모으는 설계를 권장합니다.

6.12.1 핸들러 단위의 분할과 wrap 함수

res 객체를 가능한 한 하위 함수로 전달하지 않는다고 표현했지만, 결국에는 에러 핸들링과 응답의 송신 처리를 해야 합니다. 이 처리를 잊어버리면 앞에서 설명한 점들에 주의한다 한들 그 노력이 물거품이 되어버립니다. 또한 try-catch 처리는 어떤 핸들러에서도 필요한 공통 처리이므로 추출해서 공통화하면 좋습니다.

여기에서 저는 에러 핸들링을 공통화하는 함수를 사용합니다. 그 형태는 다음의 wrapAPI 함수와 같습니다.

예제 6-54 server.js

```
const wrapAPI = (fn) => {
```

```
    return (req, res, next) => {
      try {
        fn(req)
          .then((data) => res.status(200).json(data))
          .catch((e) => next(e));
      } catch (e) {
        next(e);
      }
    };
  };

  const handler = async (req) => {
    const error = new Error('무언가의 에러');
    error.status = 400;

    throw error;
  };

  app.get('/user/:id', wrapAPI(handler));

  app.use((err, req, res, next) => {
    if (err.status) {
      return res.status(err.status).send(err.message);
    }
    res.status(500).send('Internal Server Error');
    console.error('[Internal Server Error]', err)
  });
```

wrapAPI는 req.json과 에러 핸들링 처리를 공통화하기 위한 함수입니다. 조금 복잡하지만 wrapAPI 함수는 인수에 함수를 받고, 반환값으로 함수를 반환합니다. 다시 말하면 '인수에 할당한 함수를 사용해 핸들러(미들웨어)가 되는 함수를 생성하는' 함수입니다.

wrapAPI 함수를 실행하면 req, res, next를 인수로 갖는 함수를 반환합니다. 이 함수에 전달하는 함수는 프로미스에서 JSON 등의 객체를 반환하는 함수(async 함수 등)를 가정합니다.

정상적으로 처리가 완료되면 then으로 그 결과를 받아서 상태 코드 200으로 반환값 그대로 사용자에게 반환합니다.

```
fn(req)
  .then((data) => res.status(200).json(data))
```

또한 catch 구문도 잊으면 안 되는 중요한 부분입니다.

```
.catch((e) => next(e));
```

포괄적인 에러 핸들링으로 비동기 에러는 잡아낼 수 없습니다(6.3.2절 참고). 그래서 catch
구문으로 에러 객체를 next 함수의 인수로 전달함으로써 비동기 에러가 발생할 때 포괄적인
에러 핸들링으로 넘어갑니다. 위 코드에서는 발생된 에러 객체의 status 속성에 사용자에게
반환할 상태 코드를 저장합니다. 포괄적인 에러 핸들링 부분에서 에러 객체의 status 속성을
보고 상태 코드를 전환함으로써 500 이외의 상태 코드를 반환할 수 있습니다.

```
const handler = async (req) => {
  const error = new Error('무언가의 에러');
  error.status = 400;
  throw error;
};

// ...

app.use((err, req, res, next) => {
  if (err.status) {
    return res.status(err.status).send(err.message);
  }
  res.status(500).send('Internal Server Error');
  console.error('[Internal Server Error]', err)
});
```

이번 절에서는 API용 래퍼 함수의 설명을 했습니다. HTML을 반환하는 render 등의 경우에
도 대응 방법은 같습니다. 이처럼 핸들러의 래퍼 함수를 작성하는 것으로 에러 핸들링을 핸들
러 외부로 추출할 수 있습니다. 또한 에러 핸들링이 누락되는 것을 쉽게 방지할 수 있습니다.

6.12.2 핸들러 단위의 분할과 에러 핸들링

앞에서도 조금 다루었지만, 핸들러 단위의 분할 방법은 하위 함수에서 에러 응답을 바꾸고 싶
을 때도 사용할 수 있습니다. 예를 들어 검증 에러가 발생했을 때의 상태 코드를 공통화하거나
요청 로그를 출력하기 위해 유지하는 경우가 자주 있습니다.

예제 6-55 BadRequest를 에러 클래스에서 공통화한다.

```
class BadRequest extends Error {
  constructor(message, req) {
    super('Bad Request')
    this.status = 400;
    this.req = req;
    this.message = message;
  }
}

const validation = (req) => {
  // id가 없으면 BadRequest를 반환한다.
  if (!req.params.id) {
    throw new BadRequest('id가 없습니다.', req);
  }
}

const hander = async (req) => {
  validation(req);
  ...
}

const wrapAPI = (fn) => {
  return (req, res, next) => {
    try {
      fn(req)
        .then((data) => res.status(200).json(data))
        .catch((e) => next(e));
    } catch (e) {
      next(e);
    }
  };
};

app.get('/user/:id', wrapAPI(handler));

app.use((err, req, res, next) => {
  if (err instanceof BadRequet) {
    console.log('[BadRequest]', req);
    res.status(err.status).send(err.message);
    return;
  }
  console.error('[Internal Server Error]', req);
```

```
      res.status(500).send('Internal Server Error');
  });
```

[예제 6-54]의 포괄적인 에러 핸들링에서는 에러 객체의 **status** 속성의 유무로 상태 코드를
구분해서 호출했습니다. [예제 6-55]에서는 사용자 정의 에러 클래스의 인스턴스인지를 보고
구분해서 호출했습니다. 이처럼 사용자 정의 에러 클래스를 정의하면 애플리케이션 안에 상태
코드를 정의할 필요가 없기 때문에 처리를 쉽게 작성할 수 있습니다.

2.3.1절에서도 다루었지만 저는 Node.js에서 설계를 할 때 클래스를 많이 이용하지 않는 것을
선호합니다. 클래스는 특성상 상태를 내포하기 쉽기 때문에 8.3.2절에서 살펴볼 사고가 발생
할 가능성이 높아지기 쉽습니다. 다만 이번 예제와 같이 **instanceof**를 이용한 에러 클래스가
기반인 분기는 클래스가 활약할 수 있는 측면이라고 생각합니다.

애플리케이션의 규모가 커지면 **validation** 함수처럼 계층이 깊어진 함수 결과에서 에러 응답
을 반환하고 싶은 경우가 있습니다. 하지만 **validation** 함수에 **res** 객체를 전달하도록 설계
하면 앞에서 설명한 것처럼 다중 호출을 방지하는 구현이 필요합니다.

그래서 깊은 계층에서 상위 함수에 특정한 에러를 반환하기 위해 사용자 정의 에러 클래스와
try-catch를 사용한 구현을 많이 이용합니다. 이 설계는 '에러 발생'과 '에러 응답 반환'을 분
리할 수 있습니다. 새로운 에러 형식이 추가되는 경우에는 새롭게 에러 클래스를 정의하고 에
러 핸들링 부분을 추가함으로써 응답 형식의 차이를 통합할 수 있습니다. 이렇게 기존 핸들러
가 사용자에 대한 에러 응답 형식을 생각하지 않아도 된다는 부분에서 책임을 나눌 수 있다는
점이 편리하기 때문에 이 형식을 자주 사용합니다.

예제 6-56 server.js

```
class NotFoundHTML extends Error {
  constructor(message) {
    super('NotFound')
    this.status = 404;
  }
}

app.use((err, req, res, next) => {
  if (err instanceof BadRequet) {
    console.log('[BadRequest]', req);
```

```
      res.status(err.status).send(err.message);
      return;
    } else if (err instanceof NotFoundHTML) {
      console.log('[NotFoundHTML]', req);
      res.status(err.status).send('<html><body>Not Found!</body></html>');
      return;
    }
    console.error('[Internal Server Error]', req);
    res.status(500).send('Internal Server Error');
  });
```

try-catch를 전제로 한 핸들링을 하는 설계 자체가 좋지 않다는 생각도 있습니다. 예를 들어 validation 함수가 throw하는 것을 전제로 설계한 경우, validation 함수가 어떤 동작을 하는지 알지 못하면 호출자에 대한 핸들링을 잊어버릴 수도 있습니다. 따라서 다음과 같이 validation 함수 내부에서 반드시 에러 핸들링을 해서 에러가 throw되지 않은 상황으로 만들고, 반환값에 따라 판단하는 설계를 하기도 합니다.

예제 6-57 server.js

```
  app.get('/user/:id', (req, res) => {
    const valid = validation(req);
    if (!valid.flag) {
      res.status(400).send(valid.data);
    }
    ...
  });
```

이것은 해당 프로젝트에 참여하는 개발자 합의나 인식 공유, 리뷰 체제를 어느 수준까지 갖출 수 있는가에 따라 달라지기도 합니다.

'validation 함수 내부에서는 반드시 에러 핸들링을 할 것'이라는 콘텍스트가 유효한 동안에는 위 설계 방식이 어떤 면에서는 우수합니다. 다만 저의 경우에는 시스템 담당자가 자주 바뀌어서 설계 콘텍스트를 계속 유지하기 어려운 환경이었습니다. 저는 문서나 규칙이 아무리 상세해도 사람이 바뀐다면 초기의 콘텍스트는 잃어버리게 된다고 생각합니다.

그래서 'validation 함수 내부에서는 반드시 에러 핸들링을 할 것'이라는 콘텍스트를 잃어버린 경우에도 대응할 수 있도록, 앞에서 예로 든 wrap 함수를 이용해 반드시 try-catch가 들어가도록 설계하는 경우가 많아졌습니다. wrap 함수로 감싼다는 콘텍스트 또한 잃어버릴 수도 있지만 앞의 경우에 비해서는 리스크가 작다고 판단해서 이 스타일을 사용했습니다.[40]

6.13 Node.js 애플리케이션 배포

지금까지 일반적인 애플리케이션 작성 방법과 테스트, 설계를 설명했습니다. 로컬 환경에서만 기동한다면 지금까지 익힌 지식으로도 충분합니다. 그러나 실제로 애플리케이션을 운용할 때 는 서버 등에 배포해야 합니다. 이 책에서는 간단하게 리눅스 서버에 호스팅하는 방식에 관한 기초를 설명합니다.[41]

Node.js의 프로세스 관리에서는 PM2[42]나 forever[43]와 같이 Node.js로 작성된 프로세스 관 리 도구가 널리 사용됐습니다. 이 프로세스 관리 도구들은 애플리케이션 프로세스 관리(데몬 화)나 클러스터링, 로그 관리 등 애플리케이션을 배포할 때 필요한 기능을 제공합니다.

예를 들어 PM2는 다음과 같이 실행하면 애플리케이션 프로세스를 기동할 수 있습니다.

```
$ npm install pm2 -g
$ pm2 start index.js
```

이렇게 프로세스 관리 도구에서 애플리케이션을 실행하면, 어떤 이상으로 인해 애플리케이션 프로세스가 충돌하는 경우에도 프로세스 관리 도구가 자동으로 다시 기동해줍니다. 다만 애플 리케이션 프로세스를 관리하기 위해서는 당연히 **프로세스 관리 도구의 프로세스 자체**가 기동한 상태여야 합니다. 번거롭지만 PM2나 forever 등 Node.js에서 기동하는 프로세스 관리 도구 에 대한 프로세스 관리가 별도로 필요합니다. 만일 프로세스 관리를 하지 않으면 프로세스 관 리 도구의 프로세스가 멈추거나, 서버 재기동 등이 발생하는 경우에는 수동으로 다시 기동해야 합니다.

---

40 모든 프로젝트 체제에서 사용해야 하는 것은 아닙니다. 프로젝트 안에서 활용할 수 있는 설계를 하기 위한 힌트로 활용하기 바랍니다.

41 최근에는 쿠버네티스(Kubernetes)나 구글 클라우드(Google Cloud)의 클라우드 런(Cloud Run), AWS의 ECS 등 컨테이너에서 실 행/프로세스 관리하는 플랫폼도 늘어났습니다. 이에 관해서는 6.14절 또는 각 서비스의 공식 문서를 참고하기 바랍니다.

42 https://pm2.keymetrics.io/

43 https://github.com/foreversd/forever

이러한 경우에는 프로세스 관리 도구 자체를 데몬화해야 합니다. 리눅스 환경에서는 systemd 가 널리 사용됩니다. 어쨌든 리눅스에 의한 systemd의 데몬화가 필요한 경우 애플리케이션 프 로세스도 같은 방식으로 관리하면 구성이 단순해집니다. 필요없는 계층은 제거하고 단순한 구 성으로 하는 편이 무언가 발생했을 때 조사할 위치가 적어지고, 운용 비용도 낮출 수 있습니다. 물론 방금 전 예를 든 프로세스 관리 도구에는 다운타임 없이 애플리케이션 리로드(핫 리로드) 를 할 수 있는 등 풍부한 기능이 있기 때문에 반드시 systemd만으로 충분하다고는 말할 수 없 습니다.

저는 우선 systemd 등에서 작게 시작한 후 해당 기능들이 필요할 때 프로세스 관리 도구를 도 입합니다. 따라서 이번 절에서는 systemd + Node.js를 이용한 애플리케이션 배포와 프로세 스 관리 방법을 설명합니다.

6.13.1 systemd

최근의 리눅스 환경에서는 systemd가 처음부터 포함돼 있는 경우가 많습니다. 만약 설치돼 있 지 않다면 설치합니다. 다음 코드는 apt 명령어로 설치하는 예입니다. 이 부분은 각 환경의 패 키지 관리자로 바꿔서 읽기 바랍니다.[44]

```
$ sudo apt update
$ sudo apt install systemd
$ # node.js를 공식 사이트에서 다운로드 해 /usr/local/bin 아래에 배치
```

다음으로 애플리케이션을 배포하는 디렉터리를 결정합니다.[45]

```
# cp, git clone, symbolic link, rsync 등은 프로젝트에서 이용하기 쉬운 파일 배치를 이
용한다.
$ cp app/* /var/www/app # 적절한 디렉터리를 지정
$ cd /var/www/app
# 의존 모듈 설치
$ npm install
```

----

44 WSL이나 도커 등 systemd를 이용하기 어려운 환경에서는 동작하지 않을 가능성이 있습니다. 버추얼 박스(Virtual Box)/베이그란트 (Vagrant) 같은 가상 환경을 이용하는 것도 고려하기 바랍니다.
45 저는 주로 /var/www 아래 배치합니다. 이는 단순히 습관이므로 여러분이 익숙한 위치에 배치하기 바랍니다.

systemd용 설정 파일을 /etc/systemd/system 아래 배치합니다. 파일 이름의 확장자는 .service입니다. 여기에서는 my-app.service라는 파일 이름으로 배치했습니다.

다음 예제는 제가 자주 이용하는 설정 템플릿입니다.

예제 6-58 my-app.service

```
[Unit]
Description=my-app

[Service]
Type=simple
Environment=NODE_ENV=production
EnvironmentFile=/etc/sysconfig/env-file
WorkingDirectory=/var/www/app
ExecStart=/usr/local/bin/node /var/www/app/server.js
User=root
Group=root
Restart=always
LimitNOFILE=65535
TimeoutStopSec=60

[Install]
WantedBy=multi-user.target
```

Environment와 EnvironmentFile은 모두 프로세스에 전달하는 환경 변수를 지정하는 설정입니다. Environment는 직접 환경 변수를 선언할 수 있고, EnvironmentFile은 파일을 이용해 환경 변수를 정의할 수 있습니다.

여기에서는 /etc/sysconfig/env-file에 배치했지만, 파일 위치는 접근 가능한 곳이라면 어디든 상관없습니다.

```
$ cat /etc/sysconfig/env-file
USER=user
PASS=******
HOST=127.0.0.1
```

EnvironmentFile에 모든 설정을 모을 수도 있지만, 저는 NODE_ENV만을 Environment에 따로 설정할 때가 많습니다. Node.js나 그 모듈에 있어 NODE_ENV라는 환경 변수의 의미는 매우 중요합니다(6.8절 등). 그렇기 때문에 환경 변수 파일을 누락하는 등의 사고가 발생하지 않도록 직접 지정합니다.

6.13.2 시그널과 Node.js

ExecStart로 애플리케이션의 시작 명령어를 작성합니다. 이것을 npm start로 하지 않는 이유는 리눅스의 시그널^{signal} 때문입니다.

시그널이란 간단히 말하면 프로세스에 대해 어떠한 동작을 해달라고 요청하는 것입니다. 예를 들어 최근 배포 대상으로 많이 이용되는 쿠버네티스에서는 Pod(애플리케이션의 프로세스)를 종료할 때 SIGTERM이 송신되고, 일정 시간 후에도 프로세스가 종료되지 않으면 SIGKILL이 송신됩니다.

웹 서버를 셧다운할 때를 생각해보겠습니다. 사용자가 접근하고 있는 도중에 서버가 다운됐을 때 데이터베이스 변경 등을 포함하는 처리가 수행 중이라면, 최악의 경우에는 데이터가 불일치할 가능성이 있습니다. 이렇게 되지 않도록 하기 위해서라도 서버를 셧다운할 때는 신규 요청을 정지하고, 종료 처리하는 것이 좋습니다. 이것을 우아한 종료^{graceful shutdown}라고 부릅니다.

이 셧다운을 수행하기 위한 트리거가 쿠버네티스에서는 SIGTERM입니다. 다음은 Node.js로 간단하게 구현한 우아한 종료 예제입니다. Node.js에서는 process라는 전역 객체에 시그널 이벤트 핸들러를 설정할 수 있습니다.

예제 6-59 시그널의 이벤트 핸들러 예

```
const timeout = 30 * 1000; // 30초 타임아웃을 설정한다.

process.on('SIGTERM', () => {
  // 우아한 종료 시작
  // 신규 요청 정지
  server.close(() => {
    // 연결 중인 커넥션을 모두 종료하면 실행된다.
  });

  const timer = setTimeout(() => {
    // 타임아웃에 의한 강제 종료
    process.exit(1);
```

```
    }, timeout);
    timer.unref();
  });
```

npm의 이야기로 돌아가면 npm으로 애플리케이션을 시작하면 시그널이 보내졌을 때 npm이 해당 시그널들을 먼저 받습니다.

애플리케이션 프로세스가 시그널에 의해 처리를 수행하는 경우, Node.js의 프로세스에서 직접 시그널을 받고 싶을 때가 있습니다. 이를 위해 저는 **systemd** 환경 등에서 동작시키는 애플리케이션의 시작은 **node** 명령어로 직접 수행되도록 작성할 때가 많습니다.

6.13.3 파일 디스크립터와 Node.js

Node.js 애플리케이션을 실행할 때 중요한 설정으로 **systemd**의 **LimitNOFILE**이 있습니다. **LimitNOFILE**은 파일 디스크립터 수[46]를 설정하는 항목입니다.

여러 번 언급한 것처럼 Node.js는 싱글 프로세스와 싱글 스레드로 많은 요청을 처리하는 언어이기 때문에 하나의 프로세스가 많은 수의 파일을 다루는 경향이 있습니다. 이러한 이유로 파일 디스크립터의 수가 작은 상태에서는 Node.js가 처리하는 트래픽양이 늘어남에 따라 **Too many open files**라는 에러로 프로세스가 다운되기 쉽습니다.

예를 들어 셸에서 사용자의 기본값을 확인할 수 있습니다. 제 환경에서는 1024였습니다.

```
$ ulimit -n
1024
```

이 수치로는 프로덕션 운용을 견디기가 어려울 것입니다. 저는 프로덕션 환경에서 이용할 때는 충분히 큰 값으로 주로 $65535\,(=2^{32}-1)$를 이용합니다. 본질적으로 애플리케이션이 예상하는 최대한의 요청에서 에러가 발생하지 않는 정도의 수치를 설정하면 문제없습니다.

---

46 여기에서는 프로세스마다 여는 파일의 수라고 생각하면 됩니다.

6.14 Node.js와 도커

최근 몇 가지 컨테이너 환경이 개발, 배포에서 인기를 얻고 있습니다. 그중에서도 도커는 거의 실질적 표준이라 말해도 좋습니다.

저는 Node.js 개발 환경은 그다지 도커화하지 않습니다. Node.js의 호환성이 높아 로컬 환경에서 최신 버전을 사용할 때가 많고, 환경마다 버전을 바꾸지 않아도 사용할 수 있을 때가 많기 때문입니다. 또한 프런트엔드 개발 시에는 파일 변경을 읽어 빌드를 수행하는 등 파일 쓰기가 많이 발생하는데, 도커에서 동작시키면 성능 저하가 발생해 개발 효율이 낮아지는 것도 이유입니다.

그러나 배포 대상으로서 도커는 컨테이너의 간편함이나 구축 용이성 면에서 매우 편리합니다. 그래서 배포를 예상해 애플리케이션을 도커 이미지화해서 작성하는 경우도 늘고 있습니다.

Node.js를 도커에서 동작시키려면 다음 문서를 참고하기 바랍니다.

- **Best Practices** https://github.com/nodejs/docker-node/blob/main/docs/BestPractices.md

Node.js를 도커에서 동작시킬 때 주의할 점이 있습니다. 그것은 도커에서 직접 **node** 명령어를 호출하지 않는 것입니다.

다음에 표시한 도커파일^{Dockerfile}은 매우 단순한 HTTP 서버를 기동하는 Node.js 스크립트를 실행합니다. Node.js의 **-e**는 **--eval**과 같은 의미이며 지정한 스크립트를 실행합니다. 그리고 REPL과 같은 코어 모듈을 자동으로 불러온 상태에서 이용할 수 있습니다.

```
FROM node:16

CMD ["node", "-e", "http.createServer((req, res) => res.end('OK')).listen(3000)"]
```

이 파일을 빌드하고, 빌드한 이미지를 실행해보겠습니다.

```
# Docker 이미지 빌드
$ docker build -t node-simple-server.

# Docker 이미지 실행
$ docker run --rm -p 3000:3000 node-simple-server
```

도커를 실행하고 있는 곳과 다른 터미널에서 curl로 요청을 송신하면 응답이 반환되는 것을 확인할 수 있습니다.

```
$ curl http://localhost:3000
OK
```

확인을 마쳤다면 단축키 Ctrl+C로 도커 프로세스를 종료합니다. 그러면 여기에서 문제가 발생할 것입니다.

단축키 Ctrl+C로는 프로세스가 종료되지 않습니다. 원래 단축키 Ctrl+C는 프로세스에 대해 SIGINT 시그널을 송신하는 것과 같습니다. 그래서 kill -SIGINT {{프로세스_ID}}를 프로세스에 실행해도 마찬가지로 종료되지 않습니다.

강제적으로 프로세스를 종료시키기 위해서는 다음과 같이 SIGKILL 시그널을 송신해야 합니다.

```
$ kill -SIGKILL {{프로세스_ID}}
```

이는 도커가 내부에서 pid=1로 프로세스를 기동하기 때문입니다. pid=1인 프로세스는 리눅스에서 특별한 프로세스로 취급됩니다. pid=1로 동작하는 프로세스는 송신된 시그널을 스스로 적절하게 핸들링해야만 합니다.

앞에서 언급한 Best Practices 문서에도 기재돼 있듯이 Node.js 표준은 기본적으로 pid=1로 동작하도록 설계돼 있지 않습니다. 그렇기 때문에 앞에서와 같이 SIGINT가 송신되더라도 해당 시그널을 무시해버립니다. 이 문제를 방지하기 위해서는 코드에서 시그널을 핸들링하거나 pid=1이 되지 않도록 핸들링하는 애플리케이션을 도입해야 합니다.

도커에는 시그널을 핸들링 하는 Tini[47]가 번들돼 있습니다. 도커를 실행할 때 --init 옵션을 부여하면 Tini를 경유해 코드를 실행할 수 있습니다.

```
# Docker 이미지 실행
$ docker run --rm -p 3000:3000 --init node-simple-server
```

Tini가 시그널을 핸들링하기 때문에 이번에는 단축키 Ctrl+C로도 프로세스를 종료할 수 있습

---

47 https://github.com/krallin/tini

니다. 물론 다음과 같이 직접 프로세스를 핸들링하는 코드를 작성할 수도 있습니다.

```
CMD ["node", "-e", "http.createServer((req, res) => res.end('OK')).listen(3000);
process.on('SIGINT', () => process.exit(0))"]
```

앞에서 나왔던 우아한 종료의 구현처럼 시그널을 직접 핸들링하는 경우도 있습니다.

다만, 실제 개발에서 이용하려면 --init 옵션의 이용을 권장합니다.

6.15 클러스터를 이용한 성능 향상

지금까지 애플리케이션 작성부터 배포(데몬화)까지를 대략 다루었습니다. 리눅스에 호스팅하는 경우 현재는 멀티 코어 환경이 많을 것입니다. 그러나 Node.js는 기본적으로는 싱글 코어와 싱글 프로세스로 동작하는 모델이므로 멀티 코어 리소스를 활용할 수 없습니다.

멀티 코어 환경을 활용하기 위해서는 Node.js의 표준 모듈인 cluster를 이용합니다. cluster 모듈을 이용해 프로세스를 fork함으로써 단순하게 계산하면 fork한 수만큼 처리 능력 향상을 예상할 수 있습니다.

다음은 cluster 모듈을 사용해 멀티 프로세스에 대응하는 예제입니다.

예제 6-60 index.js

```
const cluster = require('cluster');

// ...

if (cluster.isPrimary) {
  // 워커 프로세스를 3개까지 fork한다.
  for (let i = 0; i < 3; i++) {
    cluster.fork();
  }

  // 워커 프로세스가 종료되면 다시 fork한다.
  cluster.on('exit', (worker, code, signal) => {
    cluster.fork();
  });
```

```
  } else {
    redis.client.once('ready', () => {
      server.listen(3000, () => {
        console.log('Listening on', server.address());
      });
    });
  }
```

cluster 모듈을 불러오면 cluster.isPrimary라는 플래그에 접근할 수 있습니다.[48] cluster.
isPrimary 플래그가 true이면 그 코드는 마스터(부모) 코드이므로 워커(자식)를 fork하
는 처리를 수행합니다. fork된 워커는 같은 코드를 호출하지만, 호출한 대상의 cluster.
isPrimary 플래그는 false가 되므로 위 코드에서 else 안의 처리를 수행합니다.

다시 말해 위 예제는 3개의 워커 프로세스로 요청을 받는 서버를 기동하는 코드가 됩니다. 단
순하게 서버를 기동한 것과 비교해 3개의 워커에서 요청을 받을 수 있으므로 멀티 코어 환경이
라면 성능 면에서 유리합니다.

멀티 프로세스 대응을 cluster로 하면 성능을 간단히 향상시킬 수 있는 반면, 서버에 부하가
많이 걸리는 상황에서는 CPU 리소스를 사용할 수 없게 되는 위험성도 있습니다. 따라서 애플
리케이션 운용 시의 설계 지침에 맞춰 fork하는 수를 적절하게 조절해야 합니다.

| CPU 수만큼 fork한다 |

- 장점: 요청을 받기 위한 CPU 리소스가 가장 많다.
- 단점: 고부하를 받게 되었을 때 서버가 대응 자체를 할 수 없게 될 위험성이 있다.

| CPU 수/2까지 fork한다 |

- 장점: 고부하 시에도 절반의 CPU를 이용할 수 있다.
- 단점: 서버 리소스에 여유는 있지만 성능을 발휘하기 어렵다.

그 밖에 'CPU 수 −1만큼 fork한다' 등의 여러 패턴이 있지만 각각 나름의 장단점이 있습니다.
무엇보다 서버 리소스를 확인하면서 적절한 수를 결정하는 것이 좋습니다.

cluster는 멀티 코어 환경의 서버에 배포하면 큰 효과를 발휘합니다. 하지만 최근 배포 대상
으로 선택되고 있는 PaaS 환경 등에서는 필수가 아닙니다.

---

48 cluster.isPrimary는 Node.js v16부터 추가된 플래그입니다. 이전에는 cluster.isMaster였습니다. master라는 표현을 피하는
최근의 추세에 따라 v16부터 cluster.isMaster는 deprecated됐고, cluster.isPrimary가 추가됐습니다. https://nodejs.org/
api/cluster.html#clusterismaster

PaaS 환경에서는 애플리케이션이 요구하는 리소스에 따라 비어 있는 서버에 인스턴스를 할당하는 기능이 있습니다. cluster로 대응하면 당연히 많은 리소스를 요구하게 됩니다. 할당 대상 중 비어 있는 리소스를 찾는 비용이 올라가고, 서버가 기동할 때까지의 시간이 늘어날 가능성도 있습니다. 따라서 플랫폼의 특성을 이해하고 애플리케이션을 작성해야 합니다. 이러한 환경에서는 cluster가 담당하는 역할을 플랫폼이 담당한다고 생각할 수 있습니다. 애플리케이션은 단순하게 싱글 스레드/싱글 프로세스로 동작시키고, 요청을 병렬로 받는 기능은 플랫폼에 맡기는 것이 좋습니다.

COLUMN

Node.js와 데이터베이스

이번 장에서는 간략하게 설명하기 위해 레디스(키 밸류 스토어Key Value Store, KVS)를 예시로 데이터베이스를 설명했습니다. 실제 애플리케이션에서는 레디스는 캐시로, 데이터베이스는 RDB로 구성하는 경우도 많을 것입니다.

데이터베이스를 레디스가 아니라 RDB로 하는 경우에도 애플리케이션을 작성할 때 주의할 점은 크게 다르지 않습니다. 사용자가 접근하기 전에 데이터베이스와 확실하게 연결될 수 있도록 설계해야 합니다.

프로미스 인터페이스를 사용하는 모듈을 이용하는 것도 좋습니다. 지금은 대부분의 라이브러리가 이에 대응하고 있지만, 일부 대응하지 않는 라이브러리들도 있습니다. 예를 들어 MySQL은 mysql[49] 모듈을 과거부터 이용하고 있으며, 인터페이스가 콜백입니다. 그렇기 때문에 promise-mysql[50]과 같이 프로미스로 감싼 모듈도 널리 이용됩니다. 또한 mysql2[51]과 같이 처음부터 프로미스 인터페이스를 가진 모듈도 인기입니다.

단순한 SQL 실행이라면 이 모듈만으로도 충분한 경우가 많습니다. 하지만 실제 애플리케이션은 사용자 입력으로 쿼리를 만드는 경우가 많습니다. 이럴 때는 SQL 삽입 문제를 일으키지 않는 SQL을 작성할 수 있는지 항상 주의해야 합니다. 이러한 이유로 저는 웹 애플리케이션을 구축할 때 쿼리 빌더를 자주 사용합니다. 단, 배치 처리처럼 사용자의 자유로운 입력이 없는 경우에는 SQL을 직접 작성하는 방법뿐이므로 쿼리 빌더를 이용하지 않기도 합니다.

---

49 https://www.npmjs.com/package/mysql
50 https://www.npmjs.com/package/promise-mysql
51 https://www.npmjs.com/package/mysql2

저는 Knex.js[52]라는 쿼리 빌더를 자주 이용합니다. 쿼리 빌더를 이용하면 SQL 구축을 추상화할 수 있습니다.

MySQL이나 PostgreSQL의 차이점을 줄일 수도 있지만, 제 경험으로는 그만큼의 큰 장점은 없습니다. 데이터베이스 종류를 바꾸는 수준의 수정이 발생하면 대개 코드나 그 외 부분에도 영향을 미치므로 그 나름의 수고가 발생하기 때문입니다. 이보다는 사용자 입력 이스케이프 등 모든 데이터베이스에서 공통으로 신경 써야 하는 부분의 수고를 절약할 수 있다는 것이 장점입니다.

쿼리 빌더를 발전시켜 ORM을 이용하고 싶을 수도 있습니다. Node.js에서 유명한 ORM에는 Sequelize[53]와 몽고DB용 mongoose[54] 등이 있습니다. 다만 저는 애플리케이션의 성능 관점에서 Node.js에서는 ORM을 그다지 이용하지 않습니다.

애플리케이션에서 ORM을 이용할 때는 다음과 같이 데이터베이스의 모델링을 하고 싶은 경우가 많습니다. 예를 들어 다음 예제는 사용자를 나타내는 데이터를 모델링합니다.

예제 6-61 ORM을 이용한 예

```
const { Sequelize, DataTypes } = require('sequelize');
const sequelize = new Sequelize('sqlite::memory:');

const User = sequelize.define('user', {
  name: DataTypes.TEXT,
  age: DataTypes.INTEGER
});

const createAndSaveUser = async (name, age) => {
  const user = User.build({ name: name, age: age });
  await user.save();
  return user;
};
```

52 https://www.npmjs.com/package/knex
53 https://www.npmjs.com/package/sequelize
54 https://mongoosejs.com/

ORM은 데이터를 모델링한 객체에 매핑합니다. 각 데이터에는 실제 데이터는 물론 위 예제에 있는 save와 같이 추상화된 함수도 있습니다. 즉 ORM을 사용하면 데이터는 단순한 자바스크립트 객체가 아니라 함수 등을 조합한 복잡한 객체인 경우가 대부분입니다.

요즘 환경에서는 모델 클래스의 인스턴스로 생성되는 경우가 많습니다. 예를 들어 ORM에서 select하는 경우에는 꺼낸 자바스크립트 객체를 모델 클래스의 인스턴스에 매핑해야 합니다.

인스턴스 생성이나 매핑은 동기적인 처리입니다. 이를 수행하는 동안 Node.js는 다른 처리를 수행하지 않습니다. 별것 아닌 처리처럼 보이지만 제 경험상 애플리케이션에 대한 접근이 늘어났을 때에 문제되는 경우가 많습니다. 그래서 성능을 향상시키기 위해 ORM 매핑을 건너뛰고 일반 자바스크립트 객체로 다루고 싶을 때가 많습니다.

대부분의 ORM에서는 가져온 결과를 일반 자바스크립트 객체로 다루는 방법이 있으므로 변경 자체는 어렵지 않습니다. 하지만 성능 추구로 인해 결국 대부분이 모델에서 일반 자바스크립트 객체로 변환돼 버리는 경우가 많습니다. 이래서는 ORM을 도입해도 장점이 거의 없는, 코드양만 늘어나는 상황이 됩니다. 그렇기 때문에 제 환경에서는 ORM을 사용하지 않고 쿼리 빌더만 사용할 때가 많습니다.

쿼리 빌더는 SQL에 가깝기 때문에 추상화 정도는 옅어집니다. 그리고 현대적인 설계 방법으로 보면 깔끔하다고는 말할 수 없는 부분도 있습니다. 그럼에도 쿼리 빌드를 ORM보다 선호한다는 것은 제 경험에 의한 부분이 크다는 것을 양해바랍니다. 저는 소수 인원으로 개발하는 경우가 많았고, 애플리케이션 설계보다 성능을 우선하는 경우가 많았기 때문입니다. 그러므로 설계를 할 때는 프로젝트의 특성이나 관련된 사람 수 등을 고려하면서 설계해야 합니다.

또한 최근 Node.js에서는 타입스크립트로 개발하는 경우가 늘고 있습니다. 타입스크립트 네이티브한 TypeORM[55]이나 Prisma[56] 등도 등장했습니다.

앞으로 사용될 모듈은 분명 변할 것입니다. 지금까지 설명한 관점을 바탕으로 여러분의 프로젝트에 맞게 선택하기 바랍니다.

55 https://typeorm.io/
56 https://www.prisma.io/

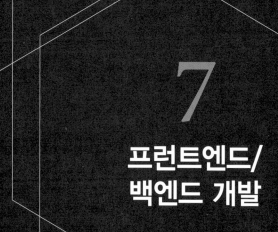

7

프런트엔드/
백엔드 개발

이전 장에서는 Node.js를 이용해 API/웹 서버를 만드는 방법을 통해 설계나 구현을 위한 Node.js 애플리케이션 운용을 설명했습니다. HTML 출력은 조금 다루었지만 이번에는 여기서 한 단계 더 나아가봅니다. 프런트엔드 프레임워크를 도입한 SPA^{Single Page Application}와 npm의 기능을 이용한 단일 저장소 개발을 살펴보겠습니다.

7.1 프런트엔드와 백엔드를 모아서 개발하기

Node.js가 다른 백엔드 언어에 비해 우위에 있는 점은 프런트엔드와 동일한 언어로 개발할 수 있다는 점입니다.

이번 장부터는 6장에서 준비한 백엔드 애플리케이션에 프런트엔드를 새롭게 추가하는 형태로 설명합니다. 기능 요건은 6장과 거의 같습니다. 서버에서 HTML을 표시했던 부분을 API로 가져온 값을 사용해 표시하는 SPA 구조로 변경합니다.

프런트엔드는 언어가 발전하면서 표준 자바스크립트만으로 구현할 수 있는 것과 범위가 늘어나고 있습니다. 단, 성능이나 개발 경험 등을 고려했을 때 프런트엔드 프레임워크를 이용하는 것이 좋습니다.

현재 주요한 프런트엔드 프레임워크로는 리액트, 뷰, 앵귤러 등을 꼽을 수 있습니다. 그리고 리액트나 뷰를 포괄해 다룰 수 있는 Next.js, Nuxt.js 등의 프레임워크도 널리 이용됩니다.

이번 장에서는 Next.js와 같은 포괄적인 프레임워크를 이용하지 않고, 이보다 단순한 리액트를 사용해 구성을 설명합니다(칼럼 '프레임워크 이용' 참고). 또한 프레임워크 자체보다는 프런트엔드와 백엔드의 특징을 이해하는 것에 중점을 두고, 익스프레스를 중심으로 SPA를 개발합니다(7.4절도 참고).

이 책에서는 리액트를 이용해 설명합니다. 하지만 리액트 자체의 사용 방법이 아니라 되도록 많은 프런트엔드에서 공통으로 적용되는 항목을 위주로 설명합니다. 이용하는 프레임워크에 익숙해진다면 그다음은 구체적인 프레임워크 사용 방법에 집중하며 이해를 높여가면 좋을 것입니다.

또한 프런트엔드용 패키지와 API를 반환하는 백엔드용 패키지 2가지를 단일 저장소로 개발합니다.

7.2 단일 저장소

단일 저장소^{monorepo}란 여러 애플리케이션이나 패키지를 하나의 저장소에서 관리하는 방법입니다.

모든 것이 하나의 애플리케이션 위에 구축되는 기존의 모놀리식 애플리케이션은 각 애플리케이션마다 하나의 저장소에서 관리해도 큰 지장이 없었습니다. 하지만 PaaS나 FaaS, k8s 등의 보급에 따라 애플리케이션의 임무별로 작은 애플리케이션을 구축하고, 각각을 API를 통해 연동하는 마이크로서비스와 같은 설계 방법이 유용하게 됐습니다.

예를 들어 이번에 준비하는 프런트엔드와 백엔드 애플리케이션과 같은 단위로 애플리케이션을 분할하는 것을 생각할 수 있습니다. 이 애플리케이션들은 각각 별도의 저장소에서 관리할 수 있습니다. 그러나 시스템을 세세하게 분할한 경우, 백엔드 API 사양 변경에 따라 프런트엔드 수정이 필요한 것과 같이 영향 범위가 애플리케이션 외부로 파급되는 일이 많습니다.

이를 단일 저장소로서 하나의 저장소에서 관리하면 수정 범위가 하나의 애플리케이션을 넘어서도 동일한 수정 단위로 관리할 수 있습니다. 코드 리뷰 시에 여러 저장소를 참조하지 않을 수 있고, 릴리스 프로세스를 통합할 수 있는 등 애플리케이션과 공통 라이브러리가 분리되기 쉬운 최근의 개발 환경에 따른 단점을 쉽게 해소할 수 있습니다.

최근에는 lerna이나 bazel과 같은 단일 저장소 관리를 위한 라이브러리나 도구가 많이 등장하고 있습니다.

그리고 npm이나 yarn 등의 패키지 관리자에도 단일 저장소에서 관리하기 위한 워크스페이스 기능이 추가됐습니다. 패키지가 Node.js나 자바스크립트를 중심으로 구축돼 있다면 패키지 관리자에 포함돼 있는 기능을 사용하면 가볍게 시작할 수 있으므로 이용하는 것을 권장합니다.

이 책에서는 npm에서 제공하는 npm workspaces[1]를 이용합니다.

---

1 https://docs.npmjs.com/cli/v7/using-npm/workspaces

7.3 애플리케이션 구성

이번 장에서 작성할 애플리케이션의 전체 구성은 다음과 같습니다.

6장의 코드를 packages/backend 디렉터리, 프런트엔드 코드는 packages/fronted에 배치
합니다.

예제 7-1 디렉터리 구성

```
directory/
├──── packages/
│     ├──── frontend/
│     │     ├──── public/
│     │     │     ├──── favicon.ico
│     │     │     ├──── index.html
│     │     │     ├──── logo192.png
│     │     │     ├──── logo512.png
│     │     │     ├──── manifest.json
│     │     │     └──── robots.txt
│     │     ├──── src/
│     │     │     ├── Users.js
│     │     │     ├── Users.test.js
│     │     │     ├── Users.hooks.js
│     │     │     ├── Users.hooks.test.js
│     │     │     ├── App.css
│     │     │     ├── App.js
│     │     │     ├── App.test.js
│     │     │     ├── index.css
│     │     │     ├── index.js
│     │     │     ├── logo.svg
│     │     │     ├── reportWebVitals.js
│     │     │     └── setupTests.js
│     │     ├──── server.js
│     │     └──── package.json
│     │
│     └──── backend/
│           ├──── public/
│           ├──── handlers/
│           │     └──── user.js
│           ├──── lib/
│           │     └──── redis.js
│           ├──── views/
│           │     ├──── user.ejs
```

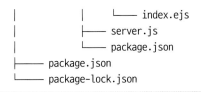

```
|               |       └─── index.ejs
|               ├─── server.js
|               └─── package.json
├─── package.json
└─── package-lock.json
```

npm workspaces에는 저장소 전체를 관리하는 package.json과 package-lock.json이 루트 디렉터리에 하나씩 배치됩니다. 각 패키지마다 package-lock.json을 관리하지 않아도 됩니다.

루트 바로 아래의 package.json에서는 npm workspaces에서 관리할 패키지를 지정합니다. 여기에서는 packages/*를 이용해 packages 디렉터리 아래에 배치한 모두를 대상으로 지정합니다.

예제 7-2 package.json

```
{
  "private": true,
  "workspaces": [
    "packages/*"
  ]
}
```

각 애플리케이션에 필요한 모듈을 관리하기 위해 packages/frontend와 packages/backend 바로 아래에 각각의 package.json이 배치됩니다.

이는 프런트엔드와 백엔드에서 필요한 패키지가 다르기 때문입니다. 예를 들어 백엔드에서 필요한 익스프레스는 프런트엔드에는 필요하지 않으며, 반대로 리액트나 웹팩은 백엔드에서 필수는 아닙니다.[2]

단, 이 책에서는 간략한 설명을 위해 프런트엔드에 해당하는 frontend에 익스프레스를 도입합니다. 실제 애플리케이션 개발에서는 frontend에 익스프레스를 도입하지 않는 구성도 많습니다.

---

2 SSR을 수행하는 경우에는 백엔드 코드에도 리액트가 필요할 수도 있습니다. 처음부터 함께 설명하면 혼동할 수 있으므로 여기에서는 의도적으로 나누어 설명합니다.

frontend(packages/frontend)와 backend(packages/backend)의 관계나 구성 이미지는 7.8.5절을 참고하기 바랍니다.

7.3.1 단일 저장소 표준

npm workspaces에서 프런트엔드와 백엔드 애플리케이션을 각각 관리하기 위한 준비를 합니다.

먼저 루트 디렉터리 바로 아래에 packages 디렉터리와 package.json을 준비합니다. package.json의 내용은 [예제 7-2]와 같습니다.

```
directory/
├─────  packages/
└─────  package.json
```

다음으로 6장의 코드를 packages/backend 디렉터리에 복사합니다. 이때 packages/backend 디렉터리에서는 node_modules과 package-lock.json을 삭제합니다.

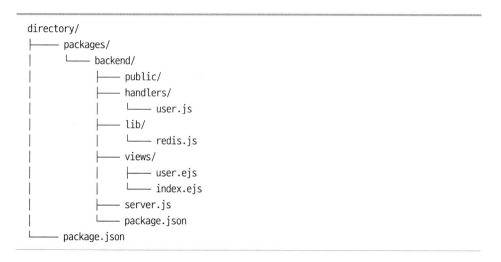

```
directory/
├─────  packages/
│        └─────  backend/
│                 ├─────  public/
│                 ├─────  handlers/
│                 │        └─────  user.js
│                 ├─────  lib/
│                 │        └─────  redis.js
│                 ├─────  views/
│                 │        ├─────  user.ejs
│                 │        └─────  index.ejs
│                 ├─────  server.js
│                 └─────  package.json
└─────  package.json
```

이 시점에서 먼저 백엔드 코드를 실행해보겠습니다.

npm workspaces에서 관리하는 경우 루트 디렉터리에서 npm install을 수행하면 아래의 패키지를 모두 설치합니다.

```
$ npm install # 루트 디렉터리에서 실행

# 다른 터미널에서 레디스를 기동한다.
$ docker run --rm --name nodejsbook-redis -p 6379:6379 redis

# 백엔드 코드를 실행한다.
$ node packages/backend/server.js
start listening
```

서버 기동은 이렇게 직접 파일을 지정해도 좋지만, npm workspaces를 사용하는 경우에는 npm scripts(3.5.2절 참고)에 모아두면 더 편리합니다.

packages/backend/package.json에 start 스크립트를 추가합니다.

```
{
  "private": true,
  "dependencies": {
    ...
  },
  "devDependencies": {
    ...
  },
  "scripts": {
    "start": "node server.js"
  }
}
```

npm workspaces에서 관리하는 아래의 패키지는 -w 옵션으로 루트 디렉터리에서 호출할 수 있습니다.

```
# packages/backend 아래의 start 스크립트를 실행
$ npm start -w packages/backend
start listening
```

이것으로 백엔드 코드를 npm workspace에서 관리할 수 있습니다. 이제 프런트엔드 코드를 개발해보겠습니다.

7.4 프런트엔드 개발의 사고방식

이번 절에서는 프런트엔드 프레임워크로 리액트를 이용해서 설명합니다.

백엔드가 제공하는 역할은 HTML이나 API 제공, 데이터베이스로의 영속화 등입니다(6장 참고). 반면에 프런트엔드의 역할은 간단히 말해 사용자의 액션 등에 따라 백엔드 API를 호출하거나, HTML의 형태를 조작하는 것입니다.

프런트엔드 개발에 대한 사고방식으로 지금까지의 방법을 바탕으로 하면서도 리액트를 사용해보다 현대적인 개발 방법을 설명합니다.

7.4.1 제이쿼리 시대의 프런트엔드 개발

Node.js가 보급되기 시작했을 때 프런트엔드에서는 제이쿼리 등의 경량 프레임워크(라이브러리)가 주류였습니다. 제이쿼리로 HTML을 조작하는 코드를 확인해보겠습니다.

```
<ul class="list-container">
  <li>one</li>
  <li>two</li>
</ul>

<button class="add-button">추가</button>

<script>
window.addEventListener('DOMContentLoaded', () => {
  $('.add-button').on('click', () => {
    $('.list-container').append('<li>three</li>');
  });
});
</script>
```

위 스크립트는 버튼을 클릭한 시점에 리스트에 요소를 추가합니다. `$('.list-container')` 부분에서 `list-container` 클래스가 해당 요소를 HTML 안에서 찾습니다. 그다음 `.append ('<li>three</li>')` 함수에서 인수에 해당 요소를 추가합니다.

이러한 작업을 조합하며 애플리케이션을 구축할 수 있습니다. 그러나 이 구성은 애플리케이션이 복잡해질수록 비용이 많이 듭니다.

예를 들어 앞의 코드는 클릭을 반복할 때마다 `<li>there</li>`라는 DOM이 추가됩니다. 이 것을 2번째 이후에는 `<li>four</li>`, `<li>five</li>`와 같이 내용을 바꾸고 싶다고 가정해 보겠습니다. 간단하게 생각하면 다음과 같이 구현할 수 있습니다.

```javascript
$('.add-button').on('click', () => {
  // .list-container 안에 있는 li 중 가장 마지막 HTML을 가져온다.
  const lastHtml = $('.list-container li').last().html();
  // 가져온 HTML에 따라 추가하는 요소를 변경한다.
  if (lastHtml === 'two') {
    $('.list-container').append('<li>three</li>');
  } else if (lastHtml === 'three') {
    $('.list-container').append('<li>four</li>');
  } else if (lastHtml === 'four') {
    $('.list-container').append('<li>five</li>');
  } else {
    $('.list-container').append('<li>xxx</li>');
  }
  // 실제 애플리케이션에서는 이렇게까지 우직하게 구현하지 않지만,
  // 여기에서는 처음으로 다루는 사람도 쉽게 이해할 수 있도록 하기 위해, 이런 형태로
작성했습니다.
});
```

위 코드는 상당히 극단적으로 구현했습니다. 제이쿼리를 이용한 애플리케이션을 고도화하다 보면 이처럼 요소를 가져오고, DOM의 상태를 해석, 추가, 수정하는 코드의 조합이 되어버립 니다. 이렇게 만드는 방식이 나쁘다는 것은 아닙니다. 하지만 이 스타일에는 HTML 렌더링뿐 만 아니라 상태 저장까지 포함되는 약점이 있습니다.

생각해보면 위 코드는 리스트 요소의 가장 마지막 내용에 따라 동작이 달라지는 코드라고 할 수 있습니다. 이래서는 HTML 구성이 변경되면 DOM에서 상태를 파악하는 코드도 변경돼야 합니다. 이렇게 HTML이라는 하나의 구성 요소에 렌더링과 상태의 저장이라는 책임이 중복되 는 코드는 유지보수 과정에서 병목이 발생할 때가 많습니다. 따라서 가능한 한 각 책임은 분리 하는 편이 좋습니다.

책임을 분리하는 구현

예를 들어 앞의 코드에서 상태를 관리하는 변수를 자바스크립트에 위임하면 다음과 같이 됩니다.

```
let counter = 2;

$('.add-button').on('click', () => {
  if (counter === 2) {
    $('.list-container').append('<li>three</li>');
  } else if (counter === 3) {
    $('.list-container').append('<li>four</li>');
  } else if (counter === 4) {
    $('.list-container').append('<li>five</li>');
  } else {
    $('.list-container').append('<li>xxx</li>');
  }
  counter++;
});
```

제이쿼리에서도 책임 분리를 할 수 있습니다. 이 정도는 간단하지만 애플리케이션이 복잡해짐에 따라 DOM 상태를 얻는 코드양이 증가하기 십상이어서 구현은 어려워집니다. 예를 들어 요소가 추가될 뿐만 아니라 상태 변화에 따라 n번째의 요소만 바꿔 쓰는 것과 같은 로직이 자주 등장하게 됩니다. 이 경우 counter 대신 배열 요소로 관리해야 합니다.

이러한 '상태'와 '렌더링'의 책임을 분리하기 쉽다는 것이 리액트와 같은 최근 프레임워크의 강점입니다. 또한 이 프레임워크에는 상태의 차이를 감지하고 반영하는 등의 성능 측면의 핵심적인 기능들도 있습니다. 그래서 이전의 프런트엔드를 다루던 개발자들에게 있어, 이러한 기능들을 구현하는 라이프사이클이나 가상 DOM 등의 렌더링 구조는 큰 변화였습니다.

제이쿼리에서도 HTML의 attribute에 상태를 갖게 하는 등 비슷한 구조로 구축을 할 수는 있지만, 유지보수 가능한 상태를 유지하는 비용이 더 높습니다. 따라서 프레임워크에서 제공하는 방식을 어느 정도 따르면 설계에 드는 수고를 덜 수 있고, 누구나 유지보수가 가능합니다. 이는 프레임워크를 이용하면서 얻을 수 있는 큰 장점이기도 합니다.

향후 프런트엔드에서는 이러한 프레임워크들의 도움을 받는 것이 베스트 프랙티스라고 해도 좋을 것입니다. 그리고 이후 새로운 개념이 등장한다 하더라도 현재의 프레임워크들을 다루어 보는 경험은 반드시 도움이 될 것입니다.

7.4.2 리액트를 이용한 프런트엔드 개발

실제로 리액트 개발을 해보며 프런트엔드 개발이 어떻게 변했는지 살펴보겠습니다.

리액트 개발을 가볍게 다루어보고 싶다면 공식으로 제공되는 **create-react-app**[3]이라는 CLI 를 이용하는 것을 권장합니다. 최근 프레임워크에는 스켈레톤을 생성하는 CLI가 포함된 경우 가 많으므로 우선 이를 활용해 특징을 파악하면 좋습니다.

create-react-app을 통해 frontend라는 애플리케이션 이름으로 모형을 작성합니다. 또한 여기에서는 npm workspaces로 관리하기 위해 공식적인 방법과는 조금 다른 순서로 진행합니다.

```
# directory(프로젝트 전체 루트)에서 실행. packages/frontend 디렉터리 아래에 모형을
생성
$ npx create-react-app packages/frontend
# packages/frontend 아래의 start 명령을 실행
$ npm start -w packages/frontend

Compiled successfully!

You can now view my-react-app in the browser.

  Local:            http://localhost:3000
  On Your Network: http://192.168.xx.xxx:3000

Note that the development build is not optimized.
To create a production build, use yarn build.
```

작성을 완료하면 npm start 명령을 통해 개발용 서버를 기동할 수 있습니다. 서버가 기동했다 면 브라우저에서 http://localhost:3000에 접근해봅니다. 그러면 화면이 나타나는 것을 확 인할 수 있습니다.

create-react-app을 이용해 작성된 packages/frontend 디렉터리의 구성은 다음과 같습 니다.[4]

---

3 https://reactjs.org/docs/create-a-new-react-app.html
4 create-react-app 버전에 따라 실제 구성에 차이가 있을 수 있습니다.

```
directory/
├── packages/
│   ├── frontend/
│   │   ├── public/
│   │   │   ├── favicon.ico
│   │   │   ├── index.html
│   │   │   ├── logo192.png
│   │   │   ├── logo512.png
│   │   │   ├── manifest.json
│   │   │   └── robots.txt
│   │   ├── src/
│   │   │   ├── App.css
│   │   │   ├── App.js
│   │   │   ├── App.test.js
│   │   │   ├── index.css
│   │   │   ├── index.js
│   │   │   ├── logo.svg
│   │   │   ├── reportWebVitals.js
│   │   │   └── setupTests.js
│   │   └── package.json
│   │
│   └── backend/~~
├── package.json
└── package-lock.json
```

이것으로 리액트 개발에 필요한 기반을 만들었습니다. 이번 장에서는 6.4.3절에서 작성한 사용자 페이지를 리액트로 바꿔 쓰면서 리액트 개발을 살펴보겠습니다.

리액트 이해하기

리액트의 사용 방법을 소개합니다. 먼저 생성된 파일 안에서 톱 페이지를 구성하는 `App.js`를 확인해보겠습니다.

예제 7-3 packages/frontend/src/App.js

```
import logo from './logo.svg';
import './App.css';

function App() {
  return (
    <div className="App">
```

```
      <header className="App-header">
        <img src={logo} className="App-logo" alt="logo" />
        <p>
          Edit <code>src/App.js</code> and save to reload.
        </p>
        <a
          className="App-link"
          href="https://reactjs.org"
          target="_blank"
          rel="noopener noreferrer"
        >
          Learn React
        </a>
      </header>
    </div>
  );
}

export default App;
```

App.js는 ECMAScript 모듈 표기법으로 작성돼 있고, App이라는 이름의 함수를 export하고 있습니다.[5] App 함수 안을 확인해보면 return 안에 HTML이 작성돼 있습니다. 이 부분은 자바스크립트 표준 문법으로는 해석할 수 없습니다. JSX라 불리는 리액트의 표기법이기 때문입니다.

JSX는 자바스크립트를 확장해 자바스크립트에서 템플릿 엔진(6.5 참고)처럼 HTML에 가깝게 작성할 수 있습니다. 예를 들어 다음과 같은 표기법으로 HTML과 같은 기술을 자바스크립트의 변수로 다룰 수 있습니다.

```
const element = <header>hello</header>;
```

JSX의 구체적인 표기법은 다음 문서를 참고하기 바랍니다.

- **JSX** https://reactjs.org/docs/introducing-jsx.html

앞서 설명한 것처럼 JSX는 자바스크립트의 표준 문법을 따르지 않습니다. 이 상태로는 직접 브라우저에서 실행할 수 없으므로 자바스크립트 표준 문법으로 해석할 수 있는 형태로 변환해야

---

5 프런트엔드에 관해서는 create-react-app 기본의 ECMAScript 모듈에서 설명합니다.

합니다. 또한 1, 2번째 행에 있는 svg 파일이나 css 파일의 import도 불가능합니다. 이것도 리액트와 마찬가지로 브라우저가 해석할 수 있는 형태가 되도록 빌드를 해야 합니다. 그래서 리액트를 이용할 때는 일반적으로 실행 전에 JSX를 브라우저가 실행할 수 있는 자바스크립트로 빌드합니다.

App.js는 .js라는 확장자이지만 실제로는 리액트 전용의 빌드 단계를 실행해야만 하는 파일입니다. 여기에서는 .js라는 확장자이지만 명시적으로는 리액트의 문법이 들어 있는 파일이라는 의미로 .jsx라는 확장자로 작성되기도 합니다.

7.4.3 자바스크립트의 빌드

순수한 자바스크립트만으로 애플리케이션을 작성한다면 빌드가 반드시 필요하지는 않습니다. 하지만 최근의 프런트엔드 개발과는 떼려야 뗄 수 없는 관계에 있습니다.

여러 차례 설명한 것처럼 초기 프런트엔드 개발에서는 제이쿼리가 주류였습니다. 제이쿼리를 이용하는 장점은 표준에 없는 편리하고 단순한 표기법을 사용한다는 부분이 컸습니다. 하지만 당시 널리 받아들여진 이유에는 제이쿼리 표기법을 사용하면서 브라우저 간의 차이점이 줄어든 영향이 컸다고 생각합니다.

자바스크립트의 사양은 각 브라우저가 구현해야 할 설계도이지만, 브라우저에 구현되는지는 완전히 다른 이야기입니다. 최근에는 브라우저 간 차이가 적어졌으나 당시에는 그 차이를 제이쿼리로 메꾸는 것이 기본이었습니다.

자바스크립트의 빌드는 브라우저 간의 차이를 제이쿼리와는 완전히 다르게 메꾸는 방법이라고 할 수 있습니다.

바벨과 타입스크립트

ES5에서 ES6로 진화하면서 편리한 표기법이나 새로운 기능이 많이 추가됐습니다. 하지만 모든 브라우저에서 동시에 이용할 수 있는 것은 아닙니다(1.2.1절 참고).

바벨Babel[6]은 ES6에서 추가된 각 표기법을 ES5를 구현한 브라우저에서 해석할 수 있도록 변환

---

6 https://babeljs.io/

하는 컴파일러로 등장했습니다.[7] [8] 바벨의 보급에 따라 개발자는 최신 표기법을 로컬 코드에 적용하는 개발을 하면서, 각 브라우저의 구현 상황에 맞춰 자바스크립트를 개발할 수 있게 됐습니다. 하지만 바벨 역시 특성상 실행 전에 변환을 위해 빌드를 해야 합니다.

요즘에는 또 다른 니즈도 생기고 있습니다. 타입스크립트의 존재입니다. 타입이 없는 자바스크립트에 비해 타입스크립트는 타입을 부여해 개발을 할 수 있어 최근에 널리 이용되고 있습니다.[9]

자바스크립트는 기본적으로 브라우저에서 동작하는 유일한 언어입니다.[10] 그러나 자바스크립트에는(ES5에서 특히) 작성하기 쉬운 문법을 사용할 수 없거나, 동적 타입을 사용하는 등의 몇 가지 문제가 있습니다. 이에 이 문제들을 해결하기 위해 자바스크립트로 변환할 수 있는 다른 언어가 필요했습니다.

자바스크립트와 다른 특성을 가지며 자바스크립트로 변환할 수 있는 프로그래밍 언어는 AltJS[11]라 불립니다. 타입스크립트도 AltJS로서 브라우저에서는 동작하지 않는 언어 사양이므로 동작시키려면 빌드해서 브라우저가 실행할 수 있는 자바스크립트로 변환해야 합니다.

프런트엔드의 모듈 도입

프런트엔드에서 빌드가 필요하게 된 이유는 변환 때문만은 아닙니다. 또 하나의 중요한 요소는 모듈의 번들입니다.

원래 자바스크립트에는 모듈 분할 구조가 없어서 Node.js는 이를 해결하기 위해 CommonJS 모듈이라는 스타일을 채택했습니다(3장 참고). 이를 통해 Node.js라는 자바스크립트 환경에서는 모듈 분할이 가능하게 됐습니다.

또한 프런트엔드 환경에서도 코드가 복잡해지고 코드양이 늘어나면서 사용하기 쉬운 모듈 분할이 필요하게 됐습니다(1.2.1절 참고). 그래서 초기에는 해결책으로 CommonJS 모듈 형식으로 작성된 코드를 브라우저에서 동작할 수 있는 형태로 변환하고 결합하는 방식을 많이 사용

---

7 바벨은 자바스크립트를 호환 가능한 자바스크립트로 변환시키는 것이므로 트랜스파일러라 부르기도 합니다. 여기에서는 공식 문서에 맞춰 컴파일러라는 언어를 이용합니다.

8 현재는 가장 폭넓은 기능을 담당합니다. 자세한 내용은 사이트를 참고하기 바랍니다.

9 엄밀하게는 자바스크립트는 동적 타입 언어이지만 타입이 없는 것이 많습니다.

10 웹어셈블리도 동작하지만 여기에서는 고려하지 않습니다.

11 이전에는 커피스크립트 등 몇 가지 선택지가 있었지만 현재는 타입스크립트가 거의 실질적 표준일 것입니다.

했습니다.

코드 변환(빌드)에는 바벨이나 웹팩 등 몇 가지 방법이 있으며, 서로 기능이 겹치는 부분도 있는 다소 복잡한 영역입니다.

프런트엔드의 빌드 일반화

이런 일련의 환경이 갖춰진 2015년 전후에 프런트엔드에서 빌드가 보편화됐고, 이제는 거의 필수라고 말할 수 있습니다. CommonJS 모듈과 빌드를 이용하면서 프런트엔드 개발이 쉬워졌지만, CommonJS 모듈은 어디까지나 Node.js가 채택하는 언어 사양 밖의 구조입니다.

그래서 프런트엔드 환경도 포함하는 자바스크립트의 정식 모듈 분할 구조로서 ECMAScript 모듈이 채택됐습니다. 하지만 바벨과 마찬가지로 사양 채택과 브라우저로의 구현은 역시 또 다른 문제입니다.

또한 파일을 분할할 수 있게 된 것과 실제로 브라우저에서 동작하는 자바스크립트를 단순히 분할해도 좋은지는 별개의 문제입니다. 브라우저에는 일반적으로 동시 접속 수가 정해져 있고, 네트워크를 통해 동시에 다운로드할 수 있는 파일 수는 제한적입니다. 그래서 `script` 태그로 대량의 파일을 읽으면 동시 접속 수를 초과한 만큼, 이전 파일의 다운로드가 완료될 때까지 기다리게 됩니다. 예를 들어 동시 접속 수가 2인 환경[12]이라면 3번째 파일은 앞의 2개 파일 중 하나를 모두 읽을 때까지 읽기가 시작되지 않습니다. 하지만 대부분 프로그래밍에서 분할하고 싶은 단위는 동시 접속 수 이상인 경우가 많습니다. 특히나 복잡한 동작이 필요한 현대의 자바스크립트 애플리케이션을 10개 이하의 파일로 동작시키는 것은 간단한 설계로는 어려울 것입니다.

파일 단위의 모듈 분할 구조를 도입한 이상 이 문제는 피할 수 없습니다. 게다가 프런트엔드의 자바스크립트 코드는 특성상 네트워크를 경유하는 비용을 무시할 수 없습니다. 이것은 다른 환경보다 더 골치 아픈 문제입니다.

여기서 개발 관점으로 분할한 모듈을 일정한 단위로 결합(번들)하는 도구가 필요하게 됩니다. 이것이 웹팩으로 대표되는 번들러(모듈 번들러)의 중요한 역할입니다.[13]

----

12 이것은 브라우저나 개인 설정 등을 따르므로 일정하지 않습니다.

13 정확하게는 도중에 그런트, 걸프와 같은 빌드 파이프라인 자동화나 보급 등이 웹팩 이전에도 있었습니다. 하지만 현재는 웹팩으로 대체됐다고 말해도 좋을 것입니다. 그리고 최근에는 롤업(Rollup, https://rollupjs.org/guide/en/)이나 SWC(https://swc.rs/), 바이트(Vite, https://vitejs.dev/)와 같은 도구도 등장해 보급됐으므로 동향을 관심 있게 살펴보는 것이 좋습니다.

웹팩은 플러그인을 사용하면 자바스크립트뿐만 아니라 자바스크립트 사양 이외의 이미지나 CSS 파일 등을 특정한 규칙에 따라 번들링할 수 있습니다. 타입스크립트의 컴파일도 이러한 빌드 단계에서 이루어집니다.

JSX도 브라우저가 해석할 수 있는 상태로 빌드됩니다. 일반적인 애플리케이션 개발에서는 이런 특수한 규칙들을 해석하기 위해 개별 설정을 추가해야 하지만, 여기에서는 create-react-app으로 이 설정들을 감춥니다.

- JSX나 바벨, 타입스크립트의 인기
- 모듈 시스템의 등장과 프런트엔드에서 번들의 필요성

이것이 최근 프런트엔드 개발에서 빌드가 필요한 이유입니다.

자바스크립트 빌드는 자세하게 다루기 시작하면 그것만으로도 책 한 권이 될 만큼 깊이가 깊은 영역입니다. 이 책은 첫 번째 단계로 빌드의 필요성에 관해 다루는 정도로 마무리합니다. 최근의 프런트엔드 개발과 빌드는 결코 뗄 수 없습니다. 개발에 익숙해졌다면 다음 단계로 빌드에 대한 이해의 범위를 넓히면 좋습니다.

7.5 리액트의 기본 기능

리액트의 기본 기능을 살펴봅니다.

7.5.1 톱 페이지 변경하기

먼저 create-react-app으로 생성된 톱 페이지를 수정하면서 리액트를 다루어봅니다. frontend/src/App.js의 코드가 6장에서 작성한 /users에 해당하는 기능을 담당하도록 수정해보겠습니다.

먼저 DB에서 데이터 가져오기 등은 생각하지 않고 정적인 페이지로 작성합니다.

```javascript
import './App.css';

function App() {
  return (
    <div className="App">
      <ul>
        <li>alpha</li>
        <li>bravo</li>
        <li>charlie</li>
        <li>delta</li>
      </ul>
    </div>
  );
}

export default App;
```

이런 HTML 요소 덩어리[14]를 컴포넌트라 부릅니다.

여기에서는 css로 App 컴포넌트를 가운데 정렬로 변경해봅니다. class를 다루고 싶을 때는 className 속성에 이용할 문자열을 전달합니다. JSX의 제한으로 class라는 속성은 직접 사용할 수 없는 점에 주의합니다.[15]

예제 **7-5** frontend/src/App.css

```css
.App {
  display: flex;
  flex-direction: column;
  align-items: center;
}
```

코드를 변경하고 브라우저를 확인해보면 다음과 같이 리스트가 가운데 정렬된 것을 확인할 수 있습니다.

---

14 실제로는 리액트 요소입니다. https://reactjs.org/docs/rendering-elements.html

15 JSX 안에서는 class나 for 등이 아닌 다른 표기로 바꿔 사용합니다. 자세한 내용은 https://reactjs.org/docs/dom-elements.html 을 참고하기 바랍니다.

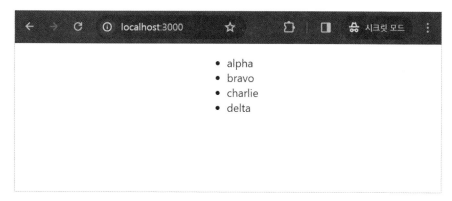

그림 7-1 가운데 정렬된 화면

7.5.2 변수 다루기

웹 애플리케이션을 작성할 때 프레임워크를 이용하는 가치는 동적인 변화를 다룰 때 발휘합니다.

변수를 다룰 때는 {variable}이라는 표기법을 이용합니다. 리스트의 처음 요소를 변수로 만들어보겠습니다.[16]

예제 7-6 packages/frontend/src/App.js의 App 함수

```
function App() {
  const a = 'alpha';

  return (
    <div className="App">
      <ul>
        <li>{a}</li>
        <li>bravo</li>
        <li>charlie</li>
        <li>delta</li>
      </ul>
    </div>
  );
}
```

---

16 이후 import나 export default App은 적절하게 생략하고 수정하는 함수를 중심으로 설명합니다.

JSX는 자바스크립트를 확장하는 표기법이므로 일반적인 자바스크립트도 작성할 수 있습니다. App은 자바스크립트 함수이므로 내부에서 변수를 정의할 수 있습니다. 여기에서는 변수 a에 문자열 alpha를 할당합니다.

```
function App() {
  const a = 'alpha';
```

다음으로 HTML을 작성한 부분을 보면 리스트의 맨 처음이 {a}입니다. 이것은 변수 a를 전개하라는 의미입니다. 즉 여기에서는 a에 들어 있는 alpha가 전개됩니다.

```
return (
  <div className="App">
    <ul>
      <li>{a}</li>
```

리스트의 처음에 alpha가 표시되는 것을 브라우저에서 확인합니다.

이것으로 변수를 다룰 수 있게 됐습니다. 변수로 만들어진 것을 확인하기 위해 a를 원하는 문자열로 바꾸고, 브라우저의 표시도 변경되는 것을 확인해보세요.

반복을 배열화하기

다음은 반복하고 있는 요소를 배열로 만들어보겠습니다. ejs에서는 다음 코드와 같이 구현하는 것을 목표로 합니다.

```
<ul>
  <% for (const user of users) { %>
    <li class="user"><%= user.name %></li>
  <% } %>
</ul>
```

여기에서도 기본 표시는 지금까지와 같습니다. 동적으로 표시하고 싶은 것은 {}로 감쌉니다.

예제 **7-7** packages/frontend/src/App.js의 App 함수

```
function App() {
  const users = ['alpha', 'bravo', 'charlie', 'delta'];
```

```
    return (
      <div className="App">
        <ul>
          {users.map((user) => {
            return <li>{user}</li>;
          })}
        </ul>
      </div>
    );
  }
```

조금 복잡한 코드이므로 나눠서 설명합니다.

users는 화면에 표시되는 문자열의 배열입니다. 여기에서는 우선 API로 가져오는 것이 아니라 다음처럼 코드 안에서 직접 작성하고 있습니다.

```
const users = ['alpha', 'bravo', 'charlie', 'delta'];
```

리스트 요소를 작성하기 위해서는 문자열의 배열을 리스트 요소로 변환하는 처리를 해야 합니다. 다음 코드가 리스트 요소로 변환하는 부분입니다.

```
<ul>
  {users.map((user) => {
    return <li>{user}</li>;
  })}
</ul>
```

배열에 일정한 처리를 반복하는 경우에는 **Array.map**을 이용하면 간단합니다. 조금 더 자세히 보면 users 배열을 리스트 요소로 변환하는 위치는 다음 부분입니다.

```
users.map((user) => {
  return <li>{user}</li>;
});
```

앞서 정의한 users 배열을 우선 `<li>{user}</li>`라는 리스트 요소의 배열로 변환합니다. 변환된 리스트 요소를 {}로 감싸면 HTML 태그로 화면에 그려집니다.

```
<ul>
  <li>alpha</li>
  <li>bravo</li>
  <li>charlie</li>
  <li>delta</li>
</ul>
```

7.6 브라우저 이벤트 처리

여기까지의 내용으로 리액트를 이용해 정적인 표시를 할 수 있게 됐습니다.

다음은 버튼처럼 사용자 액션에 따라 표시가 동적으로 변화하는 방법을 확인해보겠습니다. users 배열에 새로운 사용자를 추가하는 기능을 추가합니다(이벤트 추가 자체는 7.6.2절 참고).

액션을 작성하기 위한 첫 준비로 input과 button 요소를 추가합니다.

예제 7-8 packages/frontend/src/App.js의 App 함수

```
function App() {
  const users = ['alpha', 'bravo', 'charlie', 'delta'];

  return (
    <div className="App">
      <ul>
        {users.map((user) => {
          return <li>{user}</li>;
        })}
      </ul>
      <form>
        <input type="text" />
        <button type="submit">추가</button>
      </form>
    </div>
  );
}
```

추가한 요소가 브라우저에서 표시되는 것을 확인해보겠습니다.

그림 7-2 브라우저에서 추가된 input과 button 요소를 확인

여기에서 개발자 도구의 콘솔을 확인해봅니다. 그러면 다음과 같은 에러가 표시될 것입니다.

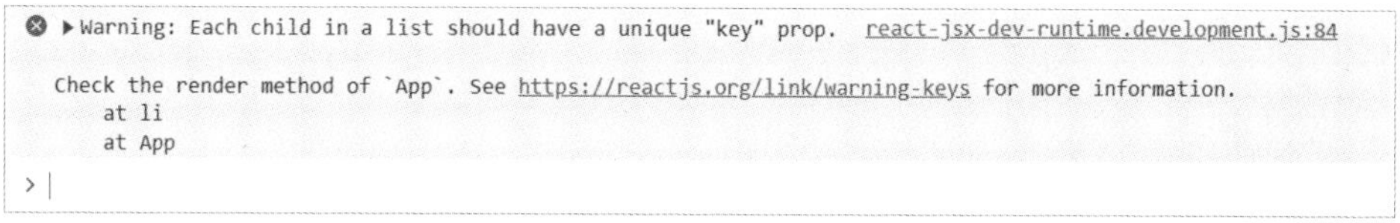

```
⊗ ▶Warning: Each child in a list should have a unique "key" prop.   react-jsx-dev-runtime.development.js:84

   Check the render method of `App`. See https://reactjs.org/link/warning-keys for more information.
        at li
        at App
> |
```

그림 7-3 개발자 도구의 에러

7.6.1 리액트와 렌더링

발생한 에러를 이해하기 위해 리액트의 랜더링을 조금 설명하겠습니다.

최근 프런트엔드 프레임워크는 변경된 요소만 교체하는 차이 검출 기능을 갖습니다. 요소 중 하나가 변경됐을 때 요소 전체를 처음부터 다시 표시하면 낭비가 많고 시간이 그만큼 소요됩니다. 그래서 가상 DOM^(Virtual DOM)이라는 개념이 등장했습니다.

가상 DOM은 실제 DOM의 소스가 되는 데이터와 같습니다. 예를 들어 어떤 변수가 내부적으로 바뀌었을 때 먼저 가상 DOM이 변화하는지 체크합니다. 그래서 차이가 있을 때는 그 차이 부분을 실제 DOM에 반영합니다. 이렇게 실제 DOM에 대한 반영에 한 단계를 넣음으로써 효율적인 표시를 구현합니다.

내부는 매우 복잡하고 고도로 구현돼 있지만, 단순하게 설명하면 이와 같은 구조입니다. 차이를 감지하고 실제 DOM에 반영하는 부분을 담당하는 것이 리액트와 같은 프레임워크의 핵심이라고 할 수 있습니다.

여기에서 [예제 7-8]을 다시 살펴보겠습니다. 가장 마지막에 새로운 요소를 더하는 경우 **alpha** 부터 **delta**까지는 이전과 달라지지 않은 상태입니다. 따라서 현재 상태를 망가뜨리지 않고 마지막에 추가하는 것만으로 표시를 변경할 수 있습니다.

```
<ul>
  <li>alpha</li>
  <li>bravo</li>
  <li>charlie</li>
  <li>delta</li>
  <li>echo</li>
</ul>
```

그렇다면 처음에 추가되면 어떻게 될까요?

```
<ul>
  <li>echo</li>
  <li>alpha</li>
  <li>bravo</li>
  <li>charlie</li>
  <li>delta</li>
</ul>
```

사람의 눈에는 도중에 삽입됐을 뿐이라고 인식할 수 있지만 기계적으로 판단하기는 어렵습니다. 이 경우 ul 안의 구성은 일단 파기되고, 모든 li를 화면에 다시 그리게 됩니다.

리액트는 이 문제를 감지하고 에러를 표시합니다.

key로 차이를 감지한다

리액트에서는 차이를 쉽게 감지하기 위해 key라는 속성을 이용합니다.[17]

key에는 고유한 값을 설정합니다. 여기에서는 문자열의 배열이므로 key에 그대로 user라는 문자열을 부여했습니다.[18] 데이터베이스에서 가져온 값이라면 고유한 ID 등을 이용하는 것이

---

17 keys https://reactjs.org/docs/reconciliation.html#keys
18 이때 배열의 인덱스 번호는 가능한 한 사용하지 않도록 주의합니다. 요소의 순서가 바뀌는 경우 인덱스 번호는 비효율적입니다.

좋습니다.[19]

```
users.map((user) => {
  return <li key={user}>{user}</li>;
});
```

Array.map 부분은 변수로 받아 별명을 붙일 수도 있습니다. 이를 이용해 JSX의 HTML 부분에서 처리를 제거하고 다음과 같이 쓸 수도 있습니다.[20]

예제 7-9 packages/frontend/src/App.js의 App 함수

```
function App() {
  const users = ['alpha', 'bravo', 'charlie', 'delta'];

  const userList = users.map((user) => {
    return <li key={user}>{user}</li>;
  });

  return (
    <div className="App">
      <ul>{userList}</ul>
      <form>
        <input type="text" />
        <button type="submit">추가</button>
      </form>
    </div>
  );
}
```

7.6.2 이벤트 핸들링

이번에는 추가한 버튼을 눌렀을 때의 이벤트를 핸들링해보겠습니다. type="submit" 속성을 부여한 버튼을 클릭하면 해당 form의 submit 이벤트를 발행합니다.

....

19 lists와 key https://reactjs.org/docs/lists-and-keys.html

20 이렇게 하고 싶을 경우에는 그 시점에 컴포넌트를 분리하는 편이 좋을 수도 있습니다. 그리고 이를 이용함에 따라 렌더링 비용이 증가할 때는 useMemo 등으로 재설계를 억제하는 것도 고려해야 하지만, 이 책에서는 설명하지 않습니다. useMemo와 같은 훅(Hook)에 관한 자세한 내용은 문서를 참고하기 바랍니다. https://reactjs.org/docs/hooks-reference.html#usememo

```
function App() {
  const users = ['alpha', 'bravo', 'charlie', 'delta'];

  const userList = users.map((user) => {
    return <li key={user}>{user}</li>;
  });

  const handleSubmit = (event) => {
    event.preventDefault();
    console.log('handle submit');
  };

  return (
    <div className="App">
      <ul>{userList}</ul>
      <form onSubmit={handleSubmit}>
        <input type="text" />
        <button type="submit">추가</button>
      </form>
    </div>
  );
}
```

브라우저에서 [추가] 버튼을 클릭해봅니다.

그림 7-4 클릭 시 화면과 콘솔

콘솔에는 handleSubmit 함수 안에 정의한 handle submit이 출력됩니다. 즉 form 태그에서 발행된 submit 이벤트를 받아 handleSubmit 함수가 호출된 것입니다.

이벤트 주변 처리를 정리하기

이제 submit 이벤트에 핸들러를 연결할 수 있게 됐습니다. 다음은 submit 이벤트가 발행됐을 때 input의 내용을 users 배열에 추가하는 처리를 더합니다. 이 처리를 실행하려면 먼저 기능을 다음과 같이 3가지로 나눕니다.

- input 요소의 변화를 핸들링한다.
- 변화했을 때의 input의 값을 저장한다.
- submit 이벤트가 발행됐을 때 저장한 값을 배열에 추가한다.

먼저 첫 번째로 input의 변화를 핸들링합니다. input 요소에 무엇인가가 입력돼 내용이 변화했을 때 input 요소는 change 이벤트를 발행합니다.

리액트에서는 change 이벤트를 받기 위해 onChange 속성에 핸들러를 추가합니다. input 태그에 입력된 내용은 핸들러의 인수로 전달되는 이벤트 객체인 event.target.value에 저장됩니다.

예제 **7-11** frontend/src/App.js의 App 함수

```
function App() {
  const users = ['alpha', 'bravo', 'charlie', 'delta'];

  const userList = users.map((user) => {
    return <li key={user}>{user}</li>;
  });

  const handleSubmit = (event) => {
    event.preventDefault();
    console.log('handle submit');
  };

  const handleChange = (event) => {
    console.log('handle change:', event.target.value);
  };

  return (
    <div className="App">
      <ul>{userList}</ul>
      <form onSubmit={handleSubmit}>
        <input type="text" onChange={handleChange} />
        <button type="submit">추가</button>
```

```
      </form>
    </div>
  );
}
```

input 요소에 적당하게 문자를 입력해보면 handleChange 함수가 호출되고, input 요소의
내용이 콘솔에 출력되는 것을 알 수 있습니다.

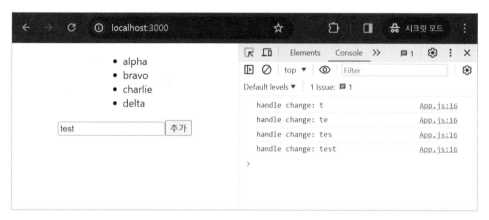

그림 7-5 input 요소의 내용이 콘솔에 출력된다.

리액트에서의 이벤트와 핸들러의 연결

[예제 7-10]의 이벤트 핸들링과 관련된 부분을 자바스크립트 표준으로 작성하면 다음과 같습
니다.

```
document.querySelector('form').addEventListener('submit', (event) => {
  event.preventDefault();
  console.log('[addEventListener] handle submit');
});
```

리액트에서 생성된 HTML에 위 코드를 사용해 핸들러를 추가할 수도 있습니다. 콘솔에 위 코드
를 붙여 넣고 버튼을 클릭하면 2개의 출력을 확인할 수 있습니다.

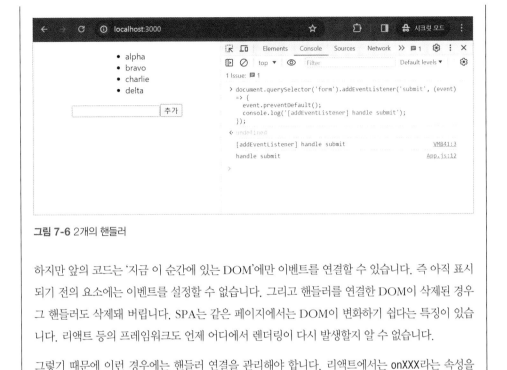

그림 7-6 2개의 핸들러

하지만 앞의 코드는 '지금 이 순간에 있는 DOM'에만 이벤트를 연결할 수 있습니다. 즉 아직 표시되기 전의 요소에는 이벤트를 설정할 수 없습니다. 그리고 핸들러를 연결한 DOM이 삭제된 경우그 핸들러도 삭제돼 버립니다. SPA는 같은 페이지에서는 DOM이 변화하기 쉽다는 특징이 있습니다. 리액트 등의 프레임워크도 언제 어디에서 렌더링이 다시 발생할지 알 수 없습니다.

그렇기 때문에 이런 경우에는 핸들러 연결을 관리해야 합니다. 리액트에서는 onXXX라는 속성을이용해 이벤트에 핸들러를 연결하는 방식을 이용합니다.[21]

7.6.3 변수 저장하기

입력한 값을 리액트에서 저장하는 방법을 설명합니다. 간단하게 생각하면 다음과 같이 App 함수 안에 변수(inputText)를 정의하면 됩니다. 하지만 이 코드는 생각한 것처럼 동작하지 않습니다.

---

21 리액트에서도 필요한 경우에는 querySelector나 ref 등을 이용해 리액트로 감싸지 않은 이벤트를 다룰 수는 있습니다. 하지만 리액트의 렌더링을 고려해 핸들러 연결 관리를 해야만 합니다. 따라서 가능하면 리액트의 구조를 사용하는 편이 좋습니다. 여담이지만 제이쿼리에서는 $(document).on('click', '.foo', () => { ... })와 같은 표기법으로 나중에 추가되는 요소에 이벤트를 연결할 수도 있었습니다. on 외에 bind나 delegate, live 등의 표기를 봤을 수도 있지만, 현재 시점에서는 오래된 이벤트 연결용 표기 정도로 이해해도 충분합니다.

```javascript
function App() {
  const users = ['alpha', 'bravo', 'charlie', 'delta'];
  let inputText = '';

  const userList = users.map((user) => {
    return <li key={user}>{user}</li>;
  });

  const handleSubmit = (event) => {
    event.preventDefault();
    console.log('handle submit:', inputText);
  };

  const handleChange = (event) => {
    inputText = event.target.value;
    console.log('handleChange:', event.target.value)
  };

  return (
    <div className="App">
      <ul>{userList}</ul>
      <form onSubmit={handleSubmit}>
        <input type="text" onChange={handleChange} />
        <button type="submit">추가</button>
      </form>
      {/* inputText 확인 */}
      <div>입력값: {inputText}</div>
    </div>
  );
}
```

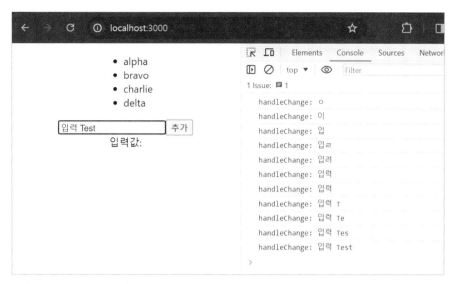

그림 7-7 App 함수(컴포넌트) 안에 변수를 만들어도 동작하지 않는다.

리액트 컴포넌트 안의 변수나 함수는 호출될 때마다 재정의됩니다. 그리고 리액트는 화면을 다시 그리는 시점에 여러 차례 컴포넌트를 호출합니다. 이 코드의 경우 inputText는 호출될 때마다 빈 문자열을 재정의해서 빈 문자가 되어버립니다.

하지만 지금과 같이 값을 저장하고 싶은 경우가 많습니다. 이때 이용하는 것이 useState 함수입니다.[22]

예제 7-13 packages/frontend/src/App.js

```
import { useState } from 'react';
import './App.css';

function App() {
  const users = ['alpha', 'bravo', 'charlie', 'delta'];
  const [inputText, setInputText] = useState('');
  // let inputText = '';

  const userList = users.map((user) => {
    return <li key={user}>{user}</li>;
  });
```

---

22 useState는 리액트 훅의 하나입니다.

```
  const handleSubmit = (event) => {
    event.preventDefault();
    console.log('handle submit:', inputText);
  };

  const handleChange = (event) => {
    // useState의 반환값으로 반환된 set용 함수를 이용한다.
    setInputText(event.target.value);
    // inputText = event.target.value;
  };

  return (
    <div className="App">
      <ul>{userList}</ul>
      <form onSubmit={handleSubmit}>
        <input type="text" onChange={handleChange} />
        <button type="submit">추가</button>
      </form>
      {/* inputText 확인 */}
      <div>입력값: {inputText}</div>
    </div>
  );
}

export default App;
```

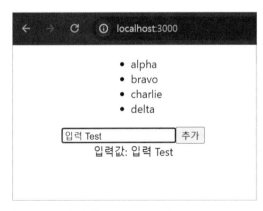

그림 7-8 useState로 값을 저장하는 예

어떤 코드인지 처리를 따라가보겠습니다. 먼저 **React** 모듈에서 **useState** 함수를 읽습니다.

```
import { useState } from 'react';
import './App.css';

function App() {
  const [inputText, setInputText] = useState('');
```

useState는 호출하면 배열을 반환합니다. 저장할 변수는 배열의 [0]에 저장되고, 변수를 저장하기 위한 함수는 [1]에 저장됩니다. useState의 인수는 초깃값입니다. 이번 inputText의 초깃값은 빈 문자입니다.

```
[저장할_변수, 변수를_저장하기_위한_함수] = useState(초깃값);
```

다음으로 변수를 저장하는 부분을 확인해보겠습니다.

```
const handleSubmit = (event) => {
  event.preventDefault();
  console.log('handle submit:', inputText);
};

const handleChange = (event) => {
  setInputText(event.target.value);
};
```

잘못된 코드(예제 7-12)에 표시한 inputText = event.target.value;가 setInputText (event.target.value);가 됐습니다. 이것으로 input 태그가 change 이벤트를 발행했을 때 inputText에 input 태그의 내용을 저장할 수 있게 되었습니다. submit 이벤트(추가 버튼을 클릭했을 때)에 inputText의 내용이 콘솔에 출력되는 것을 확인해보겠습니다.

그림 7-9 submit 이벤트의 내용이 표시된다.

마지막으로 inputText를 users 배열에 추가하는 처리입니다. 앞의 주의점과 마찬가지로 users 배열은 호출될 때마다 재정의되므로 users.push(inputText)에서는 상태를 저장할 수 없습니다. 따라서 users 배열도 useState를 사용해 저장 가능한 상태로 만듭니다.

```
function App() {
  // 렌더링용 users 배열도 useState로 저장해 변화시킬 수 있게 한다.
  const [users, setUsers] = useState(['alpha', 'bravo', 'charlie', 'delta']);
  const [inputText, setInputText] = useState('');

  const userList = users.map((user) => {
    return <li key={user}>{user}</li>;
  });

  const handleSubmit = (event) => {
    event.preventDefault();
    // setUsers를 이용해 새로운 배열을 렌더링용 배열로 설정한다.
    const newUsers = [...users, inputText];
    setUsers(newUsers);
  };

  const handleChange = (event) => {
    setInputText(event.target.value);
  };

  return (
    <div className="App">
      <ul>{userList}</ul>
      <form onSubmit={handleSubmit}>
        <input type="text" onChange={handleChange} />
        <button type="submit">추가</button>
```

```
        </form>
      </div>
    );
  }
```

그림 7-10 submit 이벤트에 맞춰 표시 내용을 업데이트한다.

이 코드는 앞에서 설명한 초깃값과 변수를 저장하는 방법을 조합한 것입니다. 여기에서 알아두어야 할 것은 2.5.1절에서도 다루었던 전개 구문과 변수를 조합해 새로운 배열을 생성하는 부분입니다.

```
const newUsers = [...users, inputText];
setUsers(newUsers);
```

여기의 처리를 `users.push`로 작성해도 눈에 보이는 동작은 같지만, 엄밀하게는 변수가 새로운 배열(다른 메모리 주소를 나타내는)이 되는 부분에 차이가 있습니다. 자바스크립트에서는 이처럼 '다른 객체로 재생성하고 싶은' 경우가 다시 발생합니다.

예를 들어 2개의 배열을 병합한 새로운 배열을 반환하는 함수를 생각해보겠습니다.

```
function mergeArray(arr1, arr2) {
  for (const elem of arr2) {
    arr1.push(elem);
  }
  return arr1;
}

const a = [1, 2, 3];
```

```
const b = [4, 5, 6];
const c = mergeArray(a, b);
console.log(c); // [ 1, 2, 3, 4, 5, 6 ]
console.log(a); // [ 1, 2, 3, 4, 5, 6 ]
```

변수 c에는 병합된 결과가 반환됩니다. 하지만 mergeArray 함수는 arr1에 파괴적 변경을 가하기 때문에 참조가 전달되는 변수 a의 값도 바뀝니다. 호출자인 변수 a가 의도와 달리 바뀌어 써지므로 버그가 발생할 가능성이 있습니다.

이것을 전개 구문spread syntax으로 바꾸면 단순한 코드로도 호출자의 배열에 대한 파괴적 변경을 막을 수 있습니다.

```
function mergeArray(arr1, arr2) {
  return [...arr1, ...arr2];
}

const a = [1, 2, 3];
const b = [4, 5, 6];
const c = mergeArray(a, b);
console.log(c); // [ 1, 2, 3, 4, 5, 6 ]
console.log(a); // [ 1, 2, 3 ]
```

리액트에는 변화한 것을 가상 DOM에서 감지해 그 부분만 다시 그리는 로직이 있습니다. 문자열의 변화는 간단하게 ===으로 비교할 수 있는 것처럼, 객체는 객체를 비교해서 변화했는지 감지합니다.

이처럼 전개 구문은 새로운 객체를 생성하고 변경을 감지하고 싶은 경우에 이용하기도 합니다. 그렇기 때문에 이 표기법은 최근 특히 프런트엔드에서 볼 기회가 많습니다. 기억해두세요.

7.7 컴포넌트 분할

지금까지 코드에서 userList 함수는 아직 단순한 HTML을 반환한 것뿐이므로 코드에서 딱히 이상한 점을 느낄 수 없었습니다.

```
const userList = users.map((user) => {
  return <li key={user}>{user}</li>;
});
```

하지만 디자인이 달라지거나 기능이 늘어나면 1행으로는 처리할 수 없는 경우가 늘어납니다.

```
// [{ name: 'alpha', icon: '/icon/alpha' }, { ... }, ...]
const userList = users.map((user) => {
  return (
    <li key={user.name}>
      <div>
        <img src={user.icon} />
        {user.name}
        <button>remove</button>
      </div>
    </li>
  );
});
```

이렇게 점점 책임이 늘어나면 함수를 나눈 것과 마찬가지로 일정한 단위로 나누고 싶어집니다. 여기에서는 리스트를 다른 컴포넌트로 분할해보겠습니다.

예제 **7-15** packages/frontend/src/App.js의 App 함수와 User 함수

```
// User 표시 컴포넌트를 분할한다.
function User({ name }) {
  return <li>{name}</li>;
}

function App() {
  const [users, setUsers] = useState(['alpha', 'bravo', 'charlie', 'delta']);
  const [inputText, setInputText] = useState('');

  const userList = users.map((user) => {
    // 분할한 User 컴포넌트를 사용해 렌더링한다.
    return <User key={user} name={user} />;
  });

  const handleSubmit = (event) => {
    event.preventDefault();
```

```
    const newUsers = [...users, inputText];
    setUsers(newUsers);
  };

  const handleChange = (event) => {
    setInputText(event.target.value);
  };

  return (
    <div className="App">
      <ul>{userList}</ul>
      <form onSubmit={handleSubmit}>
        <input type="text" onChange={handleChange} />
        <button type="submit">추가</button>
      </form>
    </div>
  );
}
```

전체를 조금씩 설명하겠습니다.

먼저 컴포넌트로 만들 부분을 다른 컴포넌트로 추출합니다. 여기에서는 User라는 이름으로 리스트의 요소를 다른 컴포넌트로 만들었습니다.

```
function User({ name }) {
  return <li>{name}</li>;
}
```

인수를 작성할 때 2.5.2절에서 설명한 분할 대입을 이용했습니다. 객체 안에서 name 속성을 꺼내는 방법입니다. 이것을 이용하지 않고 표현하면 다음과 같이 됩니다.

예제 7-16 분할 대입을 이용하지 않는 경우

```
function User(props) {
  return <li>{props.name}</li>;
}
```

어떤 표기법을 사용해도 문제는 없습니다. 두 표기법 모두 많이 사용되는 방법이므로 기억해두면 코드를 읽을 때 도움이 됩니다. 또한 여기에서는 처음 생성된 코드를 function으로 정의했지만 화살표 함수를 사용해도 좋습니다.

예제 7-17 화살표 함수로 작성하는 경우

```
const User = ({ name }) => {
  return <li>{user}</li>;
};
```

다음으로 정의한 컴포넌트의 이용 방법입니다. 이전까지 HTML을 직접 작성했던 부분을 User 컴포넌트 호출로 변경합니다.

```
const userList = users.map((user) => {
  return <User key={user} name={user} />;
});
```

User 컴포넌트는 내부에서 name 속성을 이용합니다. 이용하는 측은 표시하기 위해 name을 전달해야 합니다. 따라서 위 코드처럼 호출 부분에 속성 값을 전달하도록 작성합니다. key는 User 컴포넌트 안에 정의돼 있지 않지만, 리액트의 컴포넌트는 기본으로 이용할 수 있는 속성이기 때문에 지정할 수 있습니다.

이처럼 책임별로 컴포넌트를 분리하고 조합해 나가는 것이 최근 프런트엔드 프레임워크의 핵심 스타일이라고 말할 수 있습니다.

컴포넌트를 분할하면 User 컴포넌트는 사용자 표시에 집중할 수 있습니다. 예를 들어 요소 내부에 여백을 넣는 스타일을 수정해야 한다고 가정해보겠습니다. 리액트에서는 style 속성에 객체를 전달해서 직접 스타일을 지정할 수 있습니다. 여기에서는 User 컴포넌트를 다음과 같이 수정합니다.

예제 7-18 스타일을 추가한 User 컴포넌트

```
function User({ name }) {
  return <li style={{ padding: '8px' }}>{name}</li>;
}
```

구현하고 브라우저에서 보면 각 요소에 padding: 8px이 지정돼 간격이 생긴 것을 확인할 수 있습니다.

그림 7-11 스타일을 적용한 User 컴포넌트

이번에는 같은 파일 안에서 분할했지만, 다른 파일로 분할할 수도 있습니다.

---

23 CSS 자체도 조금씩 개선되고 있지만 집필 시점에서는 아직 충분하다고 말할 수는 없습니다.

그런 점에서 리액트 등이 채택하는 컴포넌트를 이용한 분할은 스타일뿐만 아니라 영향 범위를 작은 블록 단위로 표현하기 쉬워서, 최근 규모가 커지게 된 웹 개발과 잘 어울리는 방법입니다. 그렇기 때문에 이 프레임워크들이 널리 받아지고, 동시에 널리 사용하게 됐다고 생각합니다.

7.8 API로 가져온 값을 표시하기

지금까지 리액트를 이용해 표시하는 방법을 설명했습니다.

이제 SPA 애플리케이션을 구현하는 데 핵심이 되는 API 호출 부분을 작성해보겠습니다. 지금까지 정적인 표시를 하고 있던 부분을 수정해 API로 값을 가져와 표시하도록 합니다.

백엔드 코드는 DB로 레디스를 이용하므로 도커를 이용해 레디스를 기동합니다.

```
$ docker run --rm -p 6379:6379 redis
```

도커를 실행한 터미널과 다른 터미널에서 백엔드 서버를 기동합니다.

```
$ npm start -w packages/backend
```

◀ COLUMN ▶

핫 리로드

Node.js는 기본적으로 서버를 기동할 때 코드를 전부 읽어 메모리에 전개합니다. 따라서 코드 변경을 반영하려면 재기동을 해야 합니다.

하지만 create-react-app의 코드는 변경한 후에 재기동하지 않아도 변경이 반영됐습니다. 이것은 핫 리로드hot reload라 불리는 기능이 내장돼 있기 때문입니다. 핫 리로드는 파일 변경 등을 감지하고 서버를 재기동하거나, 변경된 부분만 다시 읽기 때문에 수동으로 업데이트를 반영하는 데 필요한 번거로움을 덜어줍니다.

6.13절에서 소개한 PM2나 forever 등을 이용해 백엔드에도 핫 리로드를 삽입할 수 있습니다. 그리고 nodemon[24]도 많이 이용됩니다.

파일 변경 감지와 모듈 캐시 삭제 등을 조합해 애플리케이션에 직접 구현할 수도 있지만, 비용이 높기 때문에 기존 모듈을 이용하는 것을 권장합니다.

7.8.1 포트 수정

6장에서 작성한 백엔드 코드를 그대로 기동하면 다음과 같은 에러가 발생합니다. 기동되지 않는 경우도 있을 것입니다.

```
$ npm start -w packages/backend
node:events:371
      throw er; // Unhandled 'error' event

Error: listen EADDRINUSE: address already in use :::3000
```

이것은 프런트엔드 서버와 백엔드 서버가 동시에 3000번 포트를 리스닝하려고 하기 때문에, 나중에 기동을 시도한 백엔드 서버가 기동할 수 없어서 발생하는 에러입니다. 같은 머신 안에서 같은 포트를 동시에 이용할 수는 없습니다. 사용하지 않는 다른 포트로 변경해서 기동합니다.

```
// app.listen(3000, () => {
app.listen(8000, () => {
  console.log('start listening');
});
```

그리고 이처럼 환경에 따라 변화시키고 싶은 값은 환경 변수를 통해 제공하는 것이 보다 범용적이며 바람직합니다.[25]

---

24 https://www.npmjs.com/package/nodemon
25 6.8.1절의 구성 파일 분할에서 다루었던 것처럼 다른 파일로 분할하는 편이 좋습니다. 하지만 여기에서는 코드를 간략하게 나타내기 위해 직접 애플리케이션 코드에 process.env를 기술했습니다.

```
app.listen(process.env.PORT, () => {
  console.log('start listening');
});
```

process.env를 참조함으로써 기동 시 포트 번호가 겹치지 않도록 설정할 수 있습니다.

```
$ PORT=8000 node server.js
```

7.8.2 API로 변경

6장에서는 사용자 목록을 Node.js에서 HTML로 출력하는 코드였습니다.

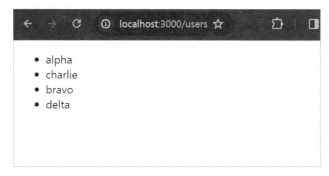

그림 7-12 사용자 목록 표시(6장의 그림 재게시)

HTML은 프런트엔드에서 구축하므로 백엔드에서는 출력하지 않고, JSON으로 반환하는 API
로 되돌리겠습니다.

백엔드의 server.js 안에 있는 /api/users 라우트를 다음과 같이 수정합니다.

```
// app.get('/users', async (req, res) => {
app.get('/api/users', async (req, res) => {
  try {
    const users = await usersHandler.getUsers(req);
    // res.render(path.join(__dirname, 'views', 'users.ejs'), { users: users });
    res.status(200).json(users);
  } catch (err) {
```

```
      console.error(err);
      res.status(500).send('internal error');
    }
  });
```

서버를 재기동해서 변경 내용을 반영한 뒤 curl로 변경한 경로가 API로서 JSON을 반환하는지 확인합니다.

```
$ curl http://localhost:8000/api/users
{"users":[{"id":4,"name":"delta"},{"id":3,"name":"charlie"},{"id":1,"name":"alpha"},{"id":2,"name":"bravo"}]}
```

7.8.3 프런트엔드에서 API 호출하기

이제 앞의 API를 프런트엔드에서 호출해봅니다. 먼저 준비 단계로 브라우저의 콘솔 사용 방법을 살펴보겠습니다.[26] 2.1절에서 Node.js의 간단한 명령을 시험하는 REPL에 관해 살펴봤습니다. 프런트엔드에서는 브라우저에 포함돼 있는 개발자 도구^{DevTools}를 이용해 간단한 스크립트를 실행할 수 있습니다.

브라우저에서 http://localhost:8000/api/users에 접근합니다. 개발자 도구(도구 더보기 → 개발자 도구)를 열고 [Console] 탭을 클릭합니다. 개발자 도구에서는 다음 그림처럼 REPL과 같은 코드를 실행할 수 있습니다.

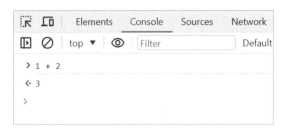

그림 7-13 개발자 도구의 콘솔

이를 사용해 API를 호출하는 코드를 실행해보겠습니다. 콘솔에서 다음 코드를 입력합니다.

....

26 여기에서는 크롬을 사용해 설명합니다. 다른 브라우저에서도 그 방법은 비슷합니다.

```
fetch('/api/users')
  .then((res) => res.json())
  .then((data) => console.log(data));
```

요청이 성공하면 콘솔에 응답 내용이 출력되는 것을 확인할 수 있습니다.

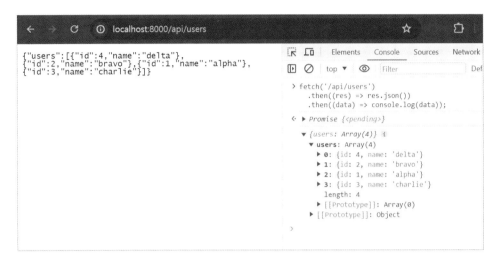

그림 7-14 콘솔에 응답 내용이 표시된다.

fetch는 HTTP 요청 등을 프로미스로 다룰 수 있는 API입니다.

fetch('/api/users')에서 인수에 할당한 경로에 대해 GET 요청을 송신한 결과를 프로미스로 얻을 수 있습니다. 도메인은 자동으로 보완되므로 localhost:8000을 연 탭의 개발자 도구에서 위 코드를 실행하면 http://localhost:8000/api/users로 GET 요청을 송신하는 것과 같습니다. 요청이 성공하면 status 코드나 header, body 등의 정보를 포함한 객체가 반환됩니다.

프런트엔드 코드에서는 API의 결과를 이용할 수 있으므로 body 객체의 내용을 사용하고 싶지만, fetch가 반환하는 body는 Stream 객체입니다.[27] 이 때문에 body를 그대로 객체로 받을 수 없습니다.

이런 유스케이스를 커버하기 위해 반환된 객체 안에 json 함수가 구현돼 있습니다(res.json()). 이 함수를 이용하면 body의 내용을 객체로 바꿔서 가져올 수 있습니다.

이것으로 fetch를 이용한 API 호출 방법을 확인했습니다.

COLUMN

XMLHttpRequest에서 fetch로

브라우저 사이드의 자바스크립트의 HTTP 요청은 이전에는 주로 XMLHttpRequest[28]를 이용해서 구현했습니다.

XMLHttpRequest는 옛날부터 있었던 API에서 굳어진 기술이지만, 오래된 만큼 콜백을 기반으로 한 설계로 인해 사용하기 어려운 면도 있었습니다. 때문에 최근 프런트엔드에 적합한 API가 필요하게 됐습니다.

그래서 fetch 사양이 채택됐고, 현재의 모던 브라우저에서는 단순한 API 요청은 불편하지 않은 정도로 구현되고 있습니다. 앞으로 프런트엔드의 HTTP 요청은 fetch를 기반으로 생각해도 문제없을 것입니다.

---

fetch를 프런트엔드 코드에 삽입하기

이어서 fetch를 프런트엔드 코드에 삽입합니다.

예제 7-20 frontend/src/App.js의 fetch를 삽입한 부분

```
// 사용자 정보를 API로 가져오는 함수
const getUsers = async () => {
```

---

27 Node.js에서도 Stream 객체가 나왔지만 표준으로 결정된 스트림이기 때문에 엄밀하게는 다른 것입니다. 표준화 논의 시 Node.js의 동작을 참고한 부분도 있기 때문에 매우 비슷한 특성을 가지고 있습니다. 그러나 완전히 동일하는 것이 아님을 주의해야 합니다. Node.js 내부에서도 표준 스트림을 도입하자는 움직임이 있었으나 과거의 경위 등으로 인해 간단하게 진행되지는 않았습니다. 이런 이유로 자바스크립트의 표준이면서도 Node.js에서는 오랫동안 구현되지 않았습니다. 프런트엔드와 백엔드에서 필요한 보안, 보장해야 할 기능 및 호환성이 다르기 때문에 같은 자바스크립트에서도 구현할 수 있는 것과 구현해야 할 것이 다른 예입니다. 그리고 현재는 undici를 fetch의 구현으로 도입하고자 하는 움직임(https://github.com/nodejs/node/pull/41749)이 있어 조만간 이용할 수 있게 될 것으로 보입니다.

28 https://developer.mozilla.org/en-US/docs/Web/API/XMLHttpRequest

```
  const response = await fetch('http://localhost:8000/api/users');
  const body = response.json();
  return body;
}

function App() {
  const [users, setUsers] = useState(['alpha', 'bravo', 'charlie', 'delta']);
  const [inputText, setInputText] = useState('');

  // 사용자 정보를 가져오는 함수를 호출한다.
  getUsers()
    .then((data) => console.log(data))
    .catch((error) => console.error(error));

  const userList = users.map((user) => {
    return <User key={user} name={user} />;
  });
```

앞에서 콘솔에 붙여 넣어 동작을 확인했던 코드를 getUsers 함수로 정의했습니다. 정의한 getUsers 함수를 App 컴포넌트에서 호출합니다.

API가 구현돼 있는 서버는 백엔드 코드입니다. http://localhost:8000/api/users가 요청 대상 주소입니다. 프런트엔드 코드를 송신하는 서버는 http://localhost:3000에서 기동하고 있기 때문에 http://localhost:3000/api/users에는 해당 API가 없습니다. 따라서 프런트엔드 코드에서는 경로뿐만 아니라 출처까지 지정했습니다.

코드를 반영했다면 브라우저에서 http://localhost:3000/을 열고 콘솔을 확인합니다. 그러면 다음과 같은 에러가 표시되고 호출에 실패합니다.

```
Access to fetch at 'http://localhost:8000/api/users' from origin 'http://
localhost:3000' has been blocked by CORS policy: No 'Access-Control-Allow-Origin'
 header is present on the requested resource. If an opaque response serves your
needs, set the request's mode to 'no-cors' to fetch the resource with CORS disabled.
```

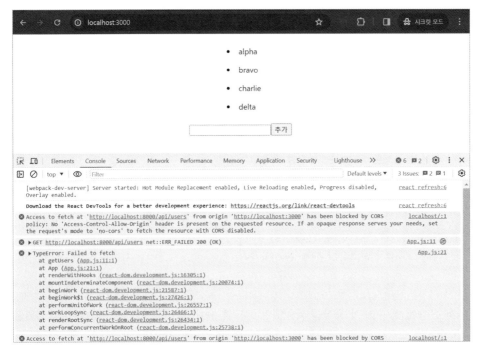

그림 7-15 CORS 에러

에러가 발생하는 이유를 이해하기 위해서는 동일 출처 정책^{Same Origin Policy}(SOP)과 교차 출처 리소스 공유^{Cross Origin Resource Sharing}(CORS)를 알아야 합니다.

7.8.4 교차 출처 리소스 공유

앞에서 에러가 발생한 이유를 간단하게 설명하면 브라우저에는 '기본적인 조작은 같은 출처 ^{Origin}에서만으로 한정한다'라는 구조 때문입니다. 이것은 동일 출처 정책[29]이라 불리는 보안 구조입니다.

에러 내부에 표시된 CORS란 교차 출처 리소스 공유를 의미하는 것으로 다른 출처의 리소스에 접근을 허가할 때 이용합니다.[30]

출처는 스킴^{scheme} + 도메인^{domain}(host) + 포트^{port}로 구성됩니다. 구체적으로 나타내면 여기에

---

29 https://developer.mozilla.org/ko/docs/Web/Security/Same-origin_policy
30 https://developer.mozilla.org/ko/docs/Web/HTTP/CORS

서의 출처는 `http://localhost:8000` 부분입니다.

앞에서 성공한 예를 보면 브라우저 콘솔에서의 요청은 `http://localhost:8000`이라는 출처에서 `http://localhost:8000/api/users`에 대해 작업하는 것이었습니다. 이것은 스킴 + 도메인 + 포트가 동일한 요청이기 때문에 성공합니다.

요청이 실패한 [예제 7-20]을 다시 읽어봅니다. 프런트엔드 코드는 `http://localhost:3000`에서 송신됩니다. API를 송신하는 `http://localhost:8000/api/users`와 비교하면 포트 부분이 다릅니다. 즉 출처가 다르기 대문에 조작에 실패한 것입니다.

이 문제는 2가지 방법으로 해결할 수 있습니다.

- 프록시(proxy)를 도입해서 도메인을 동일하게 한다.
- `Access-Control-Allow-Origin` 헤더를 부여한다.

여기에서는 프록시를 도입해서 출처를 동일하게 하는 방법을 살펴보겠습니다.

7.8.5 프록시를 도입해 도메인을 동일하게 하기

지금까지 여러 차례 '다른 출처에 대한 요청'이 문제가 되는 경우를 다루었습니다. 즉 접근할 API가 같은 출처라면 이 문제는 발생하지 않습니다. 그래서 프런트엔드 코드를 송신하는 서버에서 호출하고 싶은 API를 중계하는 방법을 사용합니다.[31] API 서버와는 별도로 프록시를 실행하고, 이를 경유해서 접근하도록 합니다.

몇 가지 구현 방법을 생각할 수 있습니다. 이 책에서는 다음 방법을 사용합니다.

| 개발 |

- 프레임워크의 API 관련 기능을 이용한다(이 책에서는 `create-react-app`에 도입된 `proxy` 옵션을 소개).

| 배포 |

- 익스프레스에서 정적 파일을 송신하면서, 같은 서버에서 `http-proxy-middleware`를 이용해 프록시로도 기능하게 한다(이 책에서는 배포에 이용).
- nginx 등을 프록시로 설치하고 여기에 API를 모은다(이 책에서는 간단하게 소개).

---

31 자바스크립트 구문에도 프록시(https://developer.mozilla.org/en-US/docs/Web/JavaScript/Reference/Global_Objects/Proxy)가 있지만 여기에서 다루는 프록시는 요청을 중계하는 것을 말합니다.

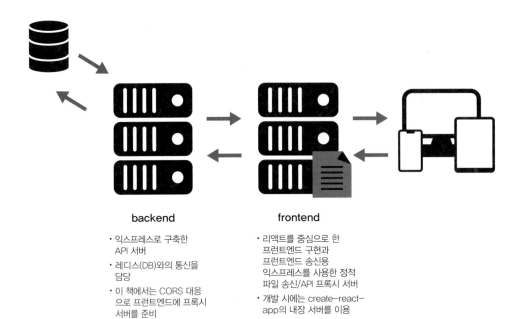

backend
- 익스프레스로 구축한 API 서버
- 레디스(DB)와의 통신을 담당
- 이 책에서는 CORS 대응으로 프런트엔드에 프록시 서버를 준비

frontend
- 리액트를 중심으로 한 프런트엔드 구현과 프런트엔드 송신용 익스프레스를 사용한 정적 파일 송신/API 프록시 서버
- 개발 시에는 create-react-app의 내장 서버를 이용

그림 7-16 프런트엔드와 백엔드를 이용한 애플리케이션 구축

프레임워크 API 관련 기능

`create-react-app`으로 작성한 애플리케이션에는 CORS 에러 대책 기능이 이미 탑재돼 있습니다. 프록시에 관한 문서[32]를 보면 `package.json`의 proxy 속성에 설정하면 프록시를 자동으로 구현해주는 것을 알 수 있습니다. 따라서 개발할 때 이 방법을 이용하면 올바르게 동작하는 것을 기대할 수 있습니다.

```
"proxy": "http://localhost:8000"
```

애플리케이션 코드도 프록시에 맞춰서 수정합니다.

예제 7-21 packages/frontend/src/App.js diff

```
    const getUsers = async () => {

-     const response = await fetch('http://localhost:8000/api/users');
```

----

[32] https://create-react-app.dev/docs/proxying-api-requests-in-development/

```
+    const response = await fetch('/api/users');
     const body = response.json();
     return body;
   }

   function App() {
     const [users, setUsers] = useState(['alpha', 'bravo', 'charlie', 'delta']);
     const [inputText, setInputText] = useState('');

     getUsers()
       .then((data) => console.log(data))
       .catch((error) => console.error(error));
```

http://localhost:3000의 콘솔을 확인하면 getUsers 함수에 의해 요청된 결과가 출력되는 것을 확인할 수 있습니다.[33]

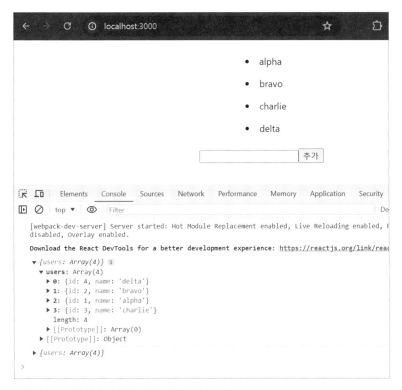

그림 7-17 프록시를 사이에 넣어 올바른 결과가 표시된다.

....

33 두 번 출력됩니다. 이에 관해서는 7.9절에서 설명하며 여기에서는 생략합니다.

create-react-app의 문서에도 기재돼 있지만, 여기에서 설정한 프록시는 개발 시에만 이용할 수 있다는 점에 주의해야 합니다. npm start로 기동하는 개발용 웹 서버를 프로덕션 서버로 호스팅하는 것도 기술적으로는 가능합니다. 하지만 프로덕션용의 용도를 고려하지 않은 것이므로 성능 등 다양한 문제가 발생할 수 있습니다.

그렇기 때문에 실제 애플리케이션을 배포할 때는 빌드를 해야 합니다. create-react-app에서는 기본으로 빌드용 npm script를 제공합니다.

빌드 결과는 정적인 파일이 되기 때문에 송신하는 서버는 별도로 준비해야 합니다. 이를 위해 배포할 때는 송신 서버에서도 같은 동작을 하는 프록시를 구현해야 합니다.[34] 만약 배포 대상 송신 서버가 Node.js라면 다음에 소개할 http-proxy-middleware를 이용하는 것이 편리합니다.

Node.js 애플리케이션으로서 프록시 기동하기

create-react-app에는 원래 CORS 대책용 기능이 있습니다. 하지만 여기에서는 해당 기능을 이용하지 않고 Node.js를 이용한 프록시를 통해 API에 접근할 수 있도록 합니다. 그리고 여기에서는 어디까지나 개요를 전달하는 것뿐입니다. 실제로 구현한 코드는 7.11절을 참고하기 바랍니다.

직접 HTTP 클라이언트를 사용해 구현할 수도 있지만 여기에서는 모듈을 이용하는 방법을 다룹니다. 익스프레스에서는 프록시 구현에 http-proxy-middleware를 많이 이용합니다.

```
# packages/frontend에 http-proxy-middleware를 추가한다.
$ npm install http-proxy-middleware -w packages/frontend
```

읽은 http-proxy-middleware에서 createProxyMiddleware를 이용해서 생성된 프록시를 /api에 연결합니다. createProxyMiddleware 인수의 target 속성에 프록시 대상의 출처를 지정합니다. 프런트엔드를 송신하는 서버를 프록시 서버 겸 정적 파일 송신 서버로 사용함으로써 API와 정적 파일(리액트)이 같은 출처를 갖게 됩니다.

---

34 package.json의 proxy 속성을 이용하는 것도 package.json을 설정 파일 대신 이용하는 독자 사양입니다.

```
const { createProxyMiddleware } = require('http-proxy-middleware');
const express = require('express');
const app = express();

app.use(
  '/api',
  createProxyMiddleware({
    // API 서버를 localhost:8000에서 기동한다.
    target: 'http://localhost:8000'
  })
);

// 정적 파일을 송신한다.
```

http://localhost:3000을 연 탭에서 PUT /api/put에 대해 fetch 요청을 보내보겠습니다. 프로토콜과 도메인 지정을 생략하면 접근 출처의 프로토콜과 도메인이 자동으로 보완됩니다. 즉 PUT http://localhost:3000/api/put으로 요청을 보내는 것과 같습니다.

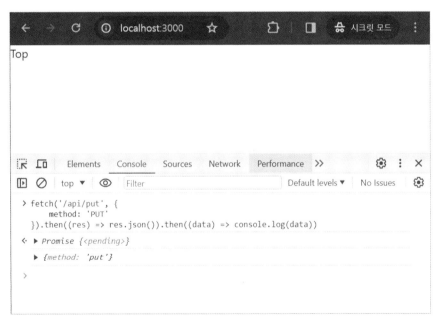

그림 7-18 프록시를 사이에 삽입한 예

브라우저의 콘솔에서 PUT /api/put에 대한 요청이 성공하는 것을 확인할 수 있겠습니다. 최근 프런트엔드에서는 이렇게 프록시를 경유한 접근을 많이 볼 수 있습니다.

프록시 서버에 API 모으기

애플리케이션 서버와 별도로 프록시 서버를 준비하는 것도 좋습니다. 저는 SPA를 서버에 배포할 때 앞 단에 nginx를 배포하고, 접근을 나누는 방법을 많이 사용합니다.

예제 7-23 nginx 설정 예

```
upstream api {
  server localhost:3001;
}

location /api {
  proxy_pass http://api;
}

location / {
  try_files $uri /index.html;
  expires -1;
}
```

최근에는 SaaS 등에 이런 기능이 모이는 경우도 늘어나고 있습니다(7.11.1절 참고).

7.9 API를 호출해 값을 업데이트하기

API를 호출할 수 있게 됐습니다. API 결과로 표시를 할 수 있도록 코드를 수정해보겠습니다.

[그림 7-17]을 보면 콘솔에 결과가 두 번 출력됩니다. App 함수가 여러 차례 호출되기 때문입니다. 하지만 API를 여러 차례 호출하는 것은 비용 낭비이기 때문에 바람직하지 않습니다. 처음 App 함수가 호출됐을 때 한 번만 호출되도록 하는 것이 좋습니다. 이런 경우 이용할 수 있는 것이 useEffect[35] 함수입니다.

----

35 https://react.dev/reference/react/useEffect

```
// useEffect 불러오기
import { useState, useEffect } from 'react';

// ...

function App() {
  const [users, setUsers] = useState(['alpha', 'bravo', 'charlie', 'delta']);
  const [inputText, setInputText] = useState('');

  // 컴포넌트가 호출됐을 때 한 번만 실행한다.
  useEffect(() => {
    getUsers()
      .then((data) => console.log(data))
      .catch((error) => console.error(error));
  }, []);
```

useEffect는 특정 조건을 만족하면 부여한 함수를 실행하는 함수(리액트 훅[36])입니다. 1번째 인수에는 실행할 함수, 2번째 인수에는 실행할 조건을 지정합니다. 2번째 인수에는 빈 배열을 전달했습니다. 이것은 컴포넌트가 마운트됐을 때 한 번만 실행한다는 의미입니다.[37]

이것으로 컴포넌트가 처음 호출됐을 때 사용자 목록을 API로 가져올 수 있게 됐습니다. 다음은 이제까지의 과정을 조합합니다. 호출한 결과를 setUsers 함수를 이용해 HTML에 반영하면 됩니다.

```
const [users, setUsers] = useState([]);

useEffect(() => {
  getUsers()
    .then((data) => {
      // 이름만 갖는 배열로 변환한다.
      const users = data.users.map((user) => user.name);
      return users;
```

---

[36] useEffect와 같이 훅(Hooks)이라 불리는 기능은 리액트에 안에서는 비교적 새로운 기능입니다. 훅 등장 이전의 리액트에서는 class를 상속한 형태로 구현됐습니다. 현재도 class의 형태로 표기돼 있는 코드를 많이 볼 수 있습니다. 하지만 기본적으로는 훅으로 다시 작성할 수 있습니다. 새롭게 작성하는 코드에서는 훅을 이용한다고 생각하면 됩니다.

[37] 리액트 v18부터는 개발 모드 중에는 2번째 인수를 빈 배열로 하더라도 두 번 실행됩니다. 이것을 방지하는 방법에 관해서는 문서를 참고하기 바랍니다. https://beta.reactjs.org/learn/synchronizing-with-effects#how-to-handle-the-effect-firing-twice-in-development

```
    })
    // 이름만 갖는 배열을 표시 배열로 설정한다.
    .then((users) => setUsers(users))
    .catch((error) => console.error(error));
  }, []);
```

이해하기 쉽도록 초기 데이터는 빈 데이터로 하고, API로 가져온 결과를 name만의 배열로 변환해서 setUsers로 저장합니다. 브라우저에서 확인해보면 초기에는 아무것도 렌더링되지 않은 상태입니다. API 호출을 완료하면 사용자 리스트가 표시됩니다.

이번에는 처음 한 번만 실행하면 되므로 빈 배열을 전달했습니다. 여러 차례 실행하고 싶을 때는 배열에 업데이트 키가 될 값을 입력합니다. 다음은 업데이트 버튼을 클릭할 때마다 API를 다시 호출하는 코드입니다.

```
const [counter, setCounter] = useState(0);

useEffect(() => {
  getUsers()
    .then((data) => {
      const users = data.users.map((user) => user.name);
      return users;
    })
    .then((users) => setUsers(users))
    .catch((error) => console.error(error));
  // counter가 업데이트될 때마다 API가 호출된다.
}, [counter]);

return (
  // ...
  <button onClick={() => setCounter(counter + 1)}>업데이트</button>
  // ...
);
```

useState와 useEffect는 훅(리액트 훅)이라 불리는 리액트의 비교적 새로운 API입니다. 그 중에서도 이 2가지는 매우 자주 등장합니다. 이 외에도 몇 가지 훅이 있으며, 커스텀 훅[38](사용자 훅)도 작성할 수 있습니다.

----

38 자신만의 Hook 만들기 https://ko.reactjs.org/docs/hooks-custom.html

7.10 클라이언트 사이드 라우팅

마지막으로 프런트엔드에서 수행하는 라우팅인 클라이언트 사이드 라우팅^{client side routing}을 살펴보겠습니다.

원래 웹사이트는 정적인 페이지를 송신하는 것이 대부분이었고 라우팅은 이를 송신하는 웹 서버 기능을 담당했습니다. 자바스크립트는 특정한 페이지에 동작을 더하는 정도였고, 경로를 동적으로 변경하는 요구는 많지 않았습니다.

그러나 최근에는 SPA의 등장과 그 인기로 웹사이트를 스마트폰 애플리케이션 사용 경험에 가깝게 만들고 싶다는 요구가 발생하고 있습니다. 이러한 이유로 브라우저를 새로고침하지 않고도 해당 값들을 자바스크립트에서 동적으로 변경할 수 있도록 하는 구조가 필요해졌습니다.

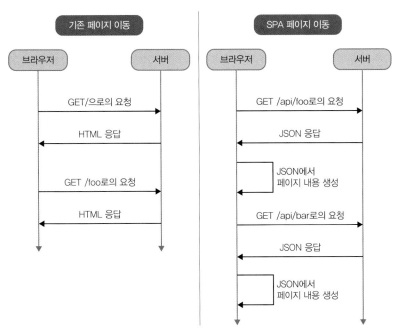

그림 7-19 클라이언트 사이드 라우팅

`window.location.href`를 바꿔 쓰는 등 이전부터 사용하던 방법으로도 자바스크립트에서 경로를 변경할 수도 있습니다. 다만 SPA에서는 자바스크립트로 데이터를 가져와 렌더링하기 때문에 페이지 이동을 하기 전의 정보를 참조하고 싶을 때가 많습니다. 같은 API를 다시 호출해

데이터를 가져올 수도 있지만, 요청 시간만큼 사용자는 기다려야 하므로 같은 데이터라면 재사용하고 싶어집니다.

이러한 요구 사항으로 window 객체에 History API[39]가 채택되어 이를 이용할 수 있게 됐습니다. History API는 브라우저의 뒤로 가기, 앞으로 가기 기능을 호출하거나 브라우저의 이력을 추가하는 등 고쳐쓰기가 가능한 API입니다. 이력에 URL 정보가 저장되므로 자바스크립트에서 History API를 호출하면 URL 고쳐쓰기 + 렌더링을 변경할 수 있게 됐습니다. 그 결과 새로고침하지 않고도 페이지 이동을 유사하게 구현할 수 있습니다. 예를 들어 브라우저 이력에 추가하고 싶을 때는 history.pushState[40]를 호출합니다.

SPA에서 라우팅을 수행할 때는 History API를 기반으로 사용합니다. 지금 단계에서는 라우팅에 지금까지 다룬 서버 사이드의 것을 이용하는 방법과 History API를 이용하는 방법 2가지가 있다고 알아둡시다.

7.10.1 클라이언트 사이드 라우팅을 구현하기

앞의 애플리케이션에 클라이언트 사이드 라우팅을 설정해보겠습니다. create-react-app에서는 표준으로 라우팅 기능을 제공하지 않습니다. History API를 그대로 이용해서 직접 만들 수도 있지만, 복잡한 동작도 많기 때문에 모듈을 이용하는 것을 권장합니다.

리액트의 라우팅에서는 리액트 라우터React router(react-router-dom) 모듈을 많이 이용합니다.[41]

```
$ npm install react-router-dom -w packages/frontend
```

라우팅을 구현하기 전에 지금까지 다루었던 컴포넌트를 다른 컴포넌트로 분할합니다. 여기에서는 Users라는 이름의 컴포넌트로 변경하고, src/User.js로 분할했습니다.

---

39 History API https://developer.mozilla.org/ko/docs/Web/API/History_API
40 History: pushState( ) 메서드 https://developer.mozilla.org/ko/docs/Web/API/History/pushState
41 Adding a Router | Create React App https://create-react-app.dev/docs/adding-a-router/

```javascript
import { useState, useEffect } from 'react';
import './App.css';

function User({ name }) {
  return <li style={{ padding: '8px' }}>{name}</li>;
}

const getUsers = async () => {
  const response = await fetch('/api/users');
  const body = response.json();
  return body;
};

function Users() {
  const [users, setUsers] = useState([]);
  const [inputText, setInputText] = useState('');
  const [counter, setCounter] = useState(0);

  useEffect(() => {
    getUsers()
      .then((data) => {
        const users = data.users.map((user) => user.name);
        return users;
      })
      .then((users) => setUsers(users))
      .catch((error) => console.error(error));
  }, [counter]);

  const userList = users.map((user) => {
    return <User key={user} name={user} />;
  });

  const handleSubmit = (event) => {
    event.preventDefault();
    const newUsers = [...users, inputText];
    setUsers(newUsers);
  };

  const handleChange = (event) => {
    setInputText(event.target.value);
  };
```

```
    return (
      <div className="App">
        <ul>{userList}</ul>
        <form onSubmit={handleSubmit}>
          <input type="text" onChange={handleChange} />
          <button type="submit">추가</button>
        </form>
        <button onClick={() => setCounter(counter + 1)}>업데이트</button>
      </div>
    );
  }


export default Users;
```

App 컴포넌트에서는 분리한 Users 컴포넌트를 호출하도록 수정합니다.

예제 7-26 packages/frontend/src/App.js

```
// 분할한 컴포넌트를 불러온다.
import Users from './Users';

function App() {
  return <Users />;
}


export default App;
```

이 App.js에 리액트 라우터를 삽입합니다.[42]

예제 7-27 packages/frontend/src/App.js

```
// 라우터를 불러온다.
import { BrowserRouter as Router, Routes, Route, Link } from 'react-router-dom';
import Users from './Users';

// `/`일 때의 표시
function Top() {
  return <div>Top</div>;
}
```

---

42 리액트 라우터의 버전에 따라서 작성 방식이 다릅니다(이 책은 6.x.x에서 작성했습니다). 최신 정보는 공식 문서를 참고하기 바랍니다.

```
function App() {
  return (
    <Router>
      <Routes>
        {/* /users일 때 표시할 컴포넌트를 설정 */}
        <Route path="/users" element={<Users />} />
        {/* /일 때 표시할 컴포넌트를 설정 */}
        <Route path="/" element={<Top />} />
      </Routes>
    </Router>
  );
}

export default App;
```

/일 때는 Top 컴포넌트, /users일 때는 Users 컴포넌트가 화면에 렌더링되도록 설정합니다.

이제 브라우저에 Top이라고 표시되는 것을 확인합니다.

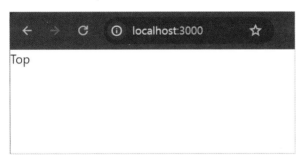

그림 7-20 Top 컴포넌트가 표시된다.

다음으로 브라우저의 URL을 직접 http://localhost:3000/users로 바꿔서 Users 컴포넌트가 렌더링되는지 확인해보겠습니다.

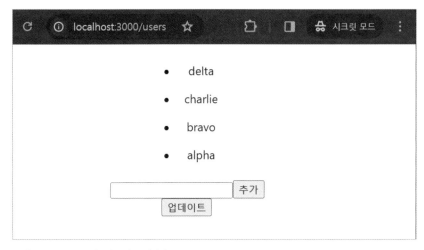

그림 7-21 Users 컴포넌트가 표시된다.

리액트 라우터가 접근하면 URL 정보를 읽고, 표시하는 컴포넌트를 전환합니다.

7.10.2 Link 컴포넌트를 이용한 링크

초기 접근 시의 동작을 확인했습니다. 다음은 링크를 설정하고 화면 이동 동작을 확인해보겠습니다. 페이지 상단에 URL을 전환하는 링크를 설치합니다.

예제 7-28 packages/frontend/src/App.js

```
// ...

function App() {
  return (
    <Router>
      {/* 페이지 상단에 내비게이션 링크를 설치 */}
      <nav>
        <ul>
          <li>
            <Link to="/">Top</Link>
          </li>
          <li>
            <Link to="/users">Users</Link>
          </li>
        </ul>
      </nav>
```

```
    </nav>
    <Routes>
      {/* /users일 때 표시할 컴포넌트를 설정 */}
      <Route path="/users" element={<Users />} />
      {/* /일 때 표시할 컴포넌트를 설정 */}
      <Route path="/" element={<Top />} />
    </Routes>
  </Router>
);
}
```

링크를 설정하기 위해 리액트 라우터에서 불러온 Link 컴포넌트를 이용합니다.

일반적인 링크 설정 방법인 `<a href="/users">`가 아니라 Link 컴포넌트를 이용한 것에는 이유가 있습니다. a 태그를 이용한 화면 이동에서는 브라우저의 불러오기가 발생합니다. 기능 적으로 동작은 하지만, '브라우저의 불러오기가 발생한다' = 'JS나 CSS 등의 리소스를 다시 네 트워크를 통해 가져온다'는 것이 됩니다.

SPA의 장점 중 하나는 History API를 이용하는 것, 즉 화면 이동 시에 모든 리소스를 다시 가 져오지 않는 것입니다.[43]

앞의 코드로 돌아가보면 Link 컴포넌트는 History API를 사용해 URL을 고쳐 쓰면서 대 상이 되는 컴포넌트를 화면에 그립니다. 리소스를 다시 가져오지 않는 것은 개발자 도구의 [Network] 탭에서 확인할 수 있습니다.

다음과 같이 a 태그를 이용한 화면 이동을 추가해보면 쉽게 이해할 수 있습니다.

예제 7-29 화면 이동의 차이를 확인한다.

```
<li>
  <Link to="/users">Users</Link>
</li>
<li>
```

---

43 리소스를 다시 가져오는 것은 Header나 ServiceWorker를 사용해 브라우저에 캐시함으로써 완화할 수 있습니다(https:// developer.mozilla.org/en-US/docs/Web/HTTP/Headers/Cache-Control). 캐시를 활용해 다시 불러오는 것이 속도가 더 빠 르다고 느껴질 수도 있을 것입니다. 구현이 단순하기 때문에 유지보수 비용도 낮아집니다. 상황에 맞춰 설계하고, 사용자에게 무엇을 전 달하고 싶은 상황인가를 고려해 적절한 방법을 선택하는 것이 중요합니다.

```
    <a href="/users">Users 2</a>
  </li>
```

a 태그를 이용한 화면 이동에서는 xxx.js나 xxx.png 등의 정적 리소스를 다시 가져오는 동작을 확인할 수 있습니다.

클라이언트 사이드 라우팅에서는 송신할 때 주의할 점이 하나 더 있습니다. 이것은 애플리케이션의 송신(배포)과 깊이 관련돼 있으므로 먼저 이 부분부터 설명하겠습니다.

7.11 프런트엔드 애플리케이션 배포

지금까지 프런트엔드 개발을 대략적으로 다루었습니다. 이제부터는 프런트엔드 코드를 실제로 배포하는 방법을 설명합니다.

7.8.5절에서도 설명했지만 개발용 서버를 그대로 프로덕션용으로 이용할 수 없습니다. 개발에만 이용하는 디버그용 코드나, 핫 리로드 등 프로덕션에서는 이용하지 않는 기능이 포함돼 있기 때문입니다.

프로덕션용 코드를 생성하기 위해서는 프런트엔드의 루트(packages/frontend)에서 빌드를 수행합니다.

```
$ npm run build # 프로젝트 루트에서라면 npm run build -w packages/frontend
# ...
File sizes after gzip:

  52.09 KB (+8.08 KB)   build/static/js/2.4d97ac58.chunk.js
  1.62 KB               build/static/js/3.932a0dce.chunk.js
  1.16 KB (-1 B)        build/static/js/runtime-main.03e80922.js
  1 KB (+112 B)         build/static/js/main.ac191228.chunk.js
  316 B                 build/static/css/main.dc05df17.chunk.css
```

빌드 명령어를 호출하면 build 디렉터리가 생성됩니다. build 디렉터리의 내용은 송신용으로 빌드된 결과 파일입니다.

7.11.1 송신용 Node.js 서버 작성하기

`build` 디렉터리를 송신하는 서버를 준비합니다. 여기에서는 송신 서버로 Node.js를 사용합니다. 정적 파일 송신과 CORS 대책이 준비돼 있는 것이 좋으므로 실제 운용 시에는 nginx나 Apache HTTP Server 등도 사용할 수 있습니다. 설명의 취지와는 다소 어긋나지만 정적 파일을 송신하는 SaaS도 늘어나고 있으므로 이를 사용하는 것도 좋습니다.

정적 파일은 사용자 요청으로 변경되지 않습니다. 그러므로 전 세계에 흩어져 있는 사용자에 대해 물리적으로 가까운 위치에 캐시를 쉽게 배치할 수 있다(=CDN이나 SaaS와 호환성이 좋다)는 특성이 있습니다. 이는 SPA를 도입하는 이점이기도 합니다. 예를 들어 최근 Cloudflare 등의 CDN은 프런트엔드와 호환성이 높은 기능이 많아 널리 이용되고 있습니다.[44][45]

서버 역할을 정리하면 다음과 같습니다.

| 백엔드 서버 |

- 익스프레스를 중심으로 한 API 서버
- 레디스와 통신

| 프런트엔드 서버 |

- 익스프레스를 중심으로 한 프록시/정적 파일 송신 서버
- 백엔드 앞 단계에 별도로 배치하는 이미지
- 개발 시에는 create-react-app에 내장된 서버 이용

Node.js에서의 송신용 서버는 익스프레스와 `http-proxy-middleware`를 조합해 구현합니다.

예제 **7-30** packages/frontend/server.js

```
const { createProxyMiddleware } = require('http-proxy-middleware');
const path = require('path');
const express = require('express');
const app = express();

app.use(
  '/api',
  createProxyMiddleware({
```

---

44 **CDN-Cache-Control** https://developers.cloudflare.com/cache/about/cdn-cache-control/
45 **Cross-Origin Resource Sharing (CORS)** https://developers.cloudflare.com/cache/about/cors/

```
      target: 'http://localhost:8000'
    })
);

app.use('/static', express.static(path.join(__dirname, 'build', 'static')));

app.get('/manifest.json', (req, res) => {
  res.sendFile(path.join(__dirname, 'build', 'manifest.json'));
});

app.get('/', (req, res) => {
  res.sendFile(path.join(__dirname, 'build', 'index.html'));
});

app.use((err, req, res, next) => {
  console.log(err);
  res.status(500).send('Internal Server Error');
});

app.listen(3000, () => {
  console.log('start listening');
});
```

그리고 이것을 기동하는 스크립트를 packages/frontend/package.json에 추가해둡니다.

```
{
  "private": true,
  "dependencies": {
    ...
  },
  "devDependencies": {
    ...
  },
  "scripts": {
    ...
    "server": "node server.js"
  }
}
```

7.11.2 프로덕션과 동일한 환경을 실행하기

실제로 프로덕션용 코드는 어떻게 되는지 확인해보겠습니다.

```
$ npm run build -w packages/frontend
$ npm run server -w packages/frontend
```

브라우저에서 `http://localhost:3000/`에 접속하면 개발할 때와 동일하게 표시되는 것을 확인할 수 있습니다. 상단의 리액트 라우터를 통한 이동도 문제없습니다.

여기에서 `http://localhost:3000/users`로 이동한 뒤 새로고침을 해봅니다. 그러면 다음과 같이 에러가 발생해 화면이 표시되지 않습니다. 이는 개발할 때와는 다른 동작입니다.

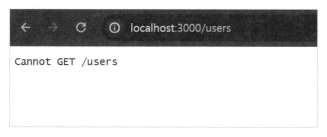

그림 7-22 리액트 라우터에서 새로고침하면 에러가 발생한다.

7.10.1절에서도 조금 다루었던 주의점입니다. 개발 시에는 앞의 코드로도 동작하지만, 실제로 애플리케이션을 배포할 때는 송신 서버에서 적절한 설정을 해야 합니다. `create-react-app` 문서를 참고하면 다음과 같은 코드를 확인할 수 있습니다.[46]

예제 7-31 Create React App의 Deployment에 게재된 코드

```
  app.use(express.static(path.join(__dirname, 'build')));

- app.get('/', function (req, res) {
+ app.get('/*', function (req, res) {
    res.sendFile(path.join(__dirname, 'build', 'index.html'));
  });
```

---

46 **Deployment | Create React App** https://create-react-app.dev/docs/deployment#serving-apps-w ith-client-side-routing(Facebook, Inc., 2021)에서 인용.

변경 후의 코드는 app.get('/'이 아니라 app.get('/*'인 것이 중요합니다. 이번 애플리케 이션 같은 경우는 실체가 되는 파일(예를 들어 /users.html) 등이 없습니다. 그래서 SPA로 정의된 라우트에 처음 접근할 때는 index.html을 반환해야 합니다.

서버 코드도 다시 수정합니다.

예제 7-32 packages/frontend/server.js diff

```
- app.get('/', (req, res) => {
+ app.get('/*', (req, res) => {
    res.sendFile(path.join(__dirname, 'build', 'index.html'));
  });
```

서버를 재기동해 동작을 확인합니다.

```
$ npm run server -w packages/frontend
```

이번에는 http://localhost:3000/users에서 브라우저를 새로고침해도 에러가 발생하지 않고 표시됩니다.

/users는 클라이언트 사이드 라우팅에 지정한 URL입니다. 초기 접근(브라우저 새로고침)의 경우 브라우저는 먼저 /users에서 HTML 등을 다운로드하려고 합니다. 하지만 익스프레스에 서는 해당 URL에 대해 응답을 반환하는 설정을 하지 않았기 때문에, 이전 상태에서는 반환 대 상을 발견할 수 없어 에러가 발생했습니다.

이런 경우에는 app.get('/*'으로 지정함으로써 이 함수보다 먼저 설정된 모든 GET 요청에 대 해 index.html을 반환하도록 설정할 수 있습니다. 그러면 http://localhost:3000/users 에 처음 접속해도 /에 접근한 것과 마찬가지로 index.html에 접근할 수 있기 때문에 에러를 무사히 해결할 수 있습니다.

조금 더 자세히 표기하면 다음 코드와 같은 의미가 됩니다.

예제 7-33 packages/frontend/server.js와 동일한 코드

```
app.get('/users', (req, res) => {
  res.sendFile(path.join(__dirname, 'build', 'index.html'));
```

```
});

app.get('/', (req, res) => {
  res.sendFile(path.join(__dirname, 'build', 'index.html'));
});
```

───◆ COLUMN ◆───

리액트의 SSR

앞에서도 다루었지만 현재 주요한 프런트엔드 프레임워크인 리액트, 뷰, 앵귤러는 SSR을 지원합니다.

리액트에서는 SSR을 구현하기 위해 ReactDOMServer[47]라는 모듈을 제공합니다. ReactDOM Server에서는 리액트 컴포넌트를 renderToString[48] 함수에 전달하면 이를 HTML 문자열로 변환해줍니다. HTML 렌더링은 이것으로 완료라고도 생각할 수 있지만, 리액트는 HTML 구조뿐만 아니라 이벤트 연결 등도 수행합니다. 리액트의 컴포넌트 내부에 설정된 이벤트를 렌더링된 HTML과 연결하기 위해 hydrate[49] 함수도 호출해야 합니다.

SSR은 성능 향상을 위해 필요한 기술이지만 HTML을 문자열로 다루는 특성상, 동기적 처리가 요구됩니다. 즉 CPU를 점유하는 처리입니다. 이것은 Node.js의 특성상 그다지 좋은 처리는 아닙니다. 모든 요소를 SSR로 처리하면 오히려 성능이 크게 저하되기도 합니다.

---

47 https://reactjs.org/docs/react-dom-server.html
48 https://reactjs.org/docs/react-dom-server.html#rendertostring
49 https://reactjs.org/docs/react-dom.html#hydrate

이와 같이 SSR을 적절하게 다루기 위해서는 프런트엔드뿐만 아니라 Node.js나 서버 측에 관한 지식도 요구되는 경우가 많습니다. 물론 이들을 모두 이해하고 다루는 편이 좋지만, 모든 주의점을 적절히 다루면서 애플리케이션을 작성하기는 매우 어렵습니다.

그래서 저는 이런 내용들을 어느 정도 감싸서 다루는 Next.js를 이용할 것을 권장합니다.

COLUMN

Next.js

Next.js[50]은 버셀Vercel Inc.에서 개발한 리액트를 포괄하는 프레임워크입니다. Next.js는 프레임워크 규칙을 따름으로써 SSR을 쉽게 다룰 수 있게 해줍니다.

프런트엔드의 성능을 개선할 때 자바스크립트 파일 크기 문제가 많이 발생합니다. 자바스크립트는 브라우저가 네트워크를 통해 다운로드하기 때문에 다운로드가 완료될 때까지 실행할 수 없습니다. 파일 크기가 커질수록 다운로드 완료까지 시간이 늘어나고, 그 외의 처리도 미루어집니다. 그렇기 때문에 렌더링에만 필요한 함수만 불러오는 것이나, 필요한 시점까지 자바스크립트의 불러오기를 지연시키는 등의 기법이 필요합니다.

또한 최근에는 정적 생성Static Generation(SG) 또는 정적 사이트 생성Static Site Generation(SSG)이라 불리는 개념도 등장했습니다. 이것은 미리 정적인 HTML을 작성해둠으로써 이후 SSR에 발생하는 계산 비용을 줄이는 기술입니다. 게다가 정적인 리소스가 되므로 CND에 업로드해서 사용자에게 리소스를 더 빠르게 전달할 수 있게 됩니다.

SG도 Next.js의 규칙을 따름으로써 낮은 비용으로 도입할 수 있습니다.[51] 그러나 동적으로 데이터가 변화할 때 리소스를 재생성을 해야 한다는 단점이 있습니다. 매번 리소스를 재생성해서 새로운 캐시로 송신하는 방법은 말로는 간단하지만 구현 비용이 많이 듭니다. 그리고 페이지 수가 늘어났을 때 모든 페이지를 다시 빌드하면 많은 시간이 걸립니다. 그렇기 때문에 차이가 발생한 부분만 빌드하고 싶다는 요구 사항도 발생합니다.

Next.js에는 이러한 단점에 대한 대책으로 SSR과 SG의 중간 단계인 점진적 정적 재생성Incremental Static Regeneration(ISR)[52]이라 불리는 기능도 구현돼 있습니다. 물론 이 기능도 만능은 아닙니다. 데

---

50 https://nextjs.org/docs/basic-features/pages#static-generation-recommended
51 https://vercel.com/docs/concepts/next.js/incremental-static-regeneration
52 https://nextjs.org/

이터 반영의 즉각성이나 성능의 중요성에 따라 적절하게 기능을 나누어서 사용해야 합니다.

이들을 처음부터 직접 구축하는 것은 난이도가 매우 높습니다. 직접 구현했다고 해도 이후에 팀 전체에서 설계나 규칙을 유지하는 데 비용이 듭니다. 그렇기 때문에 많은 사람의 지식이나 버그 수정을 포함하고 있는 이러한 프레임워크들을 이용하는 것이 합리적입니다.

Next.js는 커뮤니티가 아닌 기업이 주도하는 프레임워크이지만, 구글의 지원도 있어서 비교적 안심하고 도입할 수 있습니다.

7.12 프런트엔드 테스트

여기까지 프런트엔드/백엔드를 포함하는 애플리케이션 작성과 배포에 관해 설명했습니다. 다음으로 프런트엔드 테스트를 알아보겠습니다.[53]

앞에서 작성한 코드를 이용해 간단한 프런트엔드 테스트를 다룹니다. 지금까지의 수정으로 `packages/frontend/src/App.test.js`는 [예제 7-34]와 같아졌습니다.

예제 7-34 packages/frontend/src/App.test.js

```
// 라우터 불러오기
import { BrowserRouter as Router, Routes, Route, Link } from 'react-router-dom';
import Users from './Users';

// `/`일 때 표시
function Top() {
  return <div>Top</div>;
}

function App() {
  return (
    <Router>
      {/* 페이지 상단에 내비게이션 링크를 설치 */}
      <nav>
        <ul>
```

---

53 실제 개발에서는 배포 이전에 테스트를 작성해야 하겠지만, 라우팅에 관한 설명을 먼저 하고 싶었기 때문에 설명 순서를 바꾸었습니다.

```
        <li>
          <Link to="/">Top</Link>
        </li>
        <li>
          <Link to="/users">Users</Link>
        </li>
      </ul>
    </nav>
    <Routes>
      {/* /users일 때 표시할 컴포넌트를 설정 */}
      <Route path="/users" element={<Users />} />
      {/* /일 때 표시할 컴포넌트를 설정 */}
      <Route path="/" element={<Top />} />
    </Routes>
  </Router>
  );
}

export default App;
```

프런트엔드의 테스트 러너에는 백엔드와 마찬가지로 제스트 이용을 권장합니다.[54] [55] create-react-app에는 제스트가 처음부터 포함돼 있습니다.[56]

백엔드 테스트와 프런트엔드 테스트의 큰 차이는 DOM 존재 여부입니다. Node.js는 브라우저에서 동작하지 않기 때문에 브라우저와 달리 DOM에 접근하기 위한 API가 존재하지 않습니다.[57]

제스트는 Node.js에서 동작하는 테스트 러너입니다. 그렇기 때문에 프런트엔드 코드를 이대로 실행하면 브라우저의 API를 사용한 시점에 에러가 발생합니다. 그래서 DOM에 관한 구현을 Node.js에서 실행할 수 있도록, 자바스크립트만으로 에뮬레이션할 수 있게 하는 jsdom[58] 이라는 라이브러리를 자주 이용합니다.

create-react-app의 테스트에서도 jsdom을 이용해 Node.js에서 브라우저의 동작을 에뮬레이션하는 테스트를 실행할 수 있습니다.

----

54 Testing React Apps – Jest https://jestjs.io/docs/tutorial–react

55 Testing Overview – React https://reactjs.org/docs/testing.html

56 Running Tests | Create React App https://create–react–app.dev/docs/running–tests/#docsNav

57 window 객체 등

58 https://github.com/jsdom/jsdom

7.12.1 테스트 실행

먼저 create-react-app에 포함된 테스트를 실행해보겠습니다. create-react-app의 테스트는 react-scripts test라는 스크립트로 감싸여 있습니다. 테스트를 기동하면 대화형으로 테스트 실행 방법을 선택할 수 있습니다.

```
$ npm test -w packages/frontend

Watch Usage
 › Press a to run all tests.
 › Press f to run only failed tests.
 › Press q to quit watch mode.
 › Press p to filter by a filename regex pattern.
 › Press t to filter by a test name regex pattern.
 › Press Enter to trigger a test run.
```

여기에서는 a를 선택해 모든 테스트를 실행해보겠습니다.

```
FAIL src/App.test.js
  ✕ renders learn react link (27 ms)
...

    4 │ test('renders learn react link', () => {
    5 │   render(<App />);
  > 6 │   const linkElement = screen.getByText(/learn react/i);
      │                              ^
    7 │   expect(linkElement).toBeInTheDocument();
    8 │ });
    9 │
```

테스트를 실행한 뒤에는 q 키로 대화를 종료할 수 있습니다. 이제까지의 변경으로 packages/frontend/src/App.js의 내용이 변경됐으므로 테스트가 실패합니다. 테스트 코드를 실행해보겠습니다.

예제 7-35 packages/frontend/src/App.test.js

```
import { render, screen } from '@testing-library/react';
import App from './App';
```

```
test('renders learn react link', () => {
  render(<App />);
  const linkElement = screen.getByText(/learn react/i);
  expect(linkElement).toBeInTheDocument();
});
```

create-react-app에서는 렌더링 테스트를 할 수 있도록 testing-library[59] 모듈을 이용합니다. 제스트와의 역할 차이를 간단히 설명하면 제스트는 테스트를 실행하기 위한 모듈이고, testing-library는 테스트 중에서 공통으로 나타나는 상황을 다루는 모듈입니다.[60]

@testing-library/react에서 리액트용 테스트 함수를 불러옵니다. 불러온 render 함수에 컴포넌트를 전달함으로써 렌더링을 에뮬레이션합니다. 여기서 screen[61]은 렌더링된 DOM에 접근하는 방법을 제공하는 API입니다.

위 테스트에서는 /learn react/i에 일치하는 텍스트가 DOM 안에 존재하는지 테스트합니다. toBeInTheDocument 함수는 jest-dom[62]에서 제공되는 제스트를 확장한 함수입니다.

App.js는 초기 상태에서 변경돼 있기 때문에 /learn react/i에 일치하는 요소가 존재하지 않습니다. 그렇기 때문에 expect(linkElement).toBeInTheDocument() 부분 비교는 실패합니다.

이 부분을 확실하게 표시되고 있는 Nav 요소 안의 /users 링크를 대상으로 변경해보겠습니다.

예제 7-36 packages/frontend/src/App.test.js diff

```
- test('renders learn react link', () => {
+ test('renders Users link', () => {

// ...

- const linkElement = screen.getByText(/learn react/i);
+ const linkElement = screen.getByText(/Users/i);
```

이번에는 linkElement가 존재하므로 테스트가 성공합니다.

....

59 https://testing-library.com/
60 React Testing Library | Testing Library https://testing-library.com/docs/react-testing-library/intro/
61 https://testing-library.com/docs/queries/about#screen
62 https://github.com/testing-library/jest-dom

7.12.2 API 호출 테스트

API 호출이 있는 User 컴포넌트에 대한 테스트를 작성해보겠습니다. Users 컴포넌트는 초기 상태에서는 빈 리스트를 표시하지만, fetch('/api/users')라는 비동기 호출이 완료되면 화면에 렌더링되는 내용이 바뀝니다. 여기에서 테스트할 내용은 'API 호출 후에 어떤 HTML이 구축됐는가'입니다.

먼저 해당 내용을 나타내는 테스트를 작성합니다.

예제 7-37 packages/frontend/src/App.test.js

```
import { render, screen, waitFor } from '@testing-library/react';
import Users from './Users';

test('renders Users', async () => {
  render(<Users />);

  await waitFor(() => {
    return expect(screen.getByText('alpha')).toBeInTheDocument();
  });
});
```

waitFor[63]는 인수로 전달한 함수가 에러를 반환하지 않을 때까지 수신을 대기하는 함수입니다. 이 책을 집필하는 시점에서의 기본값은 반환 간격이 50ms, 타임아웃은 1000ms입니다. 위 코드에서는 alpha라는 텍스트가 나타날 때까지 수신을 대기합니다.

Users 컴포넌트는 fetch('/api/users')를 포함하므로 그대로 실행하면 /api/users로 접근을 시작합니다. 그러나 호출 대상 API가 존재하지 않으므로 접근할 수 없습니다. 즉 위 테스트를 이대로 실행하면 타임아웃이 될 때까지 기다렸다가 실패합니다.

테스트를 성공시키기 위해서는 fetch를 성공시켜야 합니다. 요청을 유사하게 성공시키기 위해서는 fetch 자체를 목으로 만드는 방법, 또는 목 서버를 준비하는 방법이 있습니다.

목 서버 도입

여기에서는 testing-library의 문서에도 기재된 목 서버를 이용하는 방법을 이용해보겠습

---

63 https://testing-library.com/docs/dom-testing-library/api-async/#waitfor

니다.[64]

```
$ npm i -D msw -w packages/frontend # -D는 --save-dev의 짧은 옵션
```

msw[65]는 API(웹 API)를 목으로 만들기 위한 모듈입니다.

msw의 setupServer 함수로 목용 서버를 준비할 수 있습니다. 다음 코드는 API의 목을 준비해 컴포넌트 테스트를 수행하는 코드입니다.

예제 7-38 packages/frontend/src/Users.test.js

```javascript
import { render, screen, waitFor } from '@testing-library/react';
import { rest } from 'msw';
import { setupServer } from 'msw/node';
import Users from './Users';

const server = setupServer();

beforeAll(() => server.listen());
afterEach(() => server.resetHandlers());
afterAll(() => server.close());

test('renders Users', async () => {
  // API의 목
  server.use(
    rest.get('/api/users', (req, res, ctx) => {
      return res(ctx.json({ users: [{ name: 'alpha' }, { name: 'bravo' }]}));
    })
  );

  render(<Users />);

  await waitFor(() => {
    return expect(screen.getByText('alpha')).toBeInTheDocument();
  });

  await waitFor(() => {
    return expect(screen.getByText('bravo')).toBeInTheDocument();
```

---

64 Example | Testing Library https://testing-library.com/docs/react-testing-library/example-intro/
65 https://www.npmjs.com/package/msw

```
  });
});
```

조금씩 나누어서 설명하겠습니다.

다음 부분이 목 서버의 설정입니다. `GET /api/users`를 호출했을 때 { users: [{ name:
'alpha' }, { name: 'bravo' }] }를 반환하도록 설정했습니다.

```
server.use(
  rest.get('/api/users', (req, res, ctx) => {
    return res(ctx.json({ users: [{ name: 'alpha' }, { name: 'bravo' }] }));
  })
);
```

다음 코드가 테스트를 실제로 수행하는 부분입니다. `Users` 컴포넌트를 렌더링해 `alpha`, `bravo`
라는 텍스트가 나타날 때까지 기다립니다. API 호출을 완료하면 내용이 렌더링되므로 API로
가져온 `alpha`와 `bravo`가 표시되는지 `waitFor` 내부에서 테스트합니다.

```
render(<Users />);

await waitFor(() => {
  return expect(screen.getByText('alpha')).toBeInTheDocument();
});

await waitFor(() => {
  return expect(screen.getByText('bravo')).toBeInTheDocument();
});
```

이렇게 `testing-library`에서 대기하는 처리를 기술함으로써 API 호출 등의 사이드 이펙트
를 포함하는 컴포넌트도 테스트할 수 있습니다.

7.12.3 테스트 분할

앞에서는 API 호출을 포함하는 컴포넌트의 테스트를 작성하는 방법을 설명했습니다. 이것만
으로도 테스트로서 성립하지만 내용을 더 추가해보겠습니다.

Users 컴포넌트는 크게 다음 2가지 기능을 갖습니다.

- API로 데이터를 가져온다.
- 사용자를 표시한다.

앞에서는 API 목과 렌더링 테스트를 통해 암묵적으로 위의 2가지를 동시에 테스트하고 있습니다.

여기서 저는 다음 포인트를 의식하면서 코드를 작성하면 유지보수하기 쉬운 설계를 할 수 있다고 생각합니다.

- 가능한 한 여러 책임을 아우르는 테스트를 하지 않는다(단일 테스트가 되도록 한다).
- 사이드 이펙트를 줄이고 In/Out을 테스트한다.

즉 테스트하기 쉬워지도록 코드를 작성하면 유지보수성이 높아집니다. 이것은 6.12절에서 설명한 내용과도 이어집니다.

앞의 2가지 기능을 포함하는 Users 컴포넌트를 위 관점을 기준으로 분할합니다. 어떻게 하면 분할할 수 있을까요? 먼저 커스텀 훅을 생성해서 앞의 예제의 API 호출 부분을 추출해보겠습니다.

예제 7-39 packages/frontend/src/Users.js

```
function Users() {
  const [users, setUsers] = useState([]);
  const [inputText, setInputText] = useState('');
  const [counter, setCounter] = useState(0);

  useEffect(() => {
    getUsers()
      .then((data) => {
        const users = data.users.map((user) => user.name);
        return users;
      })
      .then((users) => setUsers(users))
      .catch((error) => console.error(error));
  }, [counter]);

  const userList = users.map((user) => {
    return <User key={user} name={user} />;
```

```
    });

    const handleSubmit = (event) => {
      event.preventDefault();
      const newUsers = [...users, inputText];
      setUsers(newUsers);
    };

    const handleChange = (event) => {
      setInputText(event.target.value);
    };

    return (
      <div className="App">
        <ul>{userList}</ul>
        <form onSubmit={handleSubmit}>
          <input type="text" onChange={handleChange} />
          <button type="submit">추가</button>
        </form>
        <button onClick={() => setCounter(counter + 1)}>업데이트</button>
      </div>
    );
  }
```

다음 코드는 이 컴포넌트에서 '데이터의 저장과 변경'을 다루는 커스텀 훅과 '렌더링과 이벤트 핸들러의 연결'을 다루는 컴포넌트를 분리한 것입니다.

예제 7-40 packages/frontend/src/Users.js

```
// 사용자 정보 저장과 변경을 담당하는 커스텀 훅
function useUsers() {
  const [users, setUsers] = useState([]);
  const [inputText, setInputText] = useState('');
  const [counter, setCounter] = useState(0);

  useEffect(() => {
    getUsers()
      .then((data) => {
        const users = data.users.map((user) => user.name);
        return users;
      })
      .then((users) => setUsers(users))
```

```
      .catch((error) => console.error(error));
  }, [counter]);

  const submit = () => {
    const newUsers = [...users, inputText];
    setUsers(newUsers);
  };

  const addCounter = () => {
    setCounter(counter + 1);
  }

  return {
    users,
    setInputText,
    submit,
    addCounter
  }
}

// 사용자 정보 표시를 담당하는 컴포넌트
function Users() {
  const { users, setInputText, submit, addCounter } = useUsers();

  const userList = users.map((user) => {
    return <User key={user} name={user} />;
  });

  const handleSubmit = (event) => {
    event.preventDefault();
    submit();
  };

  const handleChange = (event) => {
    setInputText(event.target.value);
  };

  return (
    <div className="App">
      <ul>{userList}</ul>
      <form onSubmit={handleSubmit}>
        <input type="text" onChange={handleChange} />
        <button type="submit">추가</button>
      </form>
```

```
        <button onClick={() => addCounter()}>업데이트</button>
    </div>
  );
}
```

useUsers가 '데이터 저장과 변경'을 담당하는 커스텀 훅, Users가 '렌더링과 이벤트 핸들러의 연결'을 담당하는 컴포넌트입니다.

이 분할에 따라 '이벤트 시의 데이터 변경 처리'와 '렌더링과 동시에 fetch를 수행하는' 부분을 커스텀 훅으로 분할했습니다.

그리고 훅도 `packages/frontend/src/Users.hooks.js`로 분리해둡니다.

예제 **7-41** packages/frontend/src/Users.hooks.js

```javascript
import { useState, useEffect } from 'react';

const getUsers = async () => {
  const response = await fetch('/api/users');
  const body = response.json();
  return body;
};

// 사용자 정보 저장과 변경을 담당하는 커스텀 훅
export function useUsers() {
  const [users, setUsers] = useState([]);
  const [inputText, setInputText] = useState('');
  const [counter, setCounter] = useState(0);

  useEffect(() => {
    getUsers()
      .then((data) => {
        const users = data.users.map((user) => user.name);
        return users;
      })
      .then((users) => setUsers(users))
      .catch((error) => console.error(error));
  }, [counter]);

  const submit = () => {
    const newUsers = [...users, inputText];
    setUsers(newUsers);
```

```
  };

  const addCounter = () => {
    setCounter(counter + 1);
  }

  return {
    users,
    setInputText,
    submit,
    addCounter
  }
}
```

예제 **7-42** packages/frontend/src/Users.js

```
import './App.css';
// 훅을 불러온다.

import { useUsers } from './Users.hooks'

function User({ name }) {
  return <li style={{ padding: '8px' }}>{name}</li>;
}

// 사용자 정보 표시를 담당하는 컴포넌트
function Users() {
  const { users, setInputText, submit, addCounter } = useUsers();

  const userList = users.map((user) => {
    return <User key={user} name={user} />;
  });

  const handleSubmit = (event) => {
    event.preventDefault();
    submit();
  };

  const handleChange = (event) => {
    setInputText(event.target.value);
  };

  return (
```

```
      <div className="App">
        <ul>{userList}</ul>
        <form onSubmit={handleSubmit}>
          <input type="text" onChange={handleChange} />
          <button type="submit">추가</button>
        </form>
        <button onClick={() => addCounter()}>업데이트</button>
      </div>
    );
  }


  export default Users;
```

바로 Users 컴포넌트에 대해 렌더링 테스트를 해보겠습니다.

예제 7-43 packages/frontend/src/Users.test.js

```
import { render, screen } from '@testing-library/react';
import Users from './Users';
import { useUsers } from './Users.hooks'

jest.mock('./Users.hooks', () => {
  return {
    useUsers: jest.fn()
  };
});

test('renders Users', () => {
  useUsers.mockImplementation(() => {
    return {
      users: ['alpha', 'bravo'],
    }
  });

  render(<Users />);

  expect(screen.getByText('alpha')).toBeInTheDocument();
  expect(screen.getByText('bravo')).toBeInTheDocument();
});
```

fetch를 useUsers로 분리함에 따라 Users 컴포넌트는 반환된 배열을 그대로 렌더링하는 간단한 컴포넌트가 됐습니다. jest.mock은 Users 컴포넌트에서 import { useUsers } from

'./Users.hooks'인 부분을 목으로 합니다. 즉 useUsers에서 호출되는 fetch의 내부 구조를 몰라도 users 인터페이스만 알면 Users 컴포넌트를 테스트할 수 있습니다.

이 정도의 컴포넌트라면 책임이 중복된 테스트라도 큰 영향은 없지만, 분할 방법에 관한 참고로 기억해두면 좋습니다.

이것으로 앞의 테스트에 있던 목 서버나 렌더링까지 기다릴 필요가 없습니다. 즉 In(users 배열)/Out(출력한 HTML)하는 단순한 테스트가 됩니다. 프런트엔드 테스트는 사이드 이펙트를 완전히 배제하기는 어렵지만, 이와 같은 분할을 통해 어느 정도까지는 사이드 이펙트를 줄일 수 있습니다.

이벤트 핸들러 연결도 목 호출 횟수로 테스트할 수 있습니다. testing-library에서는 fireEvent 요소에서 이벤트를 발생시키는 함수를 제공합니다.

예제 7-44 packages/frontend/src/Users.test.js

```
import { render, screen, fireEvent } from '@testing-library/react';

// ...

test('추가 버튼의 submit에서 submit이 호출된다.' () => {
  const submitMock = jest.fn()

  useUsers.mockImplementation(() => {
    return {
      users: ['alpha', 'bravo'],
      submit: submitMock
    }
  });

  render(<Users />);

  fireEvent.submit(screen.getByText('추가'));

  expect(submitMock).toHaveBeenCalledTimes(1);
});
```

훅으로 분리하지 않은 경우는 submit 이벤트가 발행될 때 setUsers가 적절하게 호출되고 있는지 테스트해야 합니다.

```
const handleSubmit = (event) => {
  event.preventDefault();
  const newUsers = [...users, inputText];
  setUsers(newUsers);
};
```

이 코드는 암묵적으로 '이벤트 핸들러가 적절하게 연결되지 않았다'는 것과 'setUsers를 올바르게 사용하고 있다'는 2가지 테스트를 같이하는 것이 됩니다.

따라서 훅으로 분리하면 핸들러 연결과 로직의 실체를 분리하고, 암묵적인 의존을 해소할 수 있습니다.

커스텀 훅 테스트

다음으로 커스텀 훅의 테스트입니다.

앞에서 분리한 [예제 7-41] packages/frontend/src/Users.hooks.js에 테스트를 작성합니다.

먼저 useUsers를 호출했을 때 fetch돼 데이터가 저장되는 것을 확인하는 테스트를 작성해보겠습니다. 다음 예제는 이번에 준비한 테스트 코드입니다.

예제 **7-46** packages/frontend/src/Users/index.test.js

```
import { renderHook, waitFor } from '@testing-library/react';
import { rest } from 'msw';
import { setupServer } from 'msw/node';
import { useUsers } from './Users.hooks';

const server = setupServer();

beforeAll(() => server.listen());
afterEach(() => server.resetHandlers());
afterAll(() => server.close());

test('users 배열을 API로 가져온다.', async () => {
  // API의 목
  server.use(
    rest.get('/api/users', (req, res, ctx) => {
```

```
      return res(ctx.json({ users: [{ name: 'alpha' }, { name: 'bravo' }]}));
    })
  );

  const { result } = renderHook(() => useUsers());

  // API 호출 종료까지 수신을 대기한다.
  await waitFor(() => {
    return expect(result.current.users).toStrictEqual(['alpha', 'bravo']);
  });
});
```

커스텀 훅 테스트에서는 render 대신에 renderHook을 이용합니다. renderHook은 result로 커스텀 훅 실행 결과에 접근할 수 있습니다. 그리고 useUsers는 호출 후에 API를 호출하고, users 배열을 업데이트합니다.

다음은 waitFor를 이용해 커스텀 훅의 동작을 테스트하는 부분입니다. result.current에서 참조할 수 있는 users가 msw로 생성한 목에서 반환한 값이 되는지를 확인합니다.

```
// API 호출 종료까지 수신을 대기한다.
await waitFor(() => {
  return expect(result.current.users).toStrictEqual(['alpha', 'bravo']);
});
```

◀ COLUMN ▶

테스트와 목

Users 컴포넌트 테스트에서는 useUsers를 목으로 만들어 테스트했습니다. 이것은 컴포넌트가 담당하는 렌더링과 훅이 담당하는 로직의 책임을 분리했기 때문입니다.

테스트용으로 동작을 자유롭게 설정하기 위해 훅을 목으로 만들어 준비합니다. 이렇게 훅을 그대로 목으로 만들면 'Users 컴포넌트에 대한(fetch 등) 의존성'을 줄일 수 있습니다. 즉 Users 컴포넌트는 useUsers가 어떤 로직인지, 반대로 useUsers는 Users 컴포넌트가 어떻게 렌더링하는지 몰라도 됩니다.

하지만 useUsers에 대한 의존성을 줄이기 위해 목을 이용하면, 반대로 useUsers의 인터페이스가 변경됐을 때 목을 수정하는 것을 잊어버려 생각지 못한 에러가 발생할 위험도 있습니다. 대신에 목을 이용하지 않고 useUsers를 포함하면 테스트가 실패했을 때 감지할 수 있다는 점에서 목의 이용에는 장단점이 있습니다.

목은 암묵적인 의존을 제거하는 데 효과적입니다. 그러나 장점에 대해 이해하고 적절한 상황에 도입해야 합니다. 최근에는 타입스크립트를 이용한 타입을 도입하면서 인터페이스를 공유해 이러한 위험들을 줄일 수 있게 됐습니다.

useUsers의 관심사는 렌더링 이외의 데이터의 저장이나 이벤트 발생 시의 로직입니다. Users 컴포넌트의 디자인이 변경되더라도 useUsers의 로직에 변경이 없다면 테스트가 실패하지 않기를 바랄 것입니다. 하지만 Users 컴포넌트의 요소에 의존한 테스트를 작성한 경우 useUsers의 테스트에도 영향을 미칠 수 있습니다.

예를 들어 userUsers에서 제공하는 submit 로직을 테스트하는 경우를 생각해보겠습니다. submit 로직은 다음과 같이 2가지로 분리할 수 있습니다.

- inputText의 내용을 배열에 추가한다.
- users 배열을 새로운 배열로 업데이트한다.

이것이 Users 컴포넌트에 직접 작성된 경우 'submit 버튼을 눌렀을 때'라는 조건을 테스트에 추가하는 것이 됩니다. 만약 도중에 디자인 변경 등으로 다른 위치로 이동한 경우 submit의 로직 자체는 변경되지 않지만, 테스트 조건을 변경할 필요가 있습니다.

프런트엔드는 디자인 변경에서 벗어날 수 없습니다. 하지만 커스텀 훅과 같이 로직과 렌더링을 분리함으로써 디자인 변경에 어느 정도 쉽게 대응할 수 있습니다. 실제 애플리케이션에서는 리덕스Redux[66], 훅 등 몇 가지 방법으로 로직과 렌더링을 분리할 수 있습니다.

중요한 것은 하나의 테스트가 여러 책임을 담당하지 않는가, 로직과 렌더링을 분리할 수 없는지에 대한 관점을 잊지 않는 것입니다. 테스트가 힘들다고 느껴질 때 이러한 부분을 먼저 생각하면 개선할 수 있을 것입니다.

7.12.4 스냅숏 테스트

이제까지의 렌더링 테스트는 요소의 유무나 내부의 텍스트 정도만 확인할 수 있었습니다. 이것으로 충분한 경우도 있지만 렌더링을 테스트하고 싶은 부분에서는 디자인이 깨지지 않도록 하

---

66 https://redux.js.org/

고 싶다는 요구도 큽니다.

이런 경우에는 렌더링한 HTML 자체를 비교하기 위해 수정 전후의 컴포넌트에서 스냅숏 테스트라는 방법을 이용할 수 있습니다.[67] [68]

리액트의 스냅숏 테스트에는 react-test-renderer를 이용합니다.[69]

```
$ npm install -D react-test-renderer -w packages/frontend
```

실제로 react-test-renderer를 이용해 스냅숏 테스트를 작성해보겠습니다. src/Users/Users.test.js에 스냅숏 테스트를 추가합니다.

예제 7-47 packages/frontend/src/Users/Users.test.js

```
// ...
import renderer from 'react-test-renderer';

// ...

test('Users 컴포넌트의 스냅숏 테스트', () => {
  useUsers.mockImplementation(() => {
    return {
      users: ['alpha', 'bravo']
    }
  });

  const component = renderer.create(<Users />);

  const tree = component.toJSON();
  // 스냅숏 파일과 비교
  expect(tree).toMatchSnapshot();
});
```

위 테스트를 실행하면 테스트가 배치돼 있는 디렉터리와 같은 계층에 __snapshots__ 디렉터리가 생성되고, 실행 결과가 파일로 저장됩니다.

---

67 https://jestjs.io/docs/tutorial-react#snapshot-testing
68 https://jestjs.io/docs/snapshot-testing
69 **Test Renderer – React** https://reactjs.org/docs/test-renderer.html

```
exports[`Users 컴포넌트 스냅숏 테스트 1`] = `
<div
  className="App"
>
  <ul>
    <li
      style={
        Object {
          "padding": "8px",
        }
      }
    >
      alpha
    </li>
    <li
      style={
        Object {
          "padding": "8px",
        }
      }
    >
      bravo
    </li>
  </ul>
  <form
    onSubmit={[Function]}
  >
    <input
      onChange={[Function]}
      type="text"
    />
    <button
      type="submit"
    >
      추가
    </button>
  </form>
  <button
    onClick={[Function]}
  >
    업데이트
  </button>
```

```
  </div>
  `;
```

실제로 테스트가 가능한지 확인하기 위해 스타일 수치를 변경해보겠습니다.

예제 7-49 packages/frontend/src/Users.js diff

```
    function User({ name }) {
-     return <li style={{ padding: '8px' }}>{name}</li>;
+     return <li style={{ padding: '10px' }}>{name}</li>;
    }
```

이 수정으로 앞의 테스트에서 작성된 HTML과 구성이 바뀌었습니다. 한 번 더 테스트를 실행하면 테스트가 실패하는 것을 확인할 수 있습니다.

```
  FAIL src/Users.test.js
    ● Users 컴포넌트 스탭숏 테스트

    expect(received).toMatchSnapshot()

    Snapshot name: `Users 컴포넌트 스냅숏 테스트 1`

    - Snapshot - 2
    + Received + 2

    @@ -3,20 +3,20 @@
      >
      <ul>
        <li
          style={
            Object {
-             "padding": "8px",
+             "padding": "10px",
            }
          }
        >
          alpha
        </li>
        <li
          style={
            Object {
```

```
-              "padding": "8px",
+              "padding": "10px",
            }
          }
        >
          bravo
        </li>

  51 ¦   const tree = component.toJSON();
  52 ¦   // 스냅숏 파일과 비교
> 53 ¦   expect(tree).toMatchSnapshot();
     ¦                      ^
  54 ¦ });
  55 ¦

    at Object.<anonymous> (src/Users.test.js:53:16)

› 1 snapshot failed.
```

이렇게 스냅숏 테스트는 렌더링한 HTML 전체를 포괄적으로 비교할 수 있습니다. 주로 로직 수정 등으로 생각지 못했던 영향이 HTML에 나타나지 않았는지 확인하는 데 주로 이용합니다.

스냅숏 테스트는 단순히 이전의 표시와 현재의 표시를 비교하는 것입니다. 그렇기 때문에 스타일 변경이 있는 경우에는 당연히 테스트가 실패합니다.

수정한 내용이 올바른 경우에는 스냅숏의 결과를 업데이트합니다. 다음과 같이 옵션을 지정해 제스트를 실행합니다.

```
$ jest --updateSnapshot
```

create-react-app의 경우는 다음과 같이 u나 i 옵션으로 스냅숏 결과를 업데이트할 수 있습니다.

```
Watch Usage
 › Press a to run all tests.
 › Press f to run only failed tests.
 › Press u to update failing snapshots.
 › Press i to update failing snapshots interactively.
 › Press q to quit watch mode.
```

> › Press p to filter by a filename regex pattern.
> › Press t to filter by a test name regex pattern.
> › Press Enter to trigger a test run.

스냅숏 테스트의 주의점

스냅숏 테스트는 익숙해지면 타성에 젖어 확인을 게을리한 채 파일을 업데이트해버리기 쉽습니다. 그리고 다른 테스트에 비해 가볍게 작성할 수 있어 원래는 불필요한 케이스임에도 '일단 작성해두자'와 같은 상황이 많은 테스트입니다.

테스트는 없는 것보다 있는 것이 확실히 좋지만, 불필요한 테스트가 너무 많은 것 또한 문제입니다.

개발을 진행하다 보면 약간의 변경으로 인해 대부분의 로직과는 관계없는 테스트가 실패하거나, 패턴이 너무 많아 테스트 실행 시간이 길어지는 사태를 맞는 경우가 있습니다.[70] 개발을 돕기 위한 테스트가 거꾸로 개발의 발목을 잡아버리게 되는 것입니다.

테스트를 무작정 늘리는 것은 좋지 않습니다. 효과가 높은 위치를 예측해 중점적으로 작성하는 것이 중요합니다. 또한 더이상 불필요한 테스트는 확실하게 삭제하는 것도 개발 효율을 유지하기 위해 때로는 필요합니다.

이러한 사고방식을 기반으로 저는 프런트엔드의 테스트에서 렌더링에 의존하는 테스트는 그렇게 많이 작성하지 않습니다. 웹 서비스에서는 디자인이 깨지더라도 즉시 수정하면 치명적이지 않은 경우가 많기 때문입니다.[71] 이보다는 시스템의 중요한 기능을 사용할 수 없는(데이터를 전송할 수 없거나 가져올 수 없는) 경우가 치명적입니다. 따라서 이와 관련된 테스트의 우선순위가 높으며, 더욱 많은 테스트를 해야 한다고 생각합니다(칼럼 'E2E 테스트' 참고).

그렇다고 렌더링에 관련된 테스트가 전혀 필요없다는 것은 아닙니다. 예를 들어 데이터를 가져오는 도중(loading 플래그가 true일 때)에 로딩 이미지가 표시되는 것과 같은 테스트는 스냅숏 테스트를 활용할 수 있는 부분일 것입니다. 그리고 디자인 시스템에 관련된 라이브러리처럼 렌더링 테스트의 중요도가 높은 경우도 있습니다.

---

70 이후 컴퓨팅 성능이 향상되거나 병렬 실행, 환경 발전에 따라 테스트 실행 시간 문제가 해소될 가능성은 있습니다. 하지만 현실적으로 테스트 실행 시간 감소는 아직 많은 사람이 어려워하는 주제입니다.

71 디자인이 깨지는 상황을 허용하는 것에 대해서는 찬반이 있을 것입니다. 어느 쪽이든 즉시 확인할 수 있는 환경 자체가 필요합니다.

많은 테스트를 작성하는 것을 부정하는 것은 아닙니다. 필요한 테스트가 늘어나는 것은 좋은 일입니다. 하지만 작성하기 쉽다고 해서 단순히 테스트를 늘리는 것은 거꾸로 개발 효율을 떨어뜨릴 수 있습니다. 그러므로 테스트를 작성할 때 우선순위나 시스템에 대한 테스트 피라미드test pyramid를 의식하면 개발에 도움이 되는 테스트를 늘려갈 수 있을 것입니다.

◥ COLUMN ◤

E2E 테스트

프런트엔드에 관련된 E2E^{End to End}라는 테스트가 있습니다. E2E 테스트는 간단히 말하면 사용자(브라우저)의 동작을 시뮬레이션해서 시스템 전체를 테스트하는 방법입니다.

E2E 테스트는 내부 로직을 테스트하는 것이 아닙니다. 특정한 사용자의 동작이나 흐름(예를 들어 올바르게 로그인할 수 있는가 등)이 정상적으로 완료되는가를 테스트하는 것입니다.

E2E 테스트에서 자주 이용되는 것은 사이프러스^{Cypress}나 셀레니엄^{Selenium}과 같은 프레임워크입니다. 크롬만으로 충분하다면 크롬을 Node.js에서 조작할 수 있는 퍼피티어^{Puppeteer} 등도 사용할 수 있습니다 그리고 플레이라이트^{Playwright}라는 크로스 브라우저를 조작하는 모듈도 있습니다.

사이프러스[72]와 셀레니엄[73]은 테스트의 콘텍스트, 퍼피티어[74]와 플레이라이트[75]는 보다 원시적인 브라우저 자동화에서 등장합니다. 이 E2E 테스트들은 브라우저를 실제로 동작시키므로 네트워크 상황에 따라서는 불안정해지기 쉽습니다. 예를 들어 스냅숏 테스트처럼 HTML의 변경에 취약하거나, 테스트를 실행했을 때 네트워크 상황이 종종 좋지 않아 테스트가 실패하는 경우입니다.

스냅숏 테스트 부분에서도 설명했지만, 다른 테스트로 커버할 수 있는 범위는 그 테스트들로 커버하는 편이 좋습니다.

저는 간단히 다음과 같은 우선순위로 테스트를 고려할 때가 많습니다.

단순한 로직 테스트 > 컴포넌트 테스트 ≧ 스냅숏 테스트 > E2E 테스트

프레임워크 이용

장기간의 애플리케이션 운용이 예상되는 경우에는 Next.js나 Nuxt.js 같이 포괄적으로 다룰 수 있는 프레임워크를 이용하는 것을 권장합니다. 이것은 특정한 프레임워크를 권장하려는 의도가 아니라, 의존 라이브러리 등의 업데이트가 가능한 프레임워크에 맡겨서 비용을 낮추는 것이 핵심입니다.

이 프레임워크들까지 설명하면 이 책의 취지에서 벗어나므로 사용 방법까지 다루지는 않습니다. 하지만 Node.js와 프런트엔드의 관계성을 이해하면 다른 프레임워크들을 이용하는 데 도움이 된다고 생각합니다. 이번 장에서 설명한 지식은 해당 프레임워크들을 이용하는 경우에도 충분히 활용할 수 있을 것입니다.

Access-Control-Allow-Origin 헤더 부여하기(CORS)

7.8.4절에서는 프록시를 이용하는 방법에 관해 설명했습니다. CORS를 조금 더 깊이 살펴보기 위해 `Access-Control-Allow-Origin` 헤더를 설명합니다. 간단한 2개의 서버를 새롭게 준비해서 설명합니다.

프런트엔드용 서버는 단지 HTML을 반환하고 3000번 포트를 리스닝합니다. 그리고 직접 `script` 태그 안에서 백엔드의 API를 호출합니다.

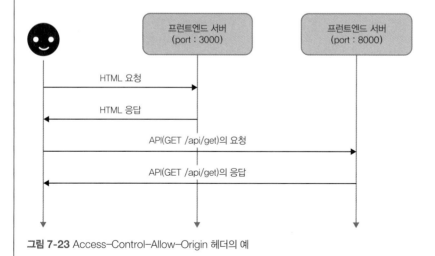

그림 7-23 Access-Control-Allow-Origin 헤더의 예

예제 7-50 packages/frontend/server.js

```javascript
const express = require('express');
const app = express();

app.get('/', (req, res) => {
  res.status(200).send(`
<!DOCTYPE html>
  <script>fetch('http://localhost:8000/api/get').then((res) => res.json()).
then((data) => console.log(data))</script>
  <body>top</body>
</html>`);
});

app.listen(3000, () => {
  console.log('start listening');
});
```

백엔드 코드는 GET /api/get만 가지며 8000번 포트를 리스닝합니다.

예제 7-51 packages/backend/server.js

```javascript
const express = require('express');
const app = express();

app.get('/api/get', (req, res) => {
  res.status(200).json({ foo: 'bar' });
});

app.listen(8000, () => {
  console.log('start listening');
});
```

브라우저에서 http://localhost:3000에 접근하면 이전과 마찬가지로 CORS 에러를 확인할 수 있습니다(그림 7–15 등).

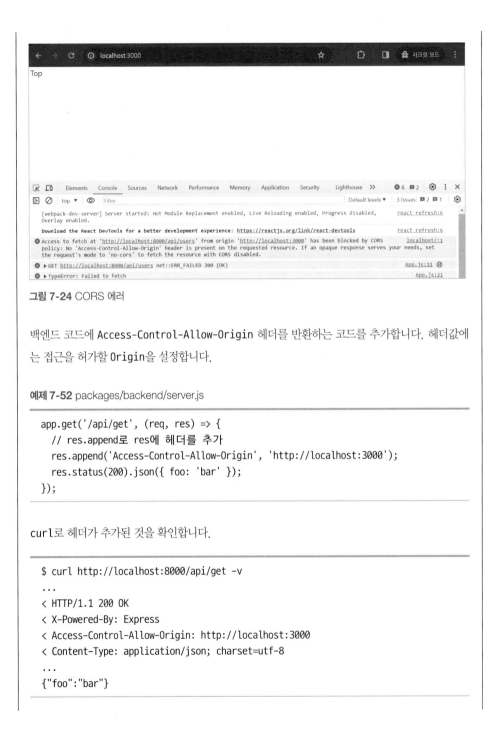

그림 7-24 CORS 에러

백엔드 코드에 `Access-Control-Allow-Origin` 헤더를 반환하는 코드를 추가합니다. 헤더값에는 접근을 허가할 `Origin`을 설정합니다.

예제 7-52 packages/backend/server.js

```
app.get('/api/get', (req, res) => {
  // res.append로 res에 헤더를 추가
  res.append('Access-Control-Allow-Origin', 'http://localhost:3000');
  res.status(200).json({ foo: 'bar' });
});
```

`curl`로 헤더가 추가된 것을 확인합니다.

```
$ curl http://localhost:8000/api/get -v
...
< HTTP/1.1 200 OK
< X-Powered-By: Express
< Access-Control-Allow-Origin: http://localhost:3000
< Content-Type: application/json; charset=utf-8
...
{"foo":"bar"}
```

헤더가 추가된 것을 확인했다면 프런트엔드의 결과가 어떻게 바뀌었는지 확인해봅니다. http://localhost:3000에 접속한 뒤 개발자 도구의 콘솔을 확인해보면 에러가 없어지고 데이터를 가져올 수 있음을 알 수 있습니다.

그림 7-25 CORS 에러가 해결됐다.

GET의 경우는 Access-Control-Allow-Origin 헤더만으로 해결했습니다. 그렇다면 다른 메서드의 경우는 어떨까요?

POST와 PUT API를 추가해보겠습니다.

예제 7-53 packages/backend/server.js

```
app.post('/api/post', (req, res) => {
  res.append('Access-Control-Allow-Origin', 'http://localhost:3000');
  res.status(200).json({ method: 'post' });
});

app.put('/api/put', (req, res) => {
  res.append('Access-Control-Allow-Origin', 'http://localhost:3000');
  res.status(200).json({ method: 'put' });
});
```

fetch 함수는 2번째 인수에 옵션을 설정할 수 있습니다. GET 이외의 요청을 보내고 싶을 때는 method 옵션을 지정합니다.

```
fetch('http://localhost:8000/api/post', {
  method: 'POST'
})
  .then((res) => res.json())
  .then((data) => console.log(data));

fetch('http://localhost:8000/api/put', {
  method: 'PUT'
})
  .then((res) => res.json())
  .then((data) => console.log(data));
```

이 코드를 http://localhost:3000이 열린 탭의 콘솔에서 다음 그림과 같이 실행합니다.

```
> fetch('http://localhost:8000/api/post', {
    method: 'POST'
  }).then((res) => res.json()).then((data) => console.log(data))
< ▶ Promise {<pending>}

  ▶ {method: 'post'}
> fetch('http://localhost:8000/api/put', {
    method: 'PUT'
  }).then((res) => res.json()).then((data) => console.log(data))
< ▶ Promise {<pending>}
⊗ Access to fetch at 'http://localhost:8000/api/put' from origin 'htt
  resource. If an opaque response serves your needs, set the request'
⊗ ▶ PUT http://localhost:8000/api/put net::ERR_FAILED
⊗ ▶ Uncaught (in promise) TypeError: Failed to fetch
       at <anonymous>:1:1
```

그림 7-26 PUT이 에러를 발생시킨다.

POST 요청은 성공하지만 PUT 요청에서는 에러가 발생하는 것을 알 수 있습니다. 네트워크 탭을 확인해보면 Status가 CORS 에러로 실패하고 있습니다.

Name	Status	Type
☐ post	200	fetch
☐ put	CORS error	fetch

그림 7-27 네트워크 탭에서 봐도 PUT에서 CORS 에러가 발생한다.

조금 더 자세히 살펴봅시다. 백엔드 서버에 로거를 추가해보겠습니다.

예제 7-54 packages/backend/server.js에서 GET/PUT/POST 앞에 배치

```
app.use((req, res, next) => {
  try {
    console.log(req.method, req.url);
    next();
  } catch (err) {
    next(err);
  }
});
```

POST와 PUT 요청을 `http://localhost:3000`에서 송신해보면, POST는 그대로 표시되지만 PUT 대신에 OPTIONS라는 보지 못한 메서드의 로그가 출력되는 것을 확인할 수 있습니다.

```
POST /api/post
OPTIONS /api/put
```

이를 사전 요청preflight request(또는 예비 요청)[76]이라 부릅니다. GET과 POST가 성공한 것은 단순 요청[77]이라 불리는 조건과 일치했기 때문입니다.

PUT은 기본으로 허가되지 않는 메서드이기 때문에 CORS 접근 제어를 통과하려면 서버 측에서 명시적으로 허가해야 합니다. 그렇기 때문에 PUT 메서드처럼 기본으로 허가되지 않은 메서드가 CORS를 통과하기 위해서는 `Access-Control-Allow-Origin`뿐만 아니라 명시적으로 허가 메서드에도 추가해야 합니다.

----

76 사전 요청 https://developer.mozilla.org/ko/docs/Glossary/Preflight_request
77 교차 출처 리소스 공유 https://developer.mozilla.org/ko/docs/Web/HTTP/CORS

서버가 기본 메서드 이외의 메서드를 허가하고 있는지, 실제 요청을 송신하기 전에 확인하는 요청이 OPTIONS(사전 요청)입니다. 이 요청은 크롬 개발자 도구의 네트워크 등에서 표시되지 않으므로(표시하도록 설정할 수는 있습니다) 이를 모르면 알아차리기 어렵습니다.

메서드들을 명시적으로 허가하고 싶을 때는 다음 코드와 같이 Access-Control-Allow-Methods에 메서드를 쉼표로 구분해서 지정합니다.

예제 7-55 packages/backend/server.js

```
app.use((req, res, next) => {
  if (req.method === 'OPTIONS') {
    res.append('Access-Control-Allow-Origin', 'http://localhost:3000');
    res.append('Access-Control-Allow-Methods', 'PUT');
    return res.status(204).send('');
  }

  try {
    console.log(Date.now(), req.method, req.url);
    next();
  } catch (err) {
    next(err);
  }
});
```

HTTP 상태 코드 204는 No Content를 나타냅니다. HTTP 상태 코드 204의 RFC[78] 문서를 보면 서버가 처리를 정상적으로 완료했지만 콘텐츠가 없다는 것을 의미함을 알 수 있습니다.[79] 여기에서는 응답 내용이 존재하지 않으므로 상태 코드 200보다 204가 적절하다고 생각해 204를 반환하도록 구현했습니다.

또한 익스프레스는 send 함수를 호출할 때까지 응답을 송신하지 않습니다.[80] 그렇기 때문에 응답이 비어 있더라도 send 함수를 호출해야 합니다.

---

[78] **204 No Content** https://www.rfc-editor.org/rfc/rfc9110.html#name-204-no-content
[79] RFC는 인터넷에 대한 다양한 사양이나 규칙을 모은 문서들입니다. 인터넷은 여러 결정 요인에 따라 형태가 만들어졌습니다. 많은 브라우저나 프로그래밍 언어가 서로 통신할 수 있는 것은 RFC에 의한 공통 규칙이 있기 때문입니다. 이번 경우처럼 규칙을 알 수 없을 때는 RFC와 같은 일차적인 정보를 찾아보면 답을 빠르게 얻을 수 있습니다.
[80] 정확하게는 익스프레스가 감싸고 있는 Node.js의 response 객체의 동작입니다.

CORS를 코드와 함께 대략적으로 살펴보았습니다. 복잡한 사양이기에 아직 설명할 수 없는 부분도 많지만, 지금은 다른 출처에 대한 요청은 제한된다는 점을 기억해두면 좋을 것입니다.

오늘날의 프레임워크에서는 CORS나 프록시 등이 자동 동작하기도 하므로 구현할 때는 이들에 관해 인식하지 못할 때도 많습니다.

COLUMN

Node.js와 모듈 선택 방법

익스프레스는 매우 간단한 모듈이므로 모듈 자체로 할 수 있는 작업이 그리 많지 않습니다. 여기에서는 설명을 위해 하나하나 직접 구현하지만, 실제로 애플리케이션을 작성할 때 모든 것을 직접 구현하는 경우는 거의 없습니다. 예를 들어 CORS를 구현할 때는 익스프레스의 공식 모듈을 이용할 수 있습니다.[81]

최근에는 애플리케이션을 모듈로 구현하는 것이 당연합니다. 하지만 어쩌다 용도에 맞는 모듈을 찾았다 하더라도 이를 그대로 이용할 수 있는 것은 아닙니다.

npm에는 누구나 모듈을 공개할 수 있으므로 많은 모듈이 있는데, 필요로 하는 모듈을 찾아보면 1~2개 정도는 찾을 수 있습니다.

하지만 Node.js의 속성을 이해하지 않고 모듈이 작성돼 성능이 낮거나, 취약점이 발견되었음에도 업데이트되지 않은 것들이 있을 위험이 있습니다. 그렇기 때문에 모듈을 선택할 때는 해당 모듈이 적절하게 구현돼 있는지, 유지보수되고 있는지, 버그 수정 등이 진행됐는지가 중요합니다. 이를 확인하기 위해서는 먼저 적절한 구현이 무엇인지 알아야 합니다. 또한 적절하지 않거나 버그가 있다면 직접 수정하고 기여할 수도 있습니다.

따라서 적절한 모듈을 선택하려면 조사가 필요하므로 조사 방법을 조금씩 알아두면 좋습니다.

---

81 cors https://expressjs.com/en/resources/middleware/cors.html

프런트엔드와 백엔드의 자바스크립트 차이

이번 장에서는 프런트엔드와 백엔드를 따로 작성하면서 설명했습니다. 이것은 **프런트엔드와 백엔드의 코드가 같은 자바스크립트 문법을 따르지만, 특성은 물론 주의할 점이 다르다**는 점을 설명하기 위해서였습니다.

최근에는 SSR, Next.js와 같은 콘텍스트에서 프런트엔드와 백엔드의 코드를 동시에 다룰 기회가 늘고 있습니다. 특별히 의식하지 않아도 코드 자체가 같은 자바스크립트라는 문법이므로 문제없이 동작합니다. 하지만 실제로 코드가 어디에서 동작하는지 의식하는 것은 매우 중요합니다.

예를 들어 '요청이 뒤섞이지 않도록 설계한다'는 Node.js에서의 주의점입니다(8.3.2절 참고). 브라우저에서 동작하는 자바스크립트에서는 함수 밖에서 사이드 이펙트로 작용하는 변수를 정의하더라도 거기에 다른 사용자의 데이터가 들어가는 일은 없습니다. 버그가 발생할 수는 있지만 Node.js만큼 치명적인 위험은 아닙니다.

긴 루프도 마찬가지입니다. 긴 루프는 Node.js의 이벤트 루프를 정지시키기 때문에 접근하는 모든 사용자에 대해 영향을 미칠 수 있습니다. 브라우저의 경우에는 해당 자바스크립트를 동작시키는 사용자만 정지 영향을 받습니다. 물론 접근하는 사용자가 경험하는 속도가 느려져도 괜찮다는 것은 아닙니다. 영향을 미치는 숫자만 놓고 보았을 때 Node.js에 비해 한정적이라고 할 수 있습니다.

이처럼 작성한 코드가 어디에서 동작하는가를 의식할 수 있으면 애플리케이션 설계를 보다 쉽게 할 수 있습니다. 프런트엔드와 백엔드의 코드가 다르다는 것을 알게 되면 서로의 코드를 하나로 모아서 다루는 경우는 의외로 적어집니다. 이 책의 서두에서 언급한 유니버설 JS와 동형 JS가 기대만큼의 공통화를 할 수 없는 것은 이런 이유 때문입니다.

다른 점들도 생각해보겠습니다.

최근 프런트엔드 개발에서 빠질 수 없는 요소는 웹팩으로 대표되는 번들러(와 트랜스파일러)입니다. 웹팩은 설정이나 플러그인을 이용해 다양한 역할을 합니다(7.4.3절도 참고). 그중에서도 특히 중요도가 높은 것이 다음 요소입니다.

- 브라우저 사이의 차이를 메꾼다(과거 버전으로 컴파일한다).
- 모듈을 번들화한다.

이 요소들은 백엔드(Node.js)에서는 프런트엔드만큼 중요하지 않습니다. Node.js는 단일 실행 환경입니다. 이러한 이유로 브라우저 간 차이점에 대해 고려하지 않는 경우도 많습니다.[82] 백엔드에서 사용하는 모듈도 프런트엔드와 달리 네트워크를 경유하지 않고, 기동 시에 모두 읽을 수 있습니다.

즉 Node.js에서 봤을 때 웹팩이 반드시 필요한 것은 아닙니다. 만약 의도대로 웹팩을 설정하지 못한 상태로 빌드를 하면, Node.js의 특징을 가진 코드를 작성했는데도 의도대로 구현되지 않을 수 있습니다.

물론 타입스크립트를 도입하는 것처럼 Node.js의 코드라 하더라도 빌드를 해야 할 수도 있습니다. 하지만 저는 Node.js에 관해서는 빌드는 되도록 최소화해 고려할 요소들을 줄여가는 것이 운용 비용을 고려했을 때 장점이 크다고 생각합니다.

이와 같이 프런트엔드와 백엔드는 비슷해 보이지만 차이가 있습니다. 따라서 우선은 차이가 있다는 것을 의식한 다음에 코드를 어떻게 나누어 작성할 것인지 생각하는 것이 좋습니다.

COLUMN

브라우저 조작 자동화 – 퍼피티어

퍼피티어는 크롬이나 크로미움Chromium을 Node.js에서 조작할 수 있는 브라우저 조작 자동화 도구입니다. 브라우저 조작 자동화는 E2E 테스트뿐만 아니라 다양한 자동화에도 도움이 됩니다(칼럼 'E2E 테스트' 참고). 저는 퍼피티어를 E2E 테스트보다 브라우저 조작 자동화 용도로 많이 이용하고 있습니다.

크롬에서 퍼피티어를 실행하면 클릭이나 요소의 텍스트를 추출할 수 있습니다. 또한 브라우저를 사용한 한정적인 업무를 수행하는 경우에는 퍼피티어를 조합한 CPI를 작성해 이들을 자동화할 수 있습니다. 최근에는 크롬의 개발자 도구에서 웹 브라우저 조작을 기록할 수 있고, 퍼피티어용 스크립트로 내보내는 기능[83]도 추가됐습니다.

---

[82] Node.js도 버전에 따른 차이가 있습니다. 하지만 실행 환경에 대해서만 대응하면 문제없습니다.
[83] 크롬 개발자 도구의 새로운 기능. https://developer.chrome.com/ko/blog/new-in-devtools-101/

만약 크롬 이외의 브라우저를 이용하는 경우에는 마이크로소프트가 개발하고 있는 퍼피티어와 유사한 플레이라이트[84]를 권장합니다.

과거에는 브라우저 조작 자동화에 팬텀JS^{PhantomJS}[85]를 사용했습니다. 그러나 이제는 주요한 브라우저를 API를 통해서 실행할 수 있고, 렌더링이 없는 헤드리스 모드를 탑재하고 있기 때문에 현재는 개발이 중단되었습니다.

---

84 플레이라이트 라이브러리. https://playwright.dev/docs/api/class-playwright/

85 https://phantomjs.org/

8

애플리케이션
운용과 개선

지금까지 운용도 간단히 다루었지만, 이번 장에서는 보다 실용적인 애플리케이션 운용에 관해 설명합니다.

8.1 패키지 버전 업데이트

기본적으로 Node.js의 버전은 최신 LTS 버전을 사용하는 것이 가장 좋습니다. 버전 업데이트에 따라 버그 수정이나 자체 성능 향상 등의 효과를 기대할 수 있기 때문입니다. 그리고 Node.js의 버전과 함께 npm으로 설치한 패키지도 버전 업데이트를 따라가는 것이 매우 중요합니다.

모듈에서는 기능 추가뿐만 아니라 취약점 대응이나 버그 수정 등 매일 다양한 버전 업데이트가 발생합니다. 버전 업데이트에 주의하면서 꾸준히 업데이트를 하면 운용이 편해집니다. 만약 업데이트를 미루면 Node.js 본체의 업데이트에 장애가 발생하는 경우도 많습니다.

이용 중인 패키지에 새로운 버전이 출시되었는지 확인하려면 `npm outdated` 명령을 이용합니다.

```
# express v3을 설치
$ npm install express@3
# express 버전 확인
$ cat package.json
{
  "dependencies": {
    "express": "^3.21.2"
  }
}
# 업데이트 확인
$ npm outdated
Package  Current  Wanted  Latest  Location              Depended by
express  3.21.2   3.21.2  4.17.1  node_modules/express  appendix01
```

`npm outdated`를 실행하면 현재 설치돼 있는 버전(`Current`)과 신규 버전(`Latest`) 등의 정보를 확인할 수 있습니다. `Wanted`는 현재 버전에서 `semver`에 파괴적 변화가 없다고 판단한 가장 최신 버전이 표시됩니다.

애플리케이션이라면 기본적으로 Latest를 가장 빠르게 도입하는 것을 목표로 하는 것이 좋습니다.[1]

major 버전은 무언가의 파괴적 변화가 포함돼 있을 때 올라갑니다. 이 경우에는 릴리스 노트 등을 확인하고 파괴적 변화가 어떤 것인지를 확인한 다음, 버전을 업데이트하고 동작 확인이나 테스트 확인을 합니다.

설치하려는 패키지의 버전을 지정하려면 패키지 이름의 뒤에 @버전 번호를 입력합니다. npm에 있는 최신 버전은 @latest를 입력해 지정할 수 있습니다.

```
$ npm install express@4.17.1 # 버전을 지정하고 설치
$ npm install express@latest # 최신 버전을 설치
```

8.1.1 npm audit

다음은 패키지 취약점과 관련된 npm audit[2] 명령을 살펴보겠습니다.

npm audit 명령은 애플리케이션이 이용하는 npm 패키지 안에 취약점을 포함한 버전이 있는지 확인하는 명령입니다. 예를 들어 앞에서 익스프레스 v3을 설치한 애플리케이션으로 시도해 보면 패키지에 몇 가지의 취약점이 있는 것으로 표시됩니다.

다음 코드는 부분적으로 발췌한 qs 모듈의 결과입니다.

```
$ npm audit
...
qs <6.0.4
Severity: high
Prototype Pollution Protection Bypass in qs - https://github.com/advisories/GHSA-
gqgv-6jq5-jjj9
fix available via `npm audit fix --force`
Will install express@4.17.1, which is a breaking change
node_modules/qs
```

---

1 라이브러리 개발에는 자신의 major 버전 업데이트의 가능성이 발생하기 때문에 Latest로 하지 않기도 합니다.

2 npm-audit https://docs.npmjs.com/cli/v8/commands/npm-audit

각 모듈의 취약점 수준이나 내용의 링크 등이 표시됩니다. 애플리케이션 작성 시 의존성으로 직접 기술하지 않은 패키지라 하더라도 패키지 의존성 트리 안에 있으면 감지됩니다.

npm audit 명령에는 감지된 취약점을 수정하는 npm audit fix라는 명령도 있습니다. npm audit fix는 semver에서 판단한 호환성을 깨뜨리지 않는 버전으로 업데이트됩니다. 따라서 모든 취약점이 해소되는 것은 아니라는 점에 주의합니다.

```
$ npm audit fix
```

호환성을 고려하지 않고 강제로 업데이트하는 npm audit fix --force라는 명령도 있습니다. 각 패키지들의 동작을 보증하지 않는 버전까지 모듈을 업데이트합니다. 업데이트 후 우연히 동작하는 경우도 있지만 가볍게 실행할 수 있는 명령은 아닙니다.

실제로 운용을 시작하면 npm audit fix로는 취약점을 수정할 수 없는 경우가 많습니다. 취약점에 곧바로 대응하는 것이 더 좋긴 하지만 모든 취약점이 애플리케이션에게 치명적인 것은 아닙니다.

수정할 수 없는 취약점은 내용을 파악해서 해당 애플리케이션에서 문제를 발생시키는지 확인합니다. 문제가 있다면 다른 모듈로 변경할 수 없는지 검토하거나, 때로는 OSS 자체에 커밋해서 수정하는 등의 방법도 필요합니다. 저는 이런 경우에 가능하면 OSS에 피드백을 해서 기여하는 것이 좋다고 생각합니다. 본인은 물론 해당 모듈을 이용하는 모든 사용자들에게 도움이 될 것입니다.

8.2 단일 저장소에서 공통 라이브러리를 관리하기

7장에서는 npm workspace를 이용해 프런트엔드와 백엔드 애플리케이션을 단일 저장소에서 관리했습니다. 같은 저장소에서 관리할 수 있는 것 자체로도 장점이지만, 공통 라이브러리가 발생했을 때 단일 저장소의 편리함을 더욱 크게 느낄 수 있습니다.

여기에서는 logger 라이브러리를 작성하고, 각 애플리케이션에서 이용하는 방법을 살펴보겠습니다. 먼저 packages/logger 디렉터리에 라이브러리를 작성합니다.

```
directory/
├─── packages/
│    ├─── logger/
│    │    ├─── index.js
│    │    └─── package.json
│    ├─── frontend/~~
│    └─── backend/~~
├─── package.json
└─── package-lock.json
```

npm init 명령에 -w 옵션을 지정하면 새 워크스페이스를 추가할 수 있습니다.

```
$ npm init -w packages/logger -y

Wrote to /home/dev/xxx/packages/logger/package.json:
{
  "name": "logger",
  "version": "1.0.0",
  "description": "",
  "main": "index.js",
  "devDependencies": {},
  "scripts": {
    "test": "echo \"Error: no test specified\" && exit 1"
  },
  "keywords": [],
  "author": "",
  "license": "ISC"
}
```

자동 생성은 불필요한 매개변수도 많기 때문에 최소한의 요소로 만듭니다. name은 참조 대상 애플리케이션에서 불러오기 위한 이름입니다. 여기에서는 my-logger로 변경합니다.

예제 8-1 packages/logger/package.json

```
{
  "private": true,
  "name": "my-logger"
}
```

packages/logger/index.js에 logger의 실체를 작성합니다. 내용은 시간을 출력하기만 하는 단순한 함수입니다.

예제 8-2 packages/logger/index.js

```
exports.info = (...args) => {
  console.log(Date.now(), ...args);
}
```

여기까지 작성했다면 루트 디렉터리에서 우선 npm install을 실행합니다.

```
$ npm install
```

npm install을 실행하면 루트 디렉터리의 node_modules/my-logger 아래 packages/logger의 심벌릭 링크symbolic link (또는 심링크symlink)가 생성됩니다. node_modules 아래에 심링크가 생성됨으로써 다른 npm 모듈들과 마찬가지로 각 애플리케이션에서 require나 import를 할 수 있습니다.

package.json의 name에 지정한 이름으로 심링크가 작성되도록 그 외에 이용하고 있는 의존 패키지와 이름이 중복되지 않게 주의합니다. 애플리케이션의 이름을 접두사로 부여하는 등의 처리를 해도 좋습니다.

그럼 바로 packages/frontend/src/index.js에서 my-logger를 읽어서 이용해보겠습니다.

예제 8-3 packages/frontend/src/index.js

```
import React from 'react';
import ReactDOM from 'react-dom/client';
import './index.css';
import App from './App';
import reportWebVitals from './reportWebVitals';
// my-logger를 불러온다. my-logger의 내용은 CJS이지만 create-react-app은 CJS를 빌드
하기 때문에 import로 쓸 수 있다.
import * as logger from 'my-logger';

// logger.info를 이용해본다.
logger.info('foo', 'bar');
const root = ReactDOM.createRoot(document.getElementById('root'));
```

```
root.render(
  <React.StrictMode>
    <App />
  </React.StrictMode>
);
```

my-logger를 추가했다면 프런트엔드 애플리케이션을 실행하고, 브라우저의 콘솔을 확인해보 겠습니다.

```
$ npm start -w packages/frontend
```

다음과 같이 시간과 인수에 할당한 문자열이 표시되면 공통 라이브러리를 성공적으로 이용한 것입니다.

그림 8-1 my-logger를 프런트엔드에서 이용한다.

마찬가지로 백엔드 애플리케이션에서도 이용해보겠습니다.

예제 8-4 packages/backend/src/index.js

```
// server.js
const path = require('path') v
const express = require('express');
const redis = require('./lib/redis');
const usersHandler = require('./handlers/users');
// my-logger를 불러온다.
const logger = require('my-logger');

// logger.info를 이용해본다.
logger.info('foo', 'bar');
```

백엔드 애플리케이션을 실행하면 표준 출력에 시간과 인수에 할당한 문자열이 표시되는 것을 다음과 같이 확인할 수 있습니다.

```
$ npm start -w packages/backend

> start
> node server.js

1663827386400 foo bar
```

8.2.1 공통 처리 설계

단일 저장소의 패키지나 애플리케이션은 의존성의 방향이 가능한 한 방향이 되도록 하는 것이 좋습니다. 예를 들어 my-logger는 '프런트엔드 → my-logger'와 '백엔드 → my-logger'라는 의존 관계 방향만 있습니다.

만약 my-logger가 백엔드 내부의 로직 등에 의존하는 형태가 되면 양방향으로 의존성이 발생합니다. 그렇게 되면 백엔드 내부의 로직이 변경되는 경우 my-logger를 불러오는 다른 애플리케이션에도 영향을 미칠 수 있습니다.

또한 백엔드에서만 이용할 수 있는 처리(DB 연결 처리 등)를 프런트엔드에서도 읽을 수 있게 되는 상황도 발생할 수 있습니다.

그 밖에도 막상 공통 처리를 추출해 운용을 시작한 후에 각 애플리케이션들의 처리를 조금씩 변경하고 싶을 때, 공통 처리 내부에 있는 애플리케이션 전용의 if문 흐름이 나타나는 경우도 있습니다. 이로 인해 공통 처리의 테스트 패턴이 증가하고 관리 비용도 높아질 수 있습니다. 따라서 비슷하다 하더라도 패턴을 각 애플리케이션에서 구현하는 편이 좋습니다.

공통 처리를 다른 패키지로 분할할 때는 의존성 방향 및 그저 비슷할 뿐인 처리는 아닌지 주의하면서, 신중하게 분리한다는 의식을 가지면 적절하게 분리를 할 수 있을 것입니다.

8.3 애플리케이션 실제 운용 시의 주의점

이번 절에서는 실제로 Node.js 애플리케이션을 운용할 때 특히 주의해야 할 점을 설명합니다.

- Node.js는 가급적이면 최신 LTS 버전을 이용한다.
- 요청이 뒤섞이지 않도록 설계한다.
- 거대한 JSON을 피한다(`JSON.parse`/`JSON.stringify`).
- 동기 함수를 피한다.
- 긴 루프를 피한다.

8.3.1 Node.js는 가급적이면 최신 LTS 버전을 이용하기

Node.js를 가능한 한 최신 LTS 버전으로 이용합니다. 이것은 주로 보안과 성능 관점에서 중요합니다.

보안 관점에서 보면 당연하지만 Node.js뿐만 아니라 프로그램에서는 다양한 취약점이 매일 발견됩니다. 따라서 정기적으로 최신 버전을 따라가는 것이 안전한 애플리케이션을 작성하는 데 있어 간단하면서도 중요합니다.

이는 성능 관점에서 보아도 장점입니다. Node.js는 자바스크립트의 실행 엔진인 V8이 기반입니다. V8의 발전은 매우 강력해서 버전 업데이트로 상당한 고속화가 이루어지기도 합니다.

Node.js는 V8을 포함하고 있습니다. V8 버전을 업데이트를 하기 위해서는 Node.js의 버전 업데이트를 해야 합니다. 그렇기 때문에 최신 LTS 버전을 따라가는 것은 성능 관점에서도 효과적인 방법입니다.

8.3.2 요청이 뒤섞이지 않도록 설계하기

요청이 뒤섞이지 않도록 설계합니다. 이것은 중대한 사고로 이어지기 쉽기 때문에 익숙하지 않은 동안에는 특별히 주의해야 합니다.

익스프레스의 코드를 예로 들어 요청이 뒤섞이는 경우를 설명하겠습니다. 다음 코드는 요청에 대해 캐시를 반환하고자 하는 유스케이스를 가정한 것입니다.

```
// Express 불러오기 등...
let cache = null;

app.get('/api', async (req, res) => {
  if (cache) {
    res.status(200).json(cache);
    return;
  }
  try {
    cache = await getData(req.params.userId);
    setTimeout(() => {
      cache = null;
    }, 10 * 1000);
    res.status(200).json(cache);
  } catch (e) {
    cache = null;
  }
});
```

이 코드는 사실 상당히 위험합니다.

이 코드에 어떤 사용자 A가 접근하는 경우를 생각해보겠습니다. 처음 접근했을 때는 캐시가 없으므로 **getData** 함수에서 사용자 A의 ID에 연결된 데이터를 가져와 캐시에 할당합니다. 만약 캐시가 삭제되기 전에 다시 한번 접근한 경우는 캐시의 내용이 그대로 반환됩니다.

그런데 이 '캐시가 남아 있는' 경우에 다른 사용자 B가 접근한다면 어떻게 될까요? 캐시에는 사용자 A의 데이터가 들어 있지만, 캐시가 있다고 판정해 사용자 B에게 사용자 A의 데이터를 반환하게 됩니다.

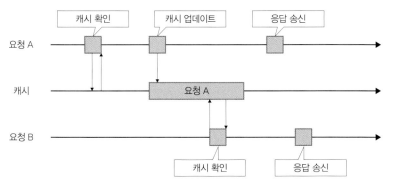

그림 8-2 캐시 사고가 발생하기 쉽다.

이는 매우 중대한 사고로 연결될 수 있습니다. 예를 들어 주소와 같이 다른 사람에게 공개되면 안 되는 정보가 공개돼 버리는 경우가 있을 수 있습니다.

Node.js가 싱글 프로세스와 싱글 스레드라는 특성을 갖고 있어 여러 사용자가 동시에 프로세스에 접근하는 경우가 있기 때문입니다. 사이드 이펙트를 동반하는 처리를 보면 요청이 뒤섞여 버릴 수 있다는 위험 의식을 가져야 합니다.

예를 들어 [예제 8-5]를 수정한다면 사용자 ID 단위로 캐시를 가지도록 하는 방법을 고려할 수 있습니다.

```
// ...
const cache = {};

app.get('/api', async (req, res) => {
  if (cache[req.params.userID]) {
    res.status(200).json(cache[req.params.userID]);
    return;
  }
  try {
    cache[req.params.userID] = await getData(req.params.userId);
    setTimeout(() => {
      cache[req.params.userID] = null;
    }, 10 * 1000);
    res.status(200).json(cache[req.params.userID]);
  } catch (e) {
    cache[req.params.userId] = null;
  }
});
```

레디스 등으로 사이드 이펙트 자체를 줄이면 더욱 안심할 수 있기 때문에 다음 방법도 권장합니다.

```javascript
// ...
app.get('/api', async (req, res) => {
  const cache = await redes.get(`key:${req.params.userID}`);
  if (cache) {
    res.status(200).json(cache);
    return;
  }
  try {
    const userData = await getData(req.params.userId);
    // expire도 레디스에 위임한다.
    await redes.set(`key:${req.params.userID}`, userData, 'EX', 10);
    res.status(200).json(userData);
  } catch (e) {
    cache[req.params.userId] = null;
  }
});
```

로컬 변수에 다른 요청이 접근할 수 있다는 것은 데이터베이스 연결 인스턴스를 재사용하는 등, 성능 측면에서도 장점입니다. 하지만 이처럼 큰 사고로도 이어질 수 있기 때문에 충분히 주의를 기울이며 다뤄야 합니다.

8.3.3 거대한 JSON 피하기(JSON.parse/JSON.stringify)

JSON.parse/JSON.stringify는 동기 처리입니다. Node.js의 동기 처리는 이벤트 루프를 정지시키기 때문에 동기 처리 중에는 다른 요청을 처리하지 못합니다(4.1절 참고).

JSON 처리는 JSON의 크기에 비례해서 정지 시간이 길어집니다. 그래서 특히 SSR 등의 서버 처리에서 병목되기 쉽습니다. 실제 애플리케이션에서 백엔드 API를 호출해 가져온 정보로 Node.js(BFF, 1.2.2절 참고)에서 SSR을 수행하는 설계는 자주 이용됩니다. 이때 반환되는 JSON이 크면 요청마다 JSON.parse가 실행되고 그때마다 이벤트 루프가 오랜 시간 정지되는 경우가 많습니다.

이 영향을 줄이기 위해서는 JSON을 작게 만들거나 JSON.parse의 횟수 자체를 줄여야 합니다. JSON이 커지는 설계는 페이징이나, 요청을 분할해서 호출하도록 하는 등 API의 엔드포인트를 분할해 각각을 작게 만드는 것이 좋습니다.

어느 정도부터 큰 JSON이라고 판단하기는 어렵지만, 제가 생각하는 적절한 크기의 지표는 '최대 1MB 이내'입니다. 이것을 넘으면 큰 JSON이라 생각하기 바랍니다. 최근의 Node.js 환경의 **JSON.parse** 속도가 매우 빠르다고는 하지만, 주의를 기울여야 하는 문제임은 분명합니다.

물론 처음부터 데이터를 크게 만드는 설계를 하지는 않을 것입니다. API를 작성한 시점에서는 작은 JSON이었지만 대부분 운용하는 과정에서 데이터양이 늘어남에 따라 JSON 크기가 커지는 경우가 많습니다. 특히 배열로 데이터를 반환하는 경우가 그렇습니다. 따라서 API 설계 시점부터 향후에 비대화되지 않도록 설계하는 것이 중요합니다.

여기에서 [예제 6-14]에서 작성한 API 코드를 실행해보겠습니다. **/api/users**를 반환하는 **getUsers** 함수입니다.

예제 8-6 7장까지 구축한 예제의 server.js

```
const getUsers = async (req) => {
  const stream = redis.getClient().scanStream({
    match: 'users:*',
    count: 2
  });

  const users = [];
  for await (const resultKeys of stream) {
    for (const key of resultKeys) {
      const value = await redis.getClient().get(key);
      const user = JSON.parse(value);
      users.push(user);
    }
  }

  return { users: users };
};
```

사실 이 코드는 6.4.3절에서도 조금 다루었던 것처럼 그리 좋지 않은 코드입니다. 이 코드는 **users:***에 해당하는 **key**가 증가하는 식으로 **users**의 배열이 커집니다. 이렇게 데이터를 전부 반환하는 설계는 설계 단계에서 피하는 것이 좋습니다.

6.4.3절과 같이 페이징을 넣는 설계 등으로 한 번에 반환하는 양이 일정하게 되도록 수정하는 것이 좋습니다.

8.3.4 동기 함수를 피하기

동기 함수는 가능한 한 피합니다. 이것도 JSON에서의 이유와 마찬가지로 동기 처리 중에는 다른 요청을 받을 수 없기 때문입니다. 요청할 때마다 지나는 코드 경로에서는 가능한 피해야 합니다.

표준 모듈에서는 **fs.readFileSync**와 같이 **~Sync**가 붙어 있다면 위험할 수 있다고 생각하고 주의합니다(5.1.1절).

예제 8-7 server.js

```javascript
// Express 등 불러오기...
const fs = require('fs');

app.get('/', (req, res) => {
  // 여기에서 서버가 정지한다.
  const html = fs.readFileSync('./index.html');
  res.status(200).send(html);
});
```

물론 동기 함수를 절대로 사용해서는 안 된다는 것은 아닙니다. '요청 마다 통과하는 코드 경로'를 피할 수 있다면 문제없습니다.

```javascript
const fs = require('fs');

// 여기에서 서버가 중지하지만 서버 기동 시 한 번만 동작하므로 문제없다.
const html = fs.readFileSync('./index.html');

app.get('/', (req, res) => {
  res.status(200).send(html);
});
```

그럼에도 불구하고 요청마다 통과하는 경로를 사용하고 싶다면, 비동기 처리를 제공하는 표준 모듈을 선택합니다. Node.js의 표준 모듈은 콜백 형식인 것이 많지만 최근에는 프로미스 인터

페이스도 기본으로 불러올 수 있습니다.[3]

npm에서 가져온 모듈의 내부 코드를 모르는 채 이용하다 보면 실제로는 동기 코드가 호출되고 있는 경우가 종종 있습니다. 이런 부분은 이용하는 모듈이나 기능에서 가능한 한 확인해두는 것이 좋습니다.

8.3.5 긴 루프를 피하기

긴 루프를 피합니다. 이것도 앞의 예와 마찬가지로 동기 처리입니다. 루프 처리는 처리를 수행하는 동안 이벤트 루프가 정지합니다. 루프는 앞의 예에 비해 완전하게 피하기는 어렵지만, 설계 시에 너무 길어지지 않도록 주의합니다.

하지만 반드시 긴 루프를 사용해야만 하는 경우도 있을 것입니다. 이러한 경우에도 Node.js의 이벤트 루프가 '오랜 시간' 정지하지 않으면 문제를 어느 정도 완화할 수 있습니다.

예를 들어 1만 건의 데이터가 들어 있는 레디스의 key를 정형화해 반환하는 엔드포인트가 있다고 가정해보겠습니다.[4] 다음과 같은 코드는 응답을 반환하기 직전에 Array.map을 이용해 1만 건의 루프 처리를 하므로 그동안 이벤트 루프가 정지하게 됩니다.

예제 8-8 server.js

```
// ...
app.get('/', (req, res) => {
  const keys = [];
  // 데이터를 100건씩 가져오는 stream을 만든다.
  const stream = redis.scanStream({ count: 100 });

  // 10건 가져왔다면 keys에 불러온다.
  stream.on('data', (results) => {
    for (let i = 0; i < results.length; i++) {
      keys.push(results[i]);
    }
  });

  stream.on('end', () => {
```

---

3 **Promises API** https://nodejs.org/docs/latest-v16.x/api/fs.html#promises-api

4 앞에서도 좋지 않은 예로 등장했지만 설명을 위해 이용했습니다.

```
    // keys.map이 1만 건의 루프가 되므로 오랜 시간 정지하게 된다.
    res.status(200).json(keys.map((e) => `key-${e}`));
  });
});
```

이 경우는 data 이벤트 안에서 정형화 처리를 해야 합니다.

예제 8-9 server.js diff

```
  stream.on('data', (results) => {
    for (let i = 0; i < results.length; i++) {
-     keys.push(results[i]);
+     keys.push(`key-${results[i]}`);
    }
  });

  stream.on('end', () => {
    // 정형화가 완료됐으므로 루프를 돌지 않는다.
-   res.status(200).json(keys.map((e) => `key-${e}`));
+   res.status(200).json(keys);
  });
});
```

이처럼 긴 루프를 사용해야만 하는 경우에 루프 사이에 I/O를 삽입함으로써 작게 쪼갤 수 있습니다. 스트림 처리를 잘 사용하기는 어렵지만, 큰 처리를 분할해서 처리할 때 적합한 디자인 패턴입니다.

다만 역시 운용 난이도가 높기 때문에 가장 좋은 방법은 애초에 긴 루프를 사용할 일이 없는 사양으로 만드는 것이 좋습니다.

8.4 성능 측정과 튜닝

대부분의 애플리케이션은 한 번 만들고 끝나는 것이 아니라 지속적으로 개발합니다. 계속 개발하다 보면 초기에는 속도가 빨랐지만 점점 속도가 느려지는 상황을 반드시 만나게 됩니다. 사용자는 물론 매출을 위해서도 애플리케이션의 성능을 유지하는 것은 중요합니다.

8.3절에서도 주의할 점으로 설명했지만 이번에는 구체적으로 현재 성능을 측정하는 방법을 설명합니다. 무엇이 됐든 측정하지 않는 한 그 시스템의 성능이 높은지, 혹은 노화되고 있는지 판단할 수 없습니다. 어디가 병목인지 조사하기 위해서도 우선 현재 상태를 측정하는 것부터 시작해야 합니다.

튜닝에 앞서 다음을 준비합니다.

> 1 프로덕션과 동등하게 동작하는 환경 준비
>
> 2 성능 측정 도구 도입

8.4.1 프로덕션과 동등하게 동작하는 환경 준비

스테이징 환경 등 이미 프로덕션과 동등하게 동작하는 환경이 있는 경우라면 이 단계는 건너뛰어도 좋습니다.

먼저 프로덕션과 동등하게 동작하는 환경을 준비합니다. 여기에서 주의해야 할 포인트는 '프로덕션과 동등' = `NODE_ENV=production`이라는 점입니다. `NODE_ENV=production`이 아닐 때는 디버그용 동작 등이 발생할 수 있습니다(6.4.1절 참고). 이외에도 리액트의 SSR에 이용되는 `react-dom-server`도 `NODE_ENV=production`일 때 프로덕션용 파일로 전환합니다.[5]

성능을 정확하게 측정할 수 없을 때가 있으므로 반드시 `NODE_ENV=production` 환경에서 측정합니다.

8.4.2 성능 측정 도구 도입

다음 단계에서는 성능을 측정합니다. 도구는 각자 익숙한 것을 이용합니다. `ab`[6] 등 다양한 도구가 있는데, 저는 `vegata`[7]라는 측정 도구를 자주 이용합니다.

---

5   **NODE_ENV==production** https://github.com/facebook/react/blob/cae635054e17a6f107a39d328649137b8
    3f25972/packages/react-dom/npm/index.js#L31

6   Apache HTTP server benchmarking tool. Apache Bench라고도 부릅니다. https://httpd.apache.org/docs/2.4/
    programs/ab.html

7   **vegata** https://github.com/tsenart/vegeta

여기에서는 vegata를 이용해 측정 방법을 설명합니다. vegata를 실행하면 다음과 같이 측정한 결과가 표준 출력에 표시됩니다.

```
$ echo "GET http://localhost" | vegeta attack -rate=30 -duration=10s -workers=10
-header 'Cookie: xxx' | vegeta report

...

Requests      [total, rate, throughput]   300, 30.09, 29.75
Duration      [total, attack, wait]       10.084217496s, 9.969010607s, 115.206889
ms
Latencies     [mean, 50, 95, 99, max]     118.262733ms, 115.071858ms, 152.870202ms,
274.895501ms, 337.340772ms
Bytes In      [total, mean]               5559600, 18532.00
Bytes Out     [total, mean]               0, 0.00
Success       [ratio]                     100.00%
Status Codes  [code:count]                200:300
Error Set:
```

duration 옵션으로 지속 시간을 지정하고, rate 옵션으로 req/s를 조정합니다. 경험상 한 서버에서 rate=30 정도는 최소한 버틸 수 있는 것을 목표로 성능을 튜닝할 때가 많습니다.

버틸 수 있는 요청 수가 늘어날 수록 좋은 것은 확실합니다. 하지만 성능을 위해 어렵게 작성한 코드를 늘리는 것보다 서버의 수를 늘려서 병렬로 운영하는 편이 비용이 낮을 때도 있습니다. 예측이 중요합니다.

결과를 해석해보겠습니다. Success는 응답이 상태 코드 200으로 반환된 비율을 나타내며 이 값은 100%를 유지해야 합니다. Duration 등의 결과가 매우 좋아졌다고 생각했지만, 사실은 모두 에러가 발생해서 속도가 빠른 경우가 있기도 합니다.

Latencies는 접근 중 평균 50%, 95%, 99%의 최대 응답 시간이 표시돼 있습니다. 시스템에 따라 목표 수치가 다르지만 저는 우선 1초 이내를 기준으로 튜닝할 때가 많습니다.

8.4.3 성능 튜닝

성능을 측정할 준비가 됐습니다. 이제 개선, 성능 튜닝 단계입니다. 저는 성능을 튜닝할 때 다음 순서대로 중요하다고 생각합니다.

1 파일 디스크립터 확인(6.13.3절 참고)

2 cluster 대응 확인(6.15절 참고)

3 애플리케이션 코드 개선

성능 튜닝이라 했을 때 무작정 애플리케이션 코드를 개선하려는 경우가 많습니다. 하지만 애플리케이션을 개선하는 우선순위는 가장 낮으며 가장 마지막에 손대야 할 부분입니다. 껍데기를 개선하는 것보다 기반이 되는 부분부터 개선하는 것이 효과를 얻기 쉽고, 비용 대비 효과가 좋습니다.

1, 2번에서는 먼저 Node.js 특성에 맞춰 설계가 됐는지 확인합니다. 설정이 충분한 것을 확인했다면 3번의 애플리케이션 코드 개선에 착수합니다.

Node.js에는 애플리케이션 다운로드를 수행하는 `--prof`라는 실행 옵션이 있습니다.[8]

```
$ node --prof index.js
```

`prof` 옵션을 붙여 실행한 뒤 프로세스를 종료하면 `isolate-xxxxx-xxxx-v8.log`와 같은 파일이 생성됩니다. 이 파일의 내용을 사람이 읽기는 어렵습니다. 이 파일을 Node.js의 `--prof-process`를 이용해서 처리합니다.

```
$ node --prof-process isolate-xxxxx-xxxx-v8.log > isolate.txt
```

이렇게 생성된 `isolate.txt` 파일 내용을 확인합니다. 주목할 부분은 [Summary]입니다. 이것은 자바스크립트나 C++ 레이어의 코드가 얼마나 CPU를 점유하는지 표시합니다.

```
[Summary]:
  ticks   total  nonlib  name
      0    0.2%    0.2%  JavaScript
    114   82.4%   89.6%  C++
      3    2.2%    2.4%  GC
     11    8.0%          Shared libraries
```

---

8 Easy profiling for Node.js Applications https://nodejs.org/en/docs/guides/simple-profiling

앞의 예시에서는 C++ 레이어 처리가 전체의 80%를 점유하고 있음을 알 수 있습니다. 즉 Node.js의 핵심 코드가 점유하는 비율이 많다는 것입니다. 반대로 자바스크립트의 비율이 클수록 사용자(애플리케이션 개발자)가 작성한 부분, 애플리케이션 코드[9]가 점유하는 비율이 많다는 의미입니다. 자바스크립트의 비율이 클수록 사용자 코드에 그만큼 CPU를 할당하게 되므로 자바스크립트 코드를 개선할 여지가 있습니다.

또한 핵심 코드의 비율이 높다고 해서 개선할 수 없는 것도 아닙니다. 이 부분은 애플리케이션 코드나 라이브러리가 핵심 코드를 대량으로 호출하면 그 비율이 높아집니다. 예를 들어 fs.readFileSync와 같은 동기 코드가 호출되고, 그 처리 중에 다른 자바스크립트 코드가 동작할 수 없으면 C++의 total 시간이 더해집니다. 그렇기 때문에 핵심 코드의 total 시간이 길어도 개선의 여지가 있습니다.

GC는 가비지 컬렉션이 발생한 것을 나타냅니다. 여기가 1453 6.0% 168.8% GC와 같이 대량으로 발생했다면 '빈번한 GC가 발생하고 있다' = '메모리 누수가 발생했을 가능성이 있다'고 해석할 수 있습니다.

이외에도 Bottom up (heavy) profile 필드를 보면 구체적으로 어떤 함수가 무거운 처리를 하고 있는지 확인할 수 있습니다.

```
[Bottom up (heavy) profile]:
 Note: percentage shows a share of a particular caller in the total
 amount of its parent calls.
 Callers occupying less than 1.0% are not shown.

  ticks parent  name
    78   39.4%  T __ZN2v88internal40
Builtin_CallSitePrototypeGetPromiseIndexEiPmPNS0_7IsolateE
    34   43.6%    T __ZN2v88internal40
Builtin_CallSitePrototypeGetPromiseIndexEiPmPNS0_7IsolateE
    18   52.9%      LazyCompile: ~promise /tmp/index.js:14:23
    18   100.0%       T __ZN2v88internal40
Builtin_CallSitePrototypeGetPromiseIndexEiPmPNS0_7IsolateE
    18   100.0%         t node::task_queue::RunMicrotasks(v8::
FunctionCallbackInfo<v8::Value> const&)
    18   100.0%           LazyCompile: ~processTicksAndRejections internal/process/
task_queues.js:65:35
```

....

9 애플리케이션에서 자바스크립트 문법으로 작성된 부분.

```
    2     5.9%      T __ZN2v88internal40
Builtin_CallSitePrototypeGetPromiseIndexEiPmPNS0_7IsolateE
    1    50.0%      t node::task_queue::RunMicrotasks(v8::FunctionCallbackInfo<8::V
alue> const&)
```

flamegraph

결과가 다소 눈에 익숙해져도 이 문자열 정보만으로는 구체적으로 어디가 무거운 지점인지 해석하기 쉽지 않습니다. 그래서 flamegraph를 이용해 애플리케이션에 존재하는 무거운 지점을 시각화합니다.

flamegraph는 앞서 예로 든 코드 경로의 실행 시간 등을 사람의 눈에 친숙한 형태로 시각화해 주는 도구입니다. 이를 이용해서 핫 코드[hot code] 등을 시각화하고, 어떤 부분을 수정하면 효과가 높은지 쉽게 예측할 수 있습니다.

flamegraph를 표시하기 위한 모듈에는 몇 가지가 있습니다. 저는 0x[10]라는 모듈을 자주 이용합니다.

이 모듈을 통해 애플리케이션을 실행해보겠습니다. 0x를 전역으로 설치(npm install -g 0x)한 상태에서 0x를 경유해 index.js를 node로 실행합니다. index.js에 대한 자세한 내용은 [예제 8-10]에서 설명합니다.

```
$ 0x -- node index.js # 어느 정도 부하를 걸었다면 Ctrl+C 키로 정지
```

실행한 환경에 vegata로 적절하게 부하를 건 뒤 프로세스를 종료합니다. 그러면 4123.0x/와 같은 디렉터리가 생성됩니다. 이 디렉터리에는 앞의 prof 옵션에 의해 생성된 isolate-xxxx x-xxxx-v8.log나 flamegraph.html이라는 파일이 저장돼 있습니다. 여기에서 주목할 부분은 flamegraph.html입니다. 이 파일을 브라우저에서 열면 다음 그림과 같은 페이지가 나타납니다.

---

10 0x https://www.npmjs.com/package/0x

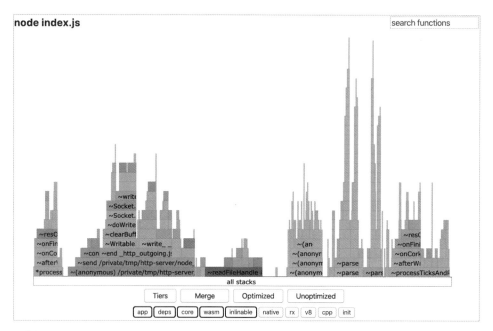

그림 8-3 flamegraph

이 결과는 앞서 `--prof-process`에서 생성한 결과를 보다 시각적으로 나타낸 것입니다. 색이 짙을수록 핫 코드, 즉 가장 많이 통과하는 코드 경로입니다. 색이 짙은 부분의 성능을 향상시킬 수 있으면 전체적으로 효과가 잘 나타납니다(지면상 흑백이지만 실제로는 빨간색).

가로 축은 함수의 실행 시간을 나타내며 호출된 함수가 누적됩니다. 여기에서 주의할 점은 가로 폭입니다. '세로 축으로 높이 쌓여 있고 가로 폭인 짧은 것'은 '여러 차례 함수를 호출하지만 실행 시간이 짧다'는 의미입니다.

그렇기 때문에 처음에는 가로 폭이 길면서 핫 코드인 부분을 중점적으로 확인합니다.

앞의 `flamegraph`는 다음 예제의 결과입니다.

예제 8-10 index.js

```javascript
const path = require('path');
const fs = require('fs').promises;
const express = require('express');

const app = express();
```

```
app.get('/', async (req, res, next) => {
  try {
    const html = await fs.readFile(path.join(__dirname, 'index.html'), {
      encode: 'utf8'
    });

    res.status(200).send(html);
  } catch (e) {
    next(e);
  }
});

app.listen(8000, () => {
  console.log('listen');
});
```

flamegraph에서 가장 빨간색으로 나타나 있는 부분을 보면 `~readFileHandle internal/fs/promises.js`로 돼 있습니다. 즉 `fs` 모듈의 `readFile`이라는 처리가 많이 동작하고 있음을 알 수 있습니다.

위 예제로 말하면 요청할 때마다 `fs.readFile`이 실행되기 때문에 핫 코드로 나타납니다. 이 경우에는 요청에 따라 반환하는 파일이 바뀌지 않습니다. 따라서 서버 기동 시에 한 번만 파일을 읽도록 하면 핫 코드로 나타나지는 않을 것입니다.

실제로는 이렇게 단순하게 발견되는 경우는 거의 없지만, 전체적으로 확인하는 데 활용할 수 있습니다. 동기 코드가 핫 코드로 나타나 크게 개선할 수 있는 경우도 있으므로 flamegraph 페이지의 오른쪽 상단의 [search functions] 검색 박스에서 Sync를 입력해 검색하는 것도 효과적입니다.

8.4.4 메모리 누수 조사

지금까지 설명한 것은 주로 설계나 애플리케이션 작성 방법에 의해 생기는 성능 저하를 발견하는 방법입니다.

그 밖에도 Node.js의 성능을 저하시키는 원인에 가비지 컬렉션Garbage Collection (GC)이 있습니다. 다른 언어에서와 마찬가지로 가비지 컬렉션은 런타임을 정지시키므로 성능에 좋지 않습니다.

가비지 컬렉션이 대량으로 발생하거나, 서버 감시에서 메모리 사용량이 점점 늘어나다가 갑자기 떨어진 뒤 상승하는 등의 특징이 발견된 경우 메모리 누수가 발생하는 코드가 있을 수 있습니다.

기본적으로 Node.js의 핵심 코드에서는 메모리 누수가 존재하지 않습니다. 메모리 누수가 발생했다는 것은 거의 확실히 '직접 작성한 코드'나 '이용하는 모듈'이 원인입니다.

실제로 메모리 누수가 발생하는지 확인하려면 역시 측정을 해야 합니다. 다음과 같은 코드를 삽입합니다.

```
// 2000ms 마다 GC를 일으킨다.
setInterval(() => {
  try {
    global.gc()
  } catch (e) {
    console.log('use --expose-gc')
    process.exit(1)
  }
  const heapUsed = process.memoryUsage().heapUsed
  console.log('Heap:', heapUsed, 'bytes')
}, 2000)
```

global.gc는 강제로 가비지 컬렉션을 호출하는 함수입니다. heap 메모리의 사용량을 출력하기 전에 가비지 컬렉션을 강제로 호출함에도 불구하고 메모리 사용량이 계속 올라간다면, 가비지 컬렉션을 할 수 없는 영역에서 메모리를 계속 잡아먹고 있을(메모리 누수가 있을) 가능성이 있습니다.

global.gc를 이용하려면 --expose-gc 플래그를 붙여서 실행해야 합니다. 위 코드에서는 try-catch로 이 함수를 감싸고 있습니다.

```
$ node --expose-gc index.js
```

실제로 메모리 누수가 발생하고 있는 서버에서 기동해보면, 다음과 같이 힙의 사용량이 점점 늘어나는 형태로 출력됩니다.

```
Heap: 137273608 bytes
Heap: 144623352 bytes
Heap: 146617720 bytes
Heap: 146791344 bytes
Heap: 146827544 bytes
Heap: 146838568 bytes
Heap: 146988200 bytes
Heap: 131588016 bytes
Heap: 213734336 bytes
Heap: 338640232 bytes
Heap: 471909552 bytes
Heap: 394506192 bytes
Heap: 515059296 bytes
Heap: 617747056 bytes
Heap: 720730040 bytes
Heap: 821192400 bytes
Heap: 924329760 bytes
Heap: 957664088 bytes
Heap: 957814288 bytes
Heap: 957840840 bytes
Heap: 957848128 bytes
```

물론 일반적인 애플리케이션에서도 시간이 지날수록 메모리 소비가 늘어납니다. 따라서 메모리 사용량이 점점 증가한다고 해서 곧바로 메모리 누수라고 판단하는 것은 위험합니다. 앞서 설명한 것과 같은 특징과 조합해 메모리 누수가 발생한 것인지 판단해야 합니다.

그리고 이 방법만으로는 구체적으로 무엇이 메모리 누수를 일으키고 있는지 알 수 없습니다. 다음은 메모리의 힙 덤프heap dump를 가져와보겠습니다.

8.4.5 메모리 힙 덤프

Node.js에서 메모리를 직접 조사하는 방법에는 몇 가지가 있습니다. 그중 heapdump[11] 모듈을 사용하는 방법이 간단합니다.

```
$ npm install heapdump
```

---

11 heapdump https://www.npmjs.com/package/heapdump

조금 오래된 글이지만 다음 메모리 누수 발견 가이드는 상당히 도움이 될 것이므로 반드시 읽어보기 바랍니다.

- **Node.js에서 자바스크립트 메모리 누수 발견을 위한 간단 가이드(Node.jsでのJavaScriptメモリリークを発見するための簡単ガイド)(일본어) | POSTD** https://postd.cc/simple-guide-to-finding-a-javascript-memory-leak-in-node-js/

기본적으로 메모리 누수 검사에서 하는 것은 이 글에서 소개한 '3 포인트 힙 덤프 방법'입니다. 3 포인트 힙 덤프는 이름 그대로 3번의 힙 덤프를 얻습니다. 그리고 2번째와 3번째의 실행 결과에서 GC를 피하는 객체를 발견해서 대책을 세우는 방법입니다.

1 1번째의 힙 덤프를 얻는다. 이것을 기준점으로 한다.

2 2번째의 힙 덤프를 얻는다. 여기에서는 기준점에서 1번 이상 GC가 발생하는 것을 것을 예상할 수 있다.

3 3번째의 힙 덤프를 얻는다. 여기에서는 2번째의 힙 덤프를 얻을 때보다 GC가 더 많이 발생했을 것이므로 2번 이상의 GC를 예상할 수 있다. 이에 따라 GC를 여러 차례 수행해도 회수되지 않았던 것(메모리 누수의 대상)을 추출할 수 있다.

힙 덤프를 실제로 얻기

다음과 같은 코드를 삽입하고 kill 명령을 송신해서 힙 덤프를 3번 얻습니다.

```
const heapdump = require('heapdump'); // 파일 앞에서 require로 불러온다.

// ...

// 끝에 추가
// SIGUSR2에 시그널이 오면 실행한다.
process.on('SIGUSR2', () => {
  console.log('heap dump start!');
  heapdump.writeSnapshot(); // 힙 덤프를 얻는다.
  console.log('heap dump end!');
});
```

process 객체의 on 함수에서 프로세스에 대한 시그널을 받을 수 있습니다. 여기에서는 SIGUSR2에 시그널이 왔을 때 힙 덤프를 얻습니다. 적절한 시점에 kill -USR2 {{애플리케이션의_pid}}를 실행해 힙 덤프를 실행합니다.[12]

---

12 kill 명령은 프로세스에 시그널을 보내기 위한 명령입니다. 프로세스 종료 시 이용되는 경우가 많지만, 그 이외의 사용 방법도 있습니다.

```
$ kill -USR2 {{애플리케이션의_pid}}
```

heapdump 모듈을 이용해 heapdump.writeSnapshot()을 실행하면 heapdump-xxxx라는 파일이 생성됩니다. 다음으로 크롬의 개발자 도구를 열고 [Memory] 탭 안에 있는 Profiles에서 생성된 파일을 로드합니다.

그림 8-4 memory

3 포인트 힙 덤프 방법이란 여러 차례(최소 3번) 얻은 메모리의 덤프를 비교해 가비지 컬렉션이 되지 않는 객체를 찾는 방법입니다.

Summary의 All objects 부분에서 Objects allocated between heapdump-xxx and heapdump-yyy를 선택하면 각각을 비교할 수 있습니다. 각 측정을 비교했을 때 새롭게 메모리에 확보됐지만 가비지 컬렉션이 되지 않고 남아 있는 객체가 메모리 누수를 일으키는 것으로 생각할 수 있습니다. 각 포인트를 비교하는 구조상, 일정 이상의 길이와 실제 접근을 수행한 결과를 담은 포인트가 최소한 3 포인트 필요합니다.

저는 처음에는 10분 간격으로 3번 이상의 빈도로 얻을 때가 많습니다. 그 결과에서 가비지 컬렉션이 발생하지 않는 것으로 보이면 시간과 간격을 더 늘려서 확인합니다.

SIGUSR2를 사용하는 이유

여기에서 이용한 시그널에 SIGUSR1이 아닌 SIGUSR2를 할당한 데는 그만한 이유가 있습니다.

SIGUSR1은 리눅스상에서는 사용자가 자유롭게 사용해도 좋은 시그널이지만, Node.js에서는 디버거를 기동하는 시그널로 이용됩니다.[13]

> 'SIGUSR1' is reserved by Node.js to start the debugger. It's possible to install
> a listener but doing so might interfere with the debugger.

---

13 Signal events https://nodejs.org/api/process.html#process_signal_events

마치며

저는 새로운 기술을 습득하는 요령은 '왜'라는 의문을 가져보는 것이라고 생각합니다. 그 언어나 기능이 왜 필요했는가 하는 것을 생각하면 이용하는 상황이 쉽게 보일 수 있고, 다른 기술에서는 필요했던 것이 이 기술에서는 어떻게 되는지 생각해볼 수도 있습니다.

저는 사회인으로서 일하기 전까지 자바스크립트는 물론 웹 개발 경험도 없었습니다. 하지만 입사한 뒤에 선배에게 시스템을 인수받아 개발하는 과정에서 형태를 아름답게 만들고, 기분 좋게 동작시키는 프런트엔드나 자바스크립트의 즐거움에 매료됐습니다. 물론 프런트엔드뿐만 아니라 백엔드 개발도 담당했었는데, 그중에 백엔드에서도 같은 자바스크립트를 작성할 수 있는 Node.js는 매우 효율적이라는 생각이 들었습니다.

제가 Node.js를 다루기 시작한 것은 v0.10로 메이저 버전이 1도 되지 않았던 시기였습니다. Node.js는 물론 웹에 관한 지식도 부족해 여러모로 고생했던 것이 기억납니다. 실제로 이 책에 담긴 여러 가지 실패를 경험했습니다.

Node.js를 작성하는 것에 익숙해졌을 즈음 가끔 Node.js 코드 읽기 스터디에 참가할 기회가 있었습니다. 매주 울면서 코드를 읽고, 왜 이 API가 이런 방식으로 구현돼 있는지 그 설계 이유까지 찾아보는 매우 어려운 내용이었습니다. 하지만 그저 애플리케이션을 만드는 것만으로는 얻을 수 없었던 지식을 Node.js 코드 읽기를 통해 익힐 수 있었던 것도 사실입니다.

이 책을 집필하게 된 동기 중 하나는 자신의 지식을 아낌없이 전달함으로써 주변의 수준을 올려준 팀원에게서 받았던 것을 또 다른 사람에게 돌려주고 싶다는 마음이었습니다.

그리고 Node.js를 통해 많은 기능이나 코드를 이해함으로써 프런트엔드만 개발할 때는 몰랐던 '왜'를 많이 다룰 수 있었습니다. 이것은 개발자로서의 시야를 넓혀준 귀중한 경험이었다고 생각합니다.

이 책에서 설명한 내용이 반드시 모두 정답이라 생각하지는 않습니다. 이후 많은 것이 바뀔 것입니다. Node.js 자체가 사라져버릴 수도 있습니다. 하지만 기술은 축적되며 발전합니다. Node.js를 통해 학습한 핵심은 죽지 않습니다. 몸에 익힌 것은 새로운 기술의 개념을 이해하는 속도를 높여줄 것입니다.

이 책에는 '왜'를 알기 위해 간단한 기술의 설명뿐만 아니라, 제가 본 역사와 얻었던 경험, 생각들을 가능한 많이 담았습니다. 이 책이 자바스크립트와 Node.js를 통해 여러분의 프로그래밍 인생에 조금이나마 도움이 된다면 좋겠습니다.

감사의 글

이 책은 야후에서 함께 Node.js 지원팀 활동을 한 구리야마 다키 씨가 리뷰를 해주었습니다. 내용 확인뿐만 아니라 전달하는 형식에 관해서도 소중한 코멘트를 많이 받았습니다. 지면을 빌려 깊이 감사드립니다. 그리고 이 책을 집필할 수 있는 기회를 주고 많은 지원을 해준 기술평론사의 노다 다이키 씨에게도 깊이 감사드립니다.

참고 자료

일부는 본문 안에 기재했습니다.

- **About Node**

  https://nodejs.org/en/about

- **Introduction To Node.js**

  https://nodejs.org/en/learn/getting−started/introduction−to−nodejs

- **Introduction to Node.js with Ryan Dahl**

  https://www.youtube.com/watch?v=jo_B4LTHi3I

- **Index | Node.js v18.20.2 Documentation**

  https://nodejs.org/docs/latest−v18.x/api/index.html

- **The C10K problem**

  http://www.kegel.com/c10k.html

- **JavaScript Primer(일본어)**

  https://jsprimer.net/

- **Yahoo! Japan Tech Blog, 'Callback を撲滅せよ(콜백을 박멸하라)'(일본어)**

  https://techblog.yahoo.co.jp/javascript/nodejs/callback−to−promise/

- **Minimum Hands−on Node.js / minimum handson nodejs − Speaker Deck(栗山太希 著) (일본어)**

  https://speakerdeck.com/ajido/minimum−handson−nodejs

- **kohsweblog(伊藤康太 著)(일본어)**

  https://blog.koh.dev

찾아보기

기 호

!=   53

!==   53

[]   54

==   52

===   52

.on   129

—prof   393

—prof-process   396

—save-dev   162

*.test.js   171

-w   277

숫 자

3 포인트 힙 덤프   400

A

Access-Control-Allow-Methods   370

app.use   187

Array   61

arrow function   39

as   87

assert   167

async   119, 211

async/await   104, 119

AsyncIterator   131

B

Babel   39

Backend For Frontend   42

BFF   42

Browserify   40

C

C10K 문제   34

callback   104, 105

callback hell   108

class   65

client side routing   327

cluster   265

CommonJS   39

CommonJS 모듈   80

const   50

Core API   93

CORS   318, 335

create-react-app   281

Current   48

D

Date 타입   175

default export   87

defer   211

dependencies   163

devDependencies   163

Docker   192

DOM   44

dynamic imports   88

E

E2E 테스트   363

ECMAScript 모듈   85

ejs   205

ES5   38

ES6   38

ES2015   38

eslint   163

ESLint   163

ESM   85

EventEmitter   27, 104

export   86, 88

export default   88

exports   81, 92

F

fetch   44, 315

for await ... of   132

forever   258

for ... in   77

for ... of   77

function   62

G

Garbage Collection   397

GC   394, 397

generator   212

global   68

global.gc   398

graceful shutdown   261

H

History API   328

HTML   146

http–proxy–middleware   322

import   87

import() 식   88

Isomorphic JS   41

J

Jest   170

jQuery   36

jsdom   342

JSON   60

JSX   283

L

let   50, 51

libuv   104

Link 컴포넌트   332

LTS   48

M

Map   77

minify   38

mocha   170

mock   170

module.exports   82

monorepo   273

msw   346

N

next   183, 185

nginx   335

node   47

node: 94

NODE_ENV=production 195

Node.js 9

node_modules 97

npm 37

npm audit 377

npm audit fix 378

npm audit fix —force 378

npm init 146

npm install 100

npm run 98

npm scripts 97

npm workspaces 273

P

package.json 92

package-lock.json 97

PM2 258

pnpm 101

post 98

pre 98

prefix 94

private: true 95

process 148

process.cwd() 157

process.env 194

promise 104, 113

Promise.all 122

promisify 118

prototype 65

public 디렉터리 208

R

React router 328

require 81

S

scope 50

semantic versioning 99

semver 99

Server Side Rendering 40

Set 77

setInterval 105

setTimeout 105

SG 340

shebang 160

signal 261

Single Page Application 38

SOP 318

SPA 38

spread 71

SSG 340

SSR 40

Static Generation 340

Static Site Generation 340

Stream 104

strict mode 78

systemd 259

T

task runner 38

template literal 54

testing-library 344

this 65, 66

찾아보기

Timer   105

Top-Level Await   139

transpiler   39

TypeScript   42

U

Universal JS   41

useEffect   324

useState   301

use strict   78

V

var   50

Virtual DOM   293

W

webpack   40

Y

yargs   150

yarn   101

ㄱ

가비지 컬렉션   394, 397

가상 DOM   293

개발 버전   48

교차 출처 리소스 공유   318

ㄴ

논블로킹 I/O   24, 28

ㄷ

단일 저장소   273

단일 페이지 애플리케이션   38

데몬화   259

데이터 타입   53

도입 방법   48

도커   192

동기 API   147

동기 처리   24, 104

동등 연산자   52

동일 출처 정책   318

동적으로 모듈 불러오기   88

동형 JS   41

듀얼 패키지   92

ㄹ

라우트   179

라우트를 정의   179

라우팅   179, 182

라이브러리   91

루프   76

리액트   272

리액트 라우터   328

ㅁ

마크다운   146

멀티 코어   265

메모리 누수   394

모듈 분할   39

모듈 분할 방식   80

모카   170

모호한 부등 연산자   53

모호한 비교   52

목   170, 356

목 서버   345

미들웨어   179, 182

시맨틱 버저닝   99

실패 시의 테스트   240

심벌   234

싱글 스레드   24, 28

바벨   39

바이너리   48

반복   76

배열   61

배포   258

범위   50

부등 연산자   53

분할 대입   75

브라우저리파이   40

비동기   25

비동기 이벤트 주도 런타임   24

비동기 처리   104

빌드   287

안정 버전   48

애플리케이션 개발   90

애플리케이션 레벨   187

엄격 모드   78

엄격한 부등 연산자   53

엄격한 비교   52

우아한 종료   261

웹팩   40

웹 프레임워크   179

유니버설 JS   41

이벤트 루프   28, 32

이벤트 주도 방식의 비동기 흐름 제어   123

익명 함수   63

익스프레스   179

일치 연산자   52

사이프러스   363

성능   26

성능 튜닝   218

셀레니엄   363

셔뱅   160

스트림 처리   123

시그널   261

재할당   50

전개   71

접두사   94

정적 사이트 생성   340

정적 생성   340

정적 파일   195

제너레이터   212

제스트   170, 344

제이쿼리   36

찾아보기

ㅊ

책임 분리 280

취약성 48

ㅋ

컴포넌트 288

콜백 104, 105

콜백 API 111

콜백 지옥 108

클라이언트 사이드 라우팅 327

ㅌ

타입스크립트 42

태스크 러너 38

테스트 167

템플릿 리터럴 54

템플릿 엔진 202

트랜스파일 42

트랜스파일러 39

ㅍ

파일 디스크립터 262

패키지 37

퍼피티어 363

페이징 201

포괄적 에러 핸들링 182

포트 312

표준 모듈 93

프런트엔드를 위한 백엔드 42

프런트엔드 테스트 341

프로미스 104, 113

프로미스화 116

프로세스 28

프로세스 관리 258

프록시 서버 320

플레이라이트 363

ㅎ

하위 호환성 49

핸들러 184

화살표 함수 39

환경 변수 194